# DIBUJAR EN 10 PASOS

# perros

Título original: *10 Step Drawing – Dogs*



Producción de la edición española:
Traducción: Carme Franch Ribes
para Delivering iBooks & Design
Redacción y maquetación:
Delivering iBooks & Design, Barcelona

Distribución exclusiva de la edición española:
Librero IBP S. L.
C/ Paseo de los Olmos, n.º 20
Planta 1.ª, Oficina 7
28005 Madrid, España
www.librero-ibp.es

Impreso en China

ISBN: 978-94-6359-764-7

MIXTO
Papel | Apoyando la silvicultura responsable
FSC® C016973

# DIBUJAR EN 10 PASOS

# perros

CÓMO DIBUJAR MÁS DE 50 PERROS EN SOLO 10 PASOS

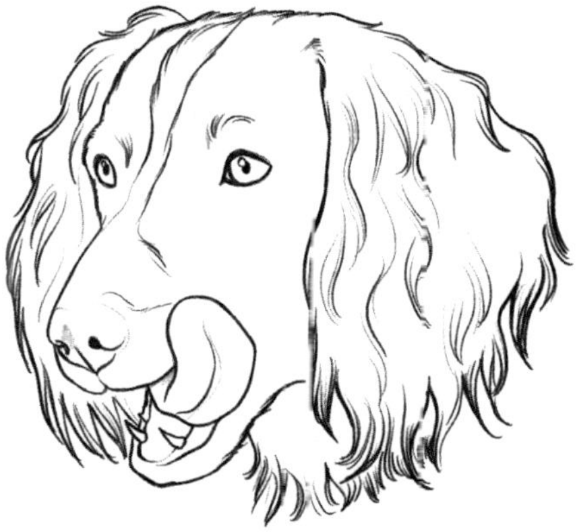

JUSTINE LECOUFFE

Librero

# Índice



## Caras y rasgos



## Perros en reposo



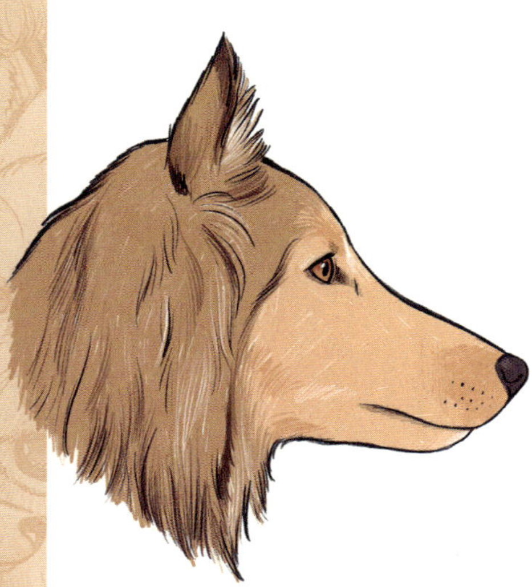

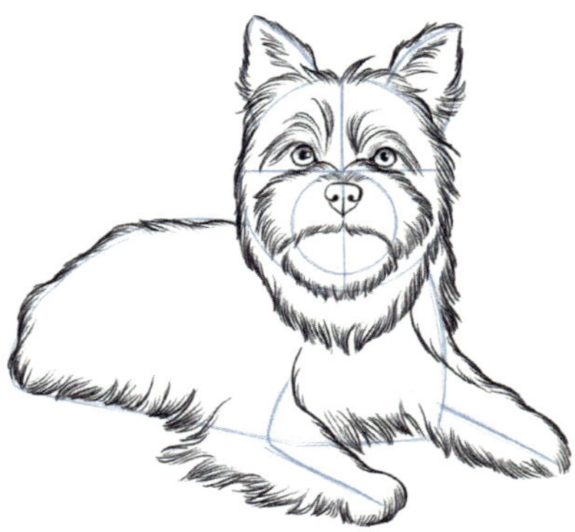

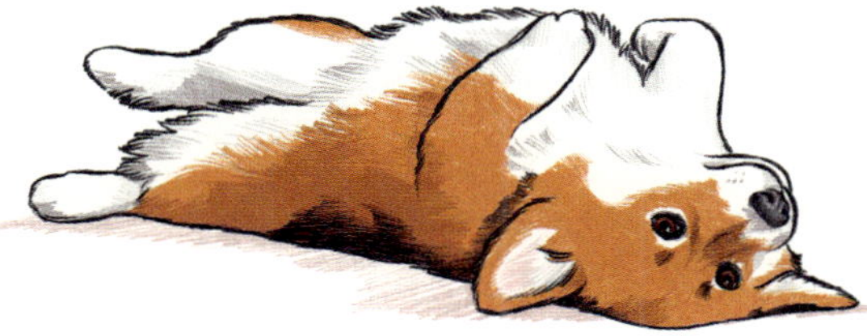

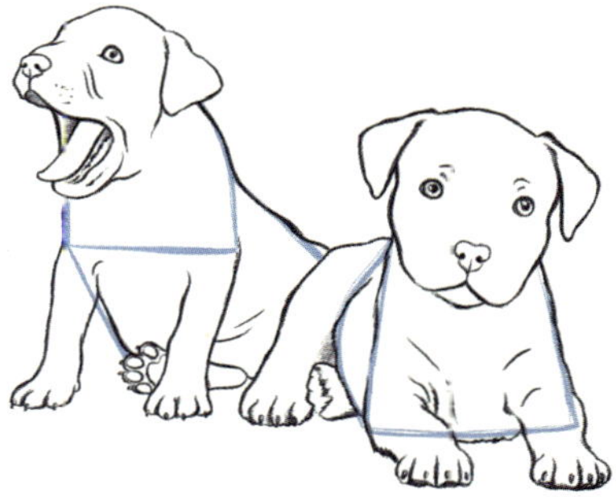

## Perros en movimiento



## Perros y cachorros



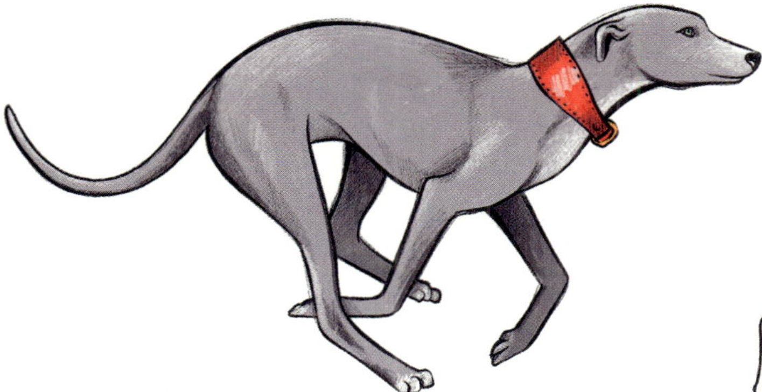

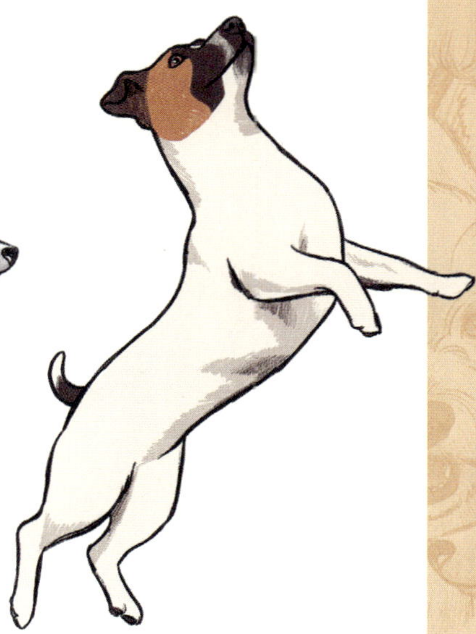

# Introducción

En este libro encontrará más de 50 ilustraciones de perros preciosos y cachorros adorables que se han dibujado en solo diez sencillos pasos. Así que, tanto si se trata de un enorme lebrel irlandés como un minúsculo Chihuahua o un travieso Jack Russell con ganas de jugar a pelota, no espere más para elegir a su compañero canino favorito y ponerse a dibujar.

## CÓMO DIBUJAR LAS DISTINTAS FORMAS

Hay perros y cachorros de formas y tamaños muy distintos. Con las instrucciones detalladas de este libro aprenderá a hacer formas y contornos sencillos a modo de guía para la cabeza, las patas y las colas en movimiento. Así el dibujo le quedará proporcionado.

Al comienzo de cada capítulo encontrará una guía para dibujar cabezas, rasgos faciales y posturas básicos. Cuando controle las técnicas básicas, podrá aplicarlas a más de 50 razas distintas. Siga las instrucciones y las guías para dibujar con realismo la forma de la cabeza, el cuerpo, las patas y la cola de cada raza, así como diversas posturas naturales, tanto si están tumbados de espaldas como si van detrás de un Frisbee®.

Al final de cada dibujo terminado he incluido también una paleta cromática. Úsela como guía, pero experimente con distintos colores de pelaje para adaptar los dibujos a sus preferencias.

Espero que disfrute tanto como yo cuando haga estos dibujos. ¡Dibujar perros nunca había sido tan fácil!

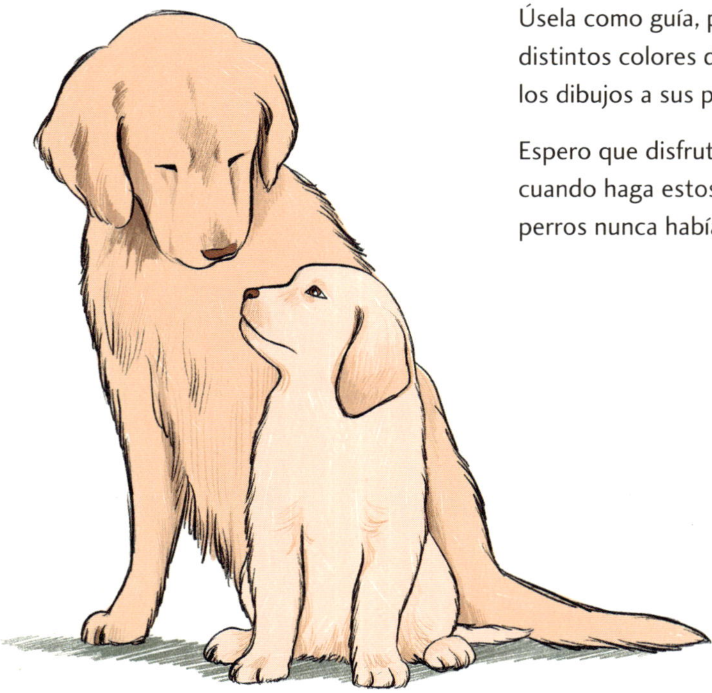

# Cómo usar este libro

## MATERIAL BÁSICO

**Papel:** cualquier papel sirve, pero con papel para bocetos obtendrá mejores resultados.

**Lápiz, goma de borrar y sacapuntas:** pruebe lápices de diferentes durezas e invierta en una goma y un sacapuntas de calidad.

**Lápices de colores:** lo único que necesita es un buen surtido de lápices de colores, unos 24.

**Regla pequeña:** es opcional, aunque puede resultar útil para dibujar las guías.

## SEGUIR LOS PASOS

Siga cada paso con lápiz. Añada los contornos y los detalles de un color más oscuro. Después, borre las líneas a lápiz. Por último, coloree el dibujo a su gusto.

## CÓMO PINTAR

Para colorear sus dibujos tiene varias opciones, ¿por qué no las prueba todas?

**Lápices:** es la opción más sencilla, y la que he elegido para terminar los dibujos de este libro.

No se salga de las líneas y tenga los lápices bien afilados para poder controlar bien las áreas más pequeñas.

Para conseguir un tono más claro o más oscuro, pinte varias capas o apriete más con el lápiz.

El pelo de los perros es de distintos colores y presenta motivos y texturas diferentes. Una vez que tenga claro cómo colorear cada uno, experimente con los tonos.

**Pintura y pincel:** aunque la pintura acrílica y el óleo permiten colorear sobre posibles errores, quizá la acuarela sea la pintura más fácil de usar para principiantes. Necesitará dos o tres pinceles de diferentes medidas, al menos uno de ellos muy fino.

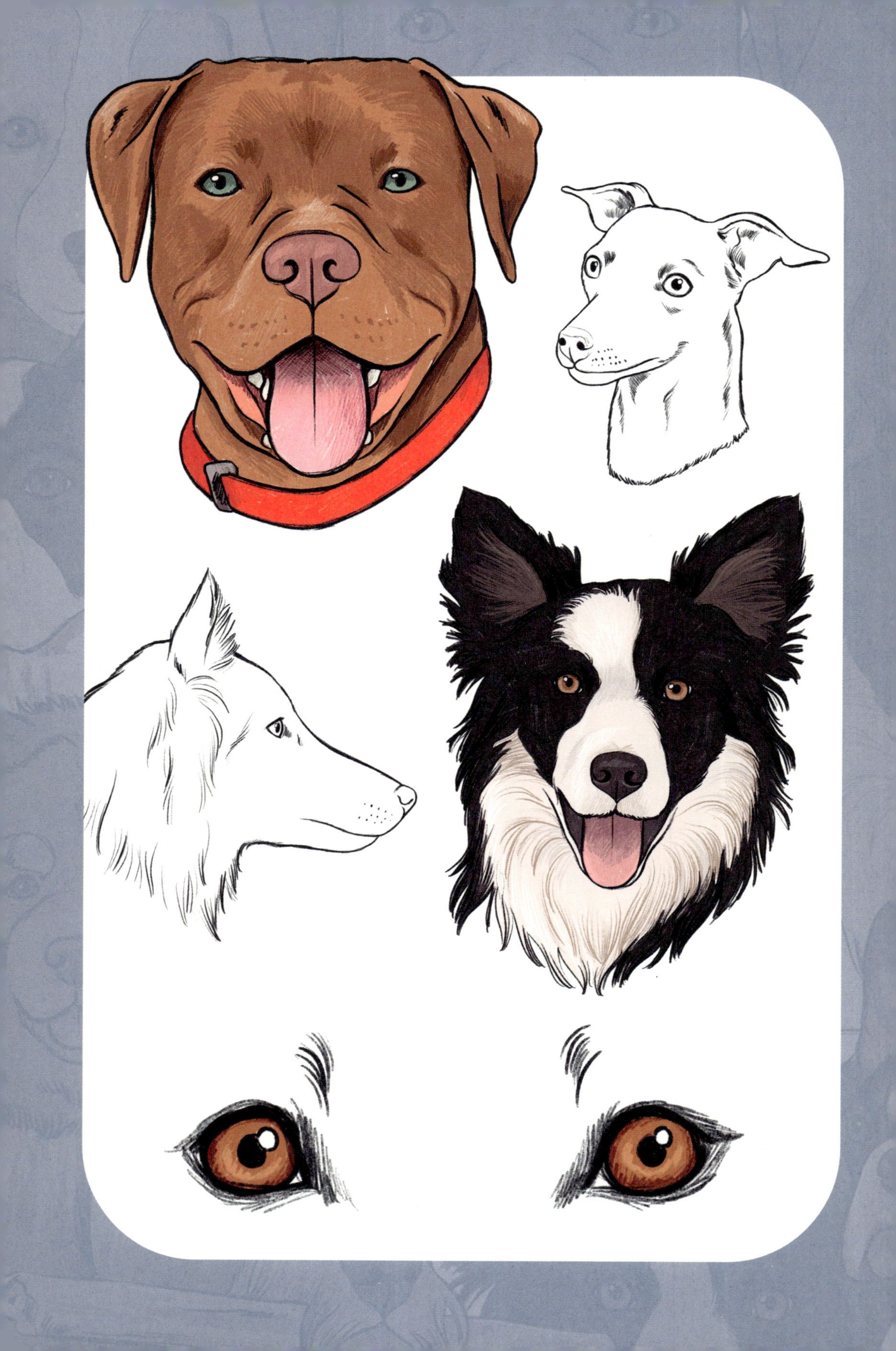

# Caras y rasgos

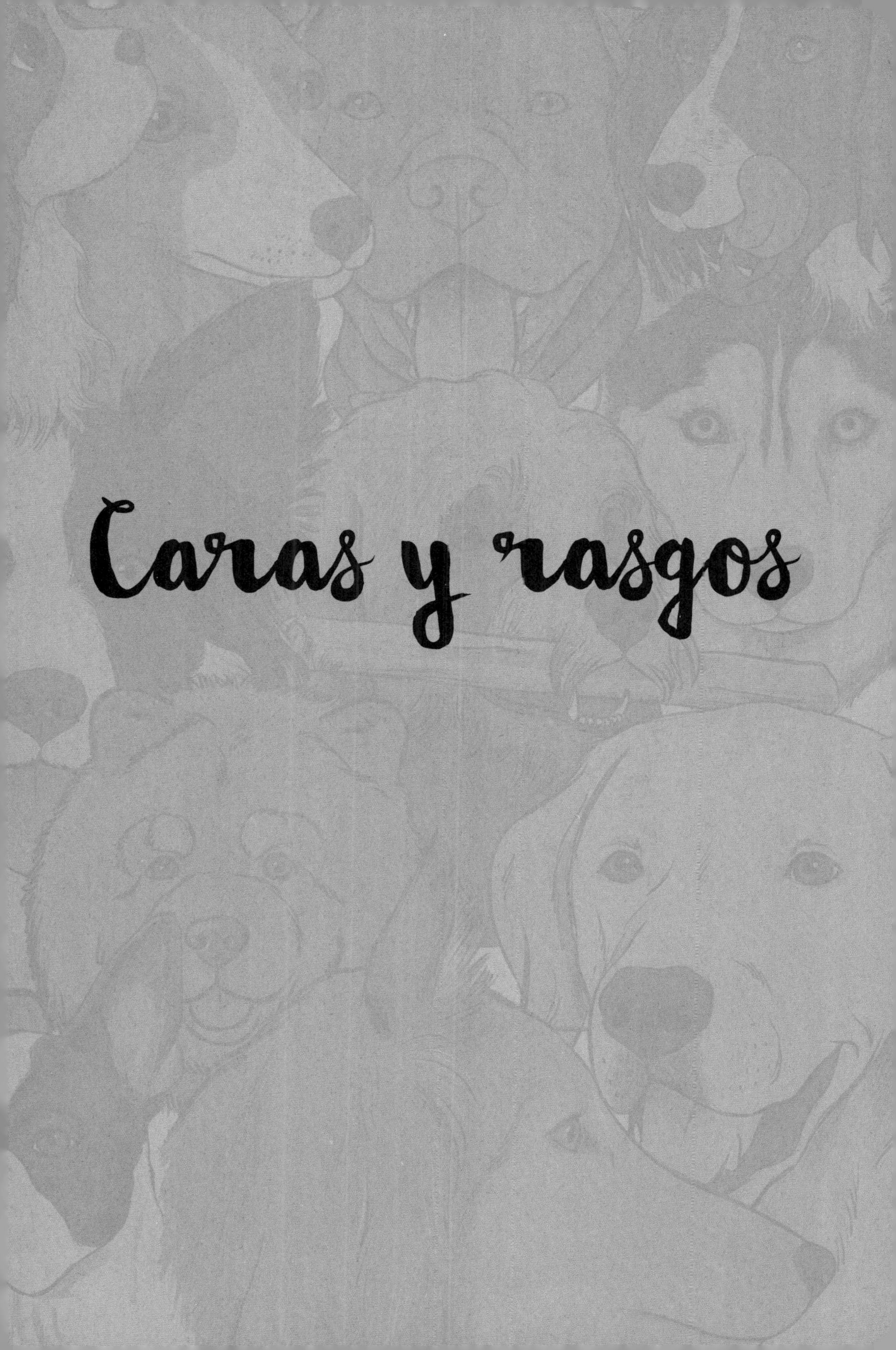

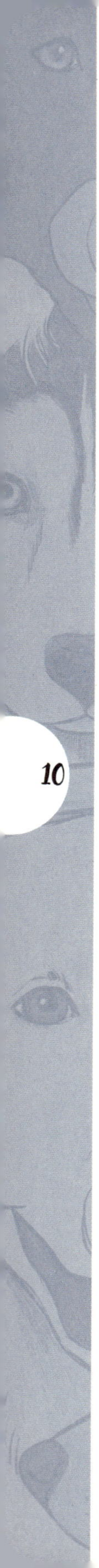



Vista frontal

# de la cabeza

Una vez domine estos sencillos pasos, habrá adquirido las técnicas básicas para dibujar un retrato de su fiel amigo.

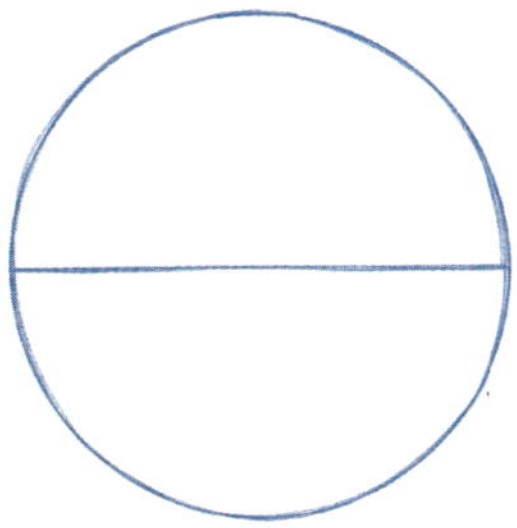

1 Dibuje una guía en forma de círculo. Divídala con una línea horizontal.

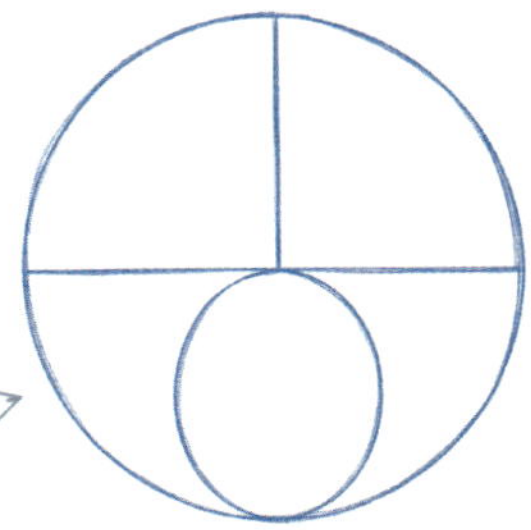

2 Divida el semicírculo superior con una línea vertical. Haga un óvalo en el inferior para el hocico.

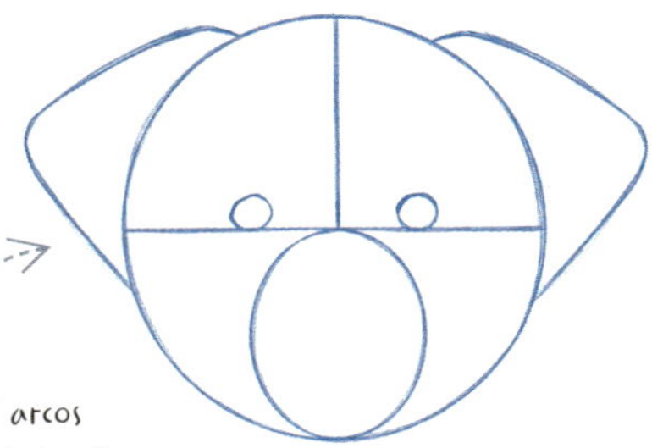

3 Dibuje dos arcos para las orejas y dos circulitos para los ojos.

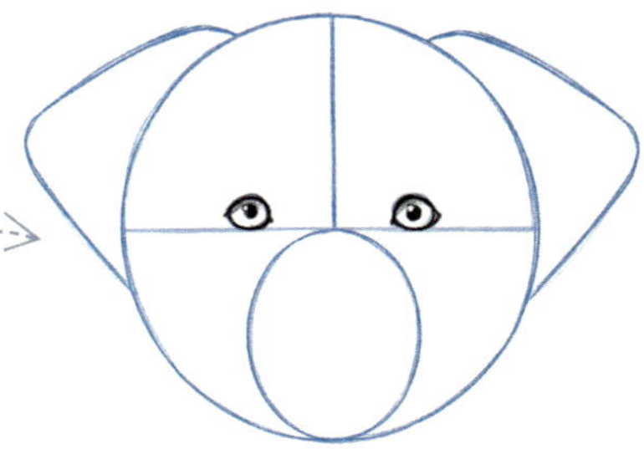

4 Oscurezca los ojos y remátelos en punta por ambos lados. Añada un círculo para cada pupila y otro más pequeño en el interior para el reflejo.

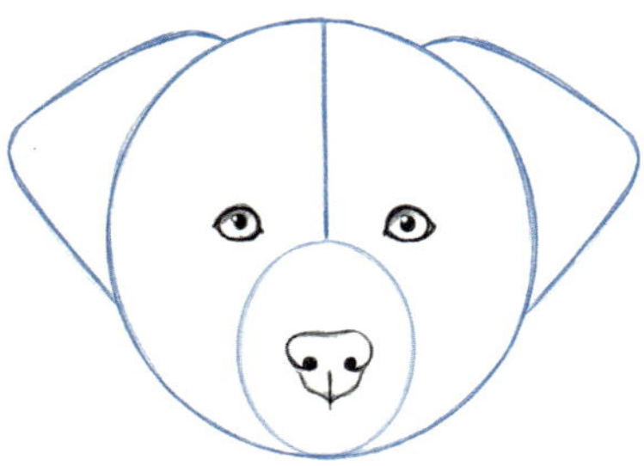

5 Trace una línea sinuosa para la parte superior de la nariz. Dibuje ambos lados curvados hacia dentro y oscurezca las líneas para hacer los orificios nasales. Remate la base de la nariz en punta y trace una pequeña línea vertical que la divida por la mitad.

6 Para hacer la boca, dibuje dos líneas que se separen y cúrvelas hacia ambos lados del óvalo. Repase el contorno inferior para dibujar la barbilla.

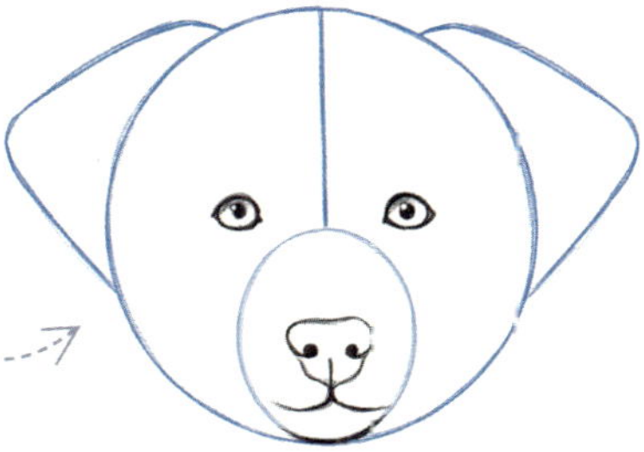

7 Oscurezca las orejas con trazos cortos que simulen el pelo.

8 Use el círculo principal para dibujar el resto de la cabeza. Siga la forma interna del círculo para dibujar los lados, debajo de las orejas.

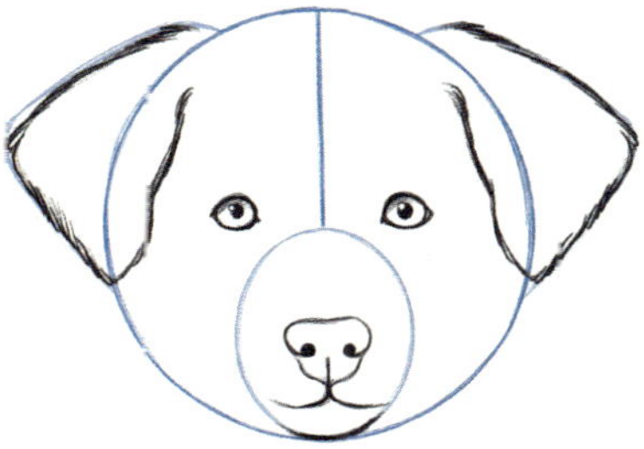

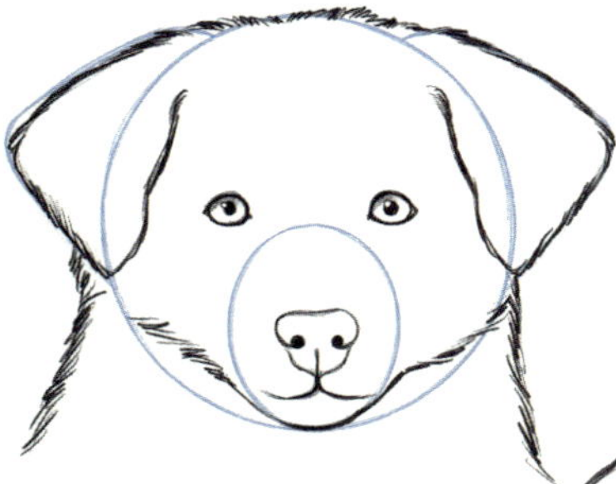

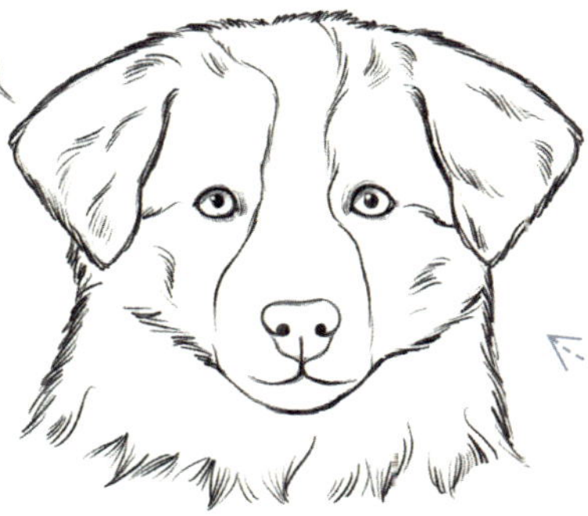

9 Borre las guías. Aplique trazos cortos para añadir más detalles alrededor de la cara y delinear la mancha.

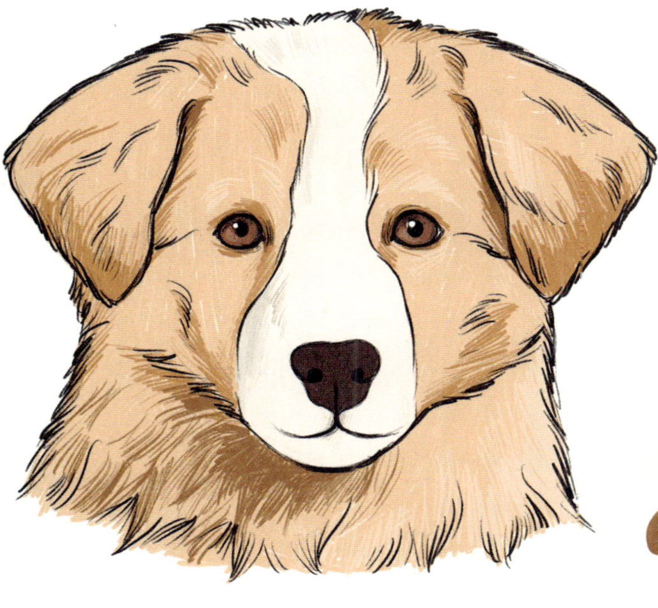

10 Pinte la base de marrón claro, y la barbilla y las puntas de las orejas de tonos más oscuros del mismo color. Pinte la nariz y los ojos de tonos más oscuros de marrón. Deje la mancha del hocico y la frente en blanco, o píntela de un tono claro.

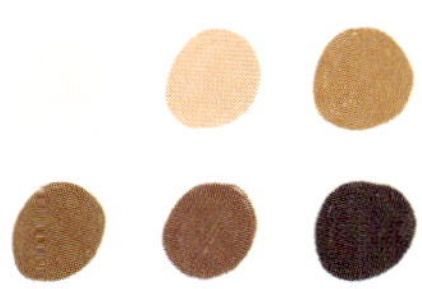

Vista lateral

# de la cabeza

Adapte la longitud del hocico en función de la raza que dibuje. El hocico de este collie es bastante largo.

1 Dibuje una guía en forma de círculo para la cabeza.

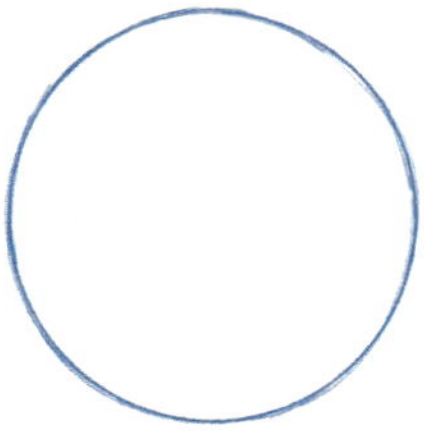

2 Haga un arco para el hocico.

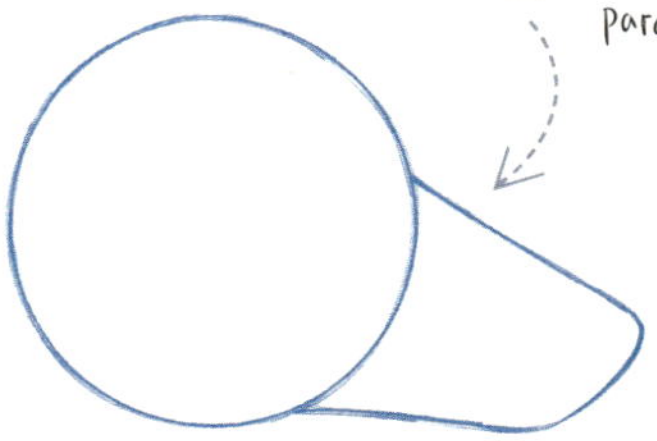

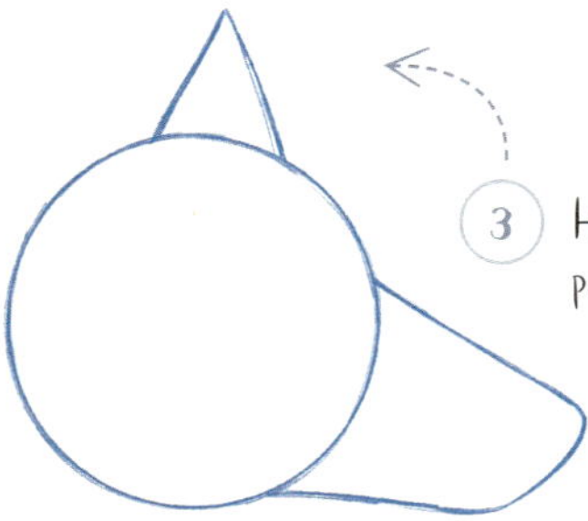

3 Haga un triángulo para la oreja.

4 Dibuje un ojo triangular con un lado curvo. Añada una raja vertical para la pupila y un circulito en el interior para el reflejo.

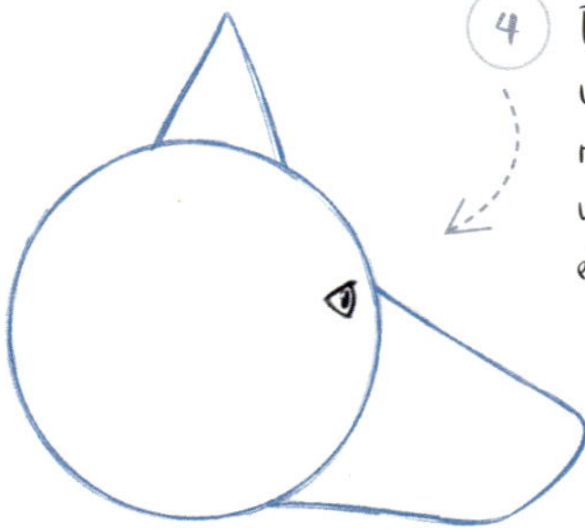

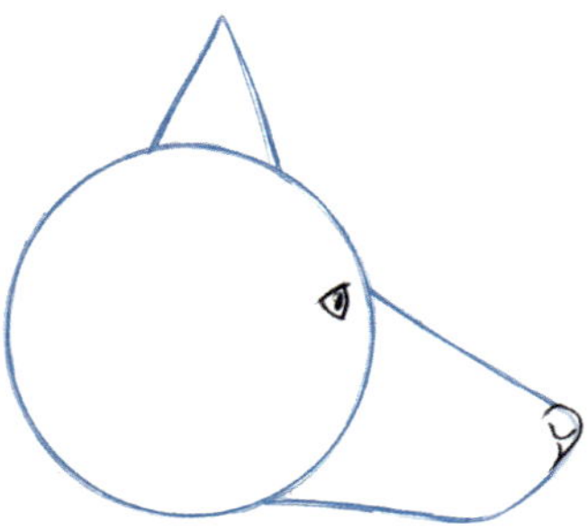

5 En la punta del hocico, dibuje un pequeño triángulo para la nariz con el pliegue de las fosas nasales en forma de U.

6 Para hacer la boca, trace una línea que se curve hacia la izquierda, casi hasta el borde de la guía circular. Aplique trazos cortos que simulen el pelo de la mandíbula inferior.

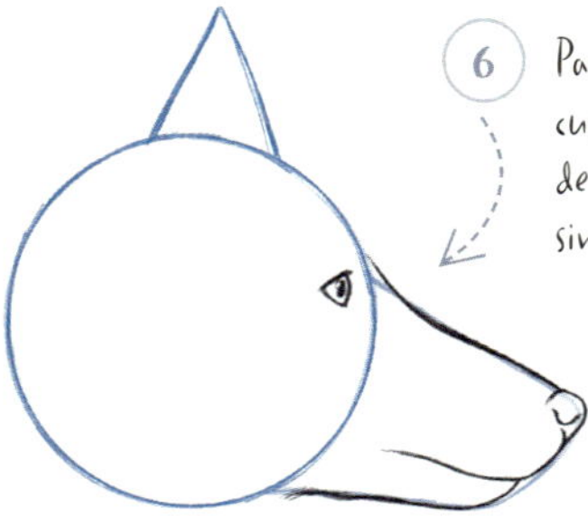

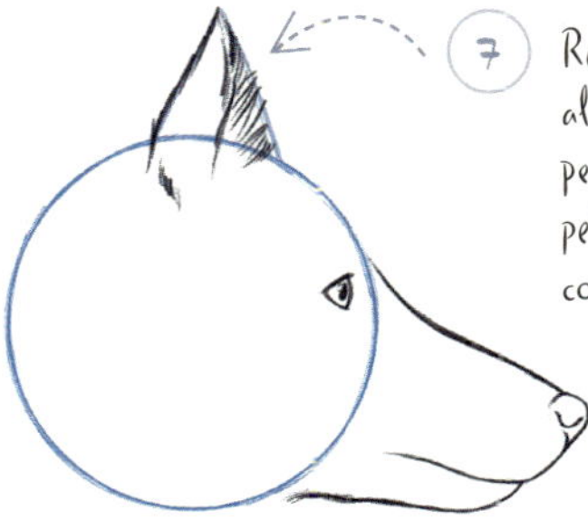

7 Repase el contorno de la oreja y alárguela por abajo de modo que penetre en la cabeza. Simule los pelos de la abertura de la oreja con trazos cortos.

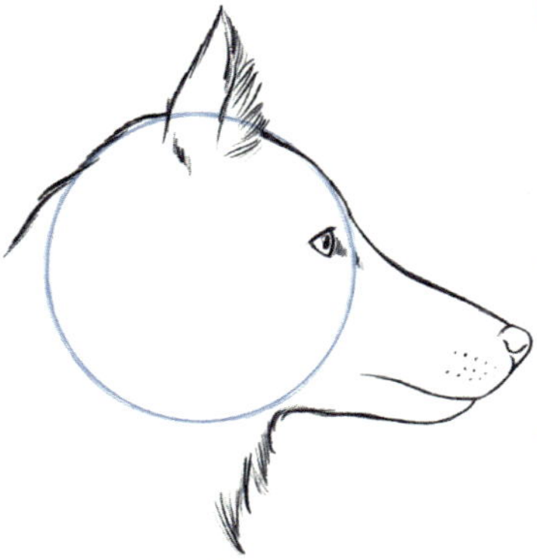

8 Dibuje el cuello y el resto de la cabeza, y añada unos puntos encima de la boca y unas líneas cortas debajo del ojo.

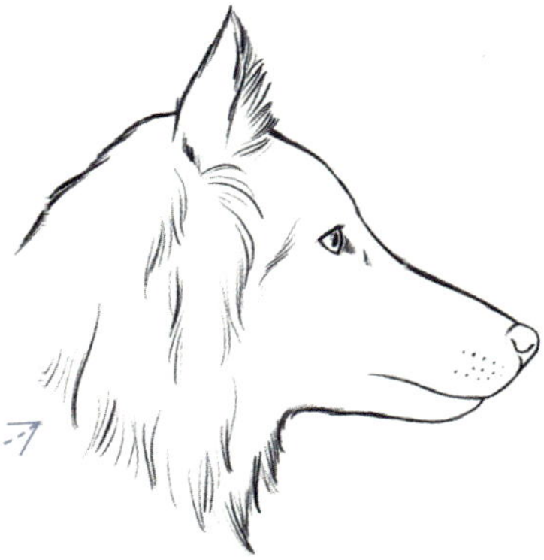

9 Borre las guías. Aplique trazos cortos alrededor de la cara y otros más largos para el pelo de la parte posterior de la cabeza y el cuello.

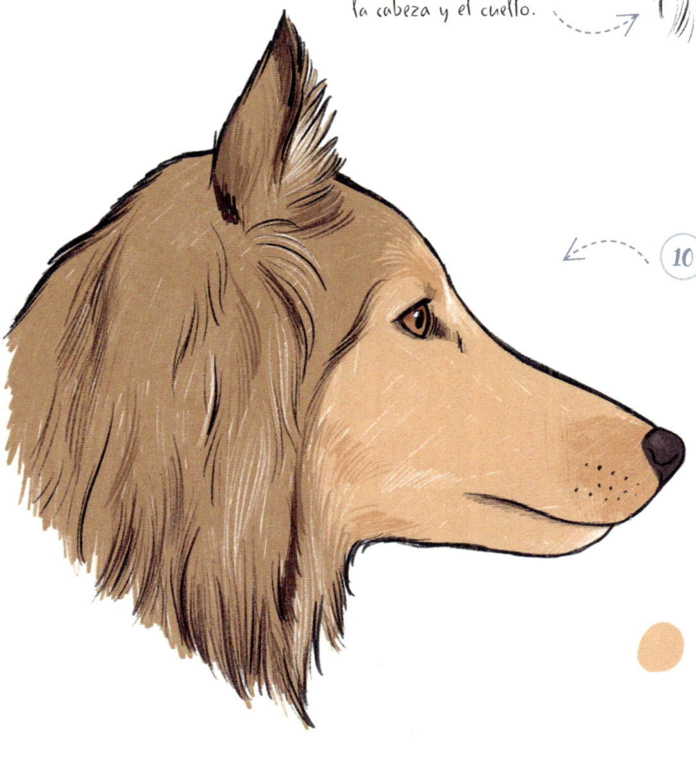

10 Pinte la base de marrón claro, y los ojos y la nariz de tonos más oscuros del mismo color. Pinte la nariz, la oreja y la parte posterior de la cabeza de tonos más oscuros de marrón.

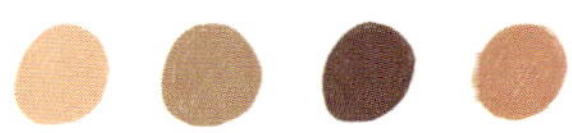

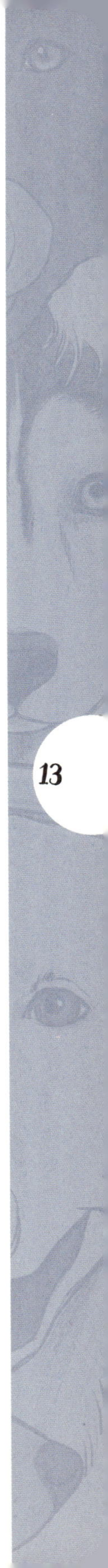

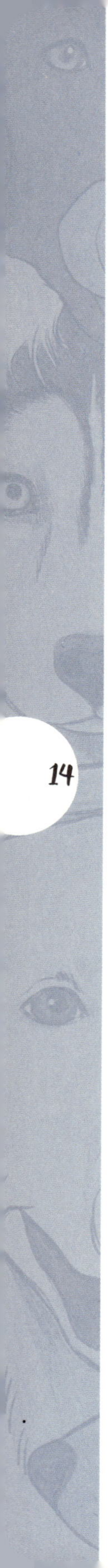

# Ojos

Para obtener los mejores resultados, procure que los ojos queden a la misma altura y a la misma distancia del centro.

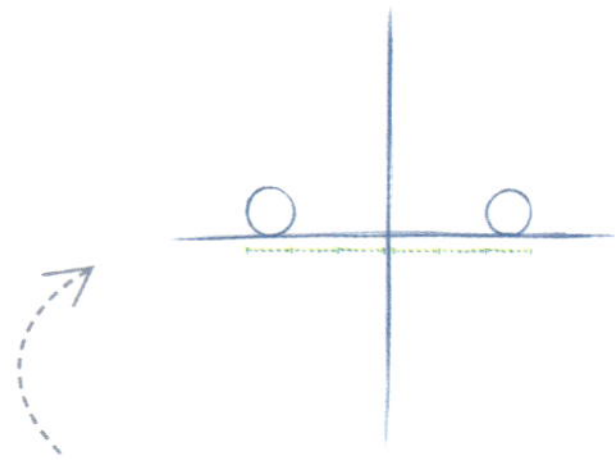

1 Dibuje dos guías entrecruzadas para facilitar la alineación y la simetría. Como se ve por las líneas de puntos, la separación entre la línea vertical y cada círculo equivale aproximadamente al doble del diámetro.

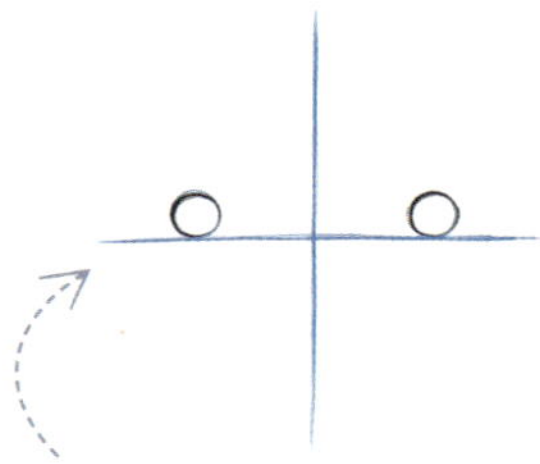

2 Dibuje dos círculos sobre las guías horizontales.

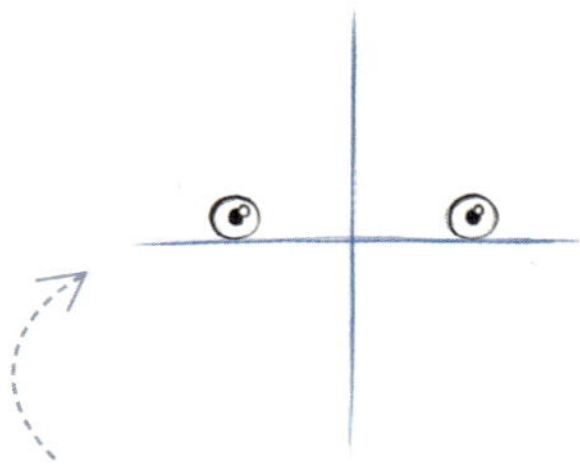

3 Añada dos circulitos para las pupilas y otros dos más pequeños a un lado para el reflejo de la luz.



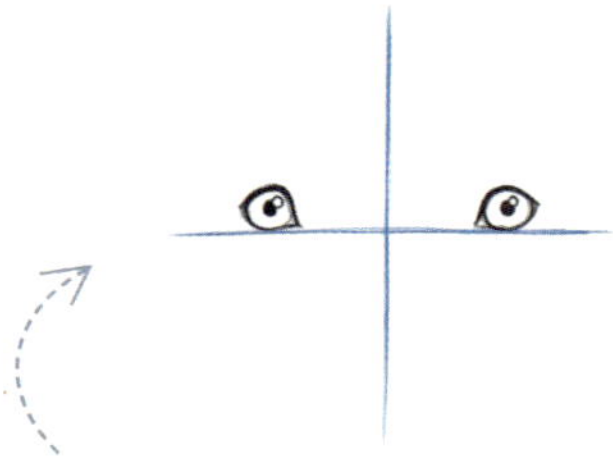

4 Dé forma a los párpados y remátelos en punta por ambos lados.

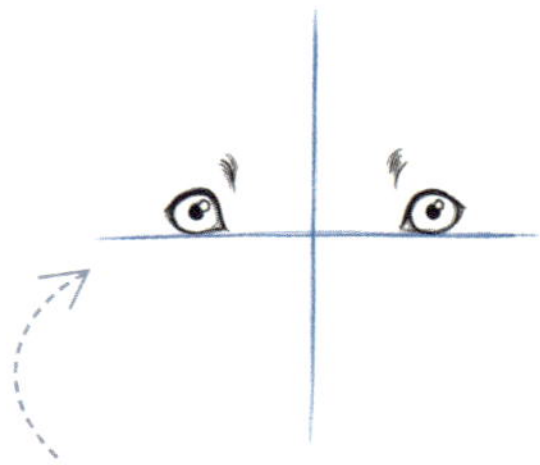

5 Trace unas líneas cortas encima de los ojos para las cejas, que darán expresión al rostro.

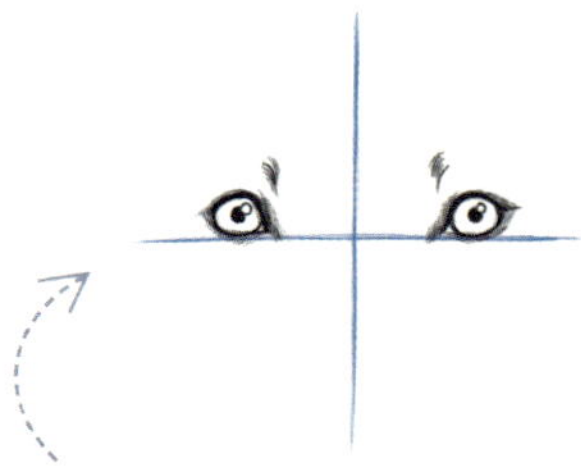

6 Repase el contorno de los ojos de modo que las líneas inferiores y los párpados queden más gruesos y oscuros. Borre las guías.

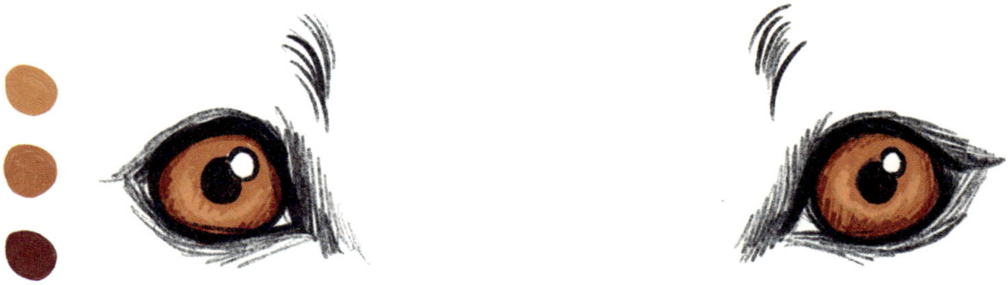

7 Cuando pinte los ojos, elija tonos más oscuros para el contorno exterior y más claros para la parte central.

# Hocico

Con estos sencillos pasos dibujará a la perfección la nariz y la boca de su mejor amigo canino siempre que se lo proponga.

1 Dibuje dos circulitos para las fosas nasales. Píntelos y trace una línea curva hacia fuera a cada lado.

2 Junte ambas líneas con un trazo sinuoso.

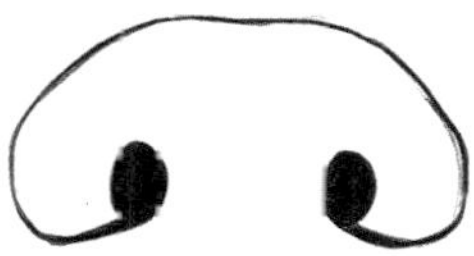

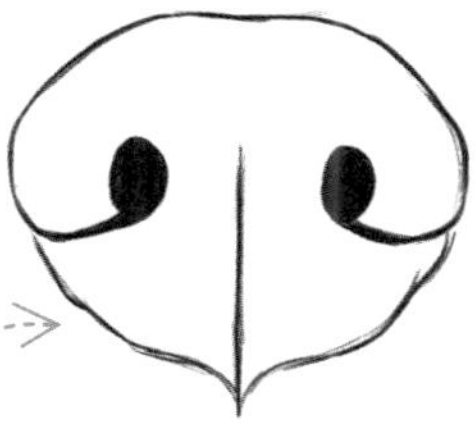

3 Trace una línea vertical en el centro y una línea curva a cada lado que se junten con los laterales de la nariz.

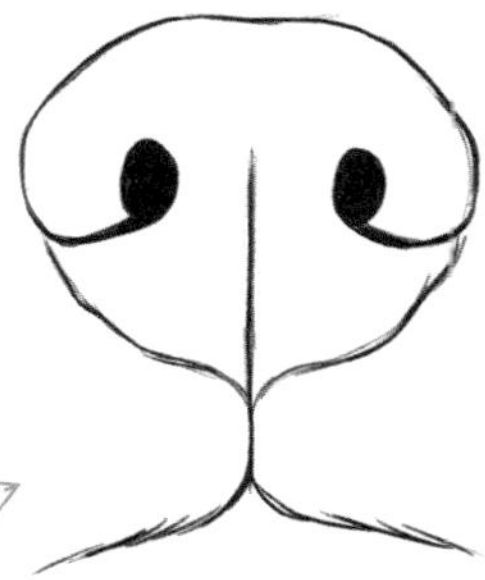

4 Alargue la línea vertical y divídala en dos para dibujar la boca. Simule el pelo con trazos cortos.

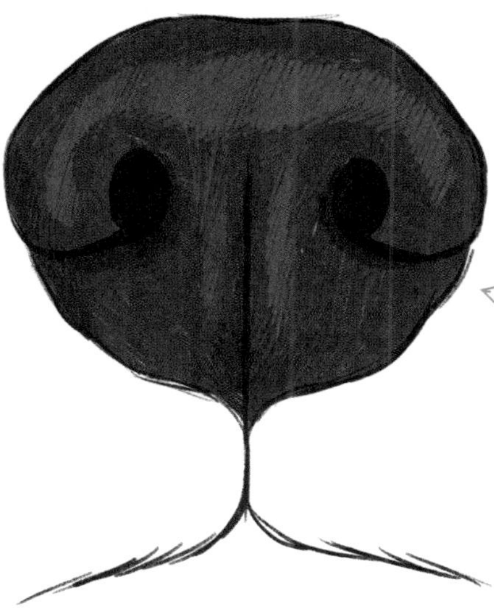

5 Pinte la nariz de negro, con tonos más claros para los reflejos.

# Orejas

Para que las orejas queden realistas, evite seguir las guías del arco al pie de la letra cuando las dibuje. Unos trazos cortos a lápiz darán sensación de movimiento.

## Orejas puntiagudas

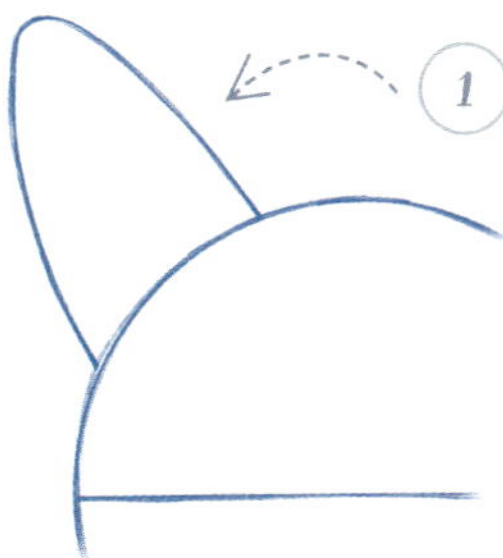

1 Dibuje un arco sobre la cabeza.

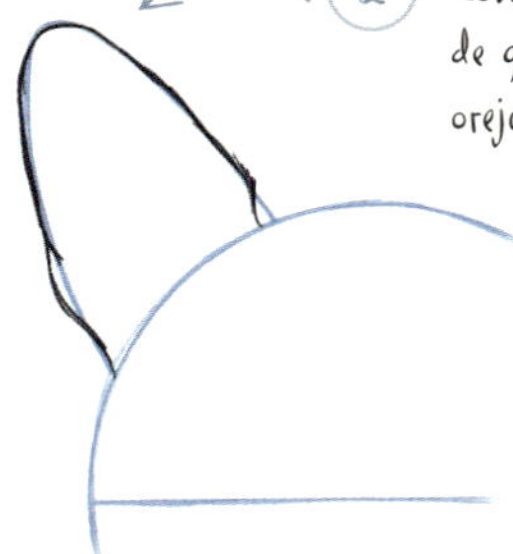

2 Con el arco a modo de guía, dé forma a la oreja con trazos cortos.

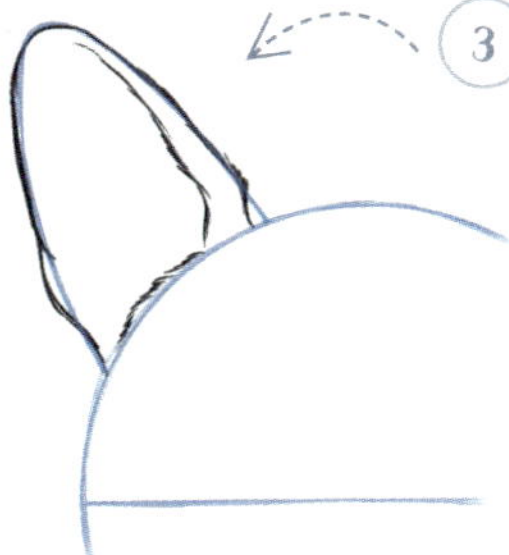

3 Trace una línea paralela al borde interno. Es el punto en el que se dobla la oreja y delimita la parte interna.

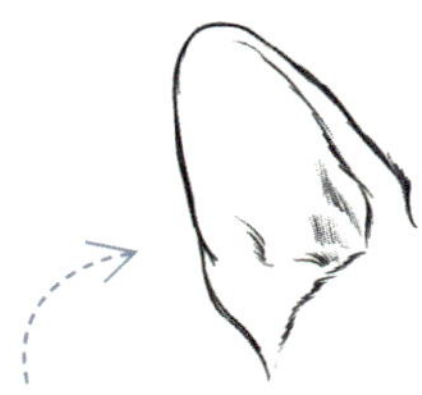

4 Borre las guías. Aplique trazos cortos en el interior de la oreja para dar profundidad.

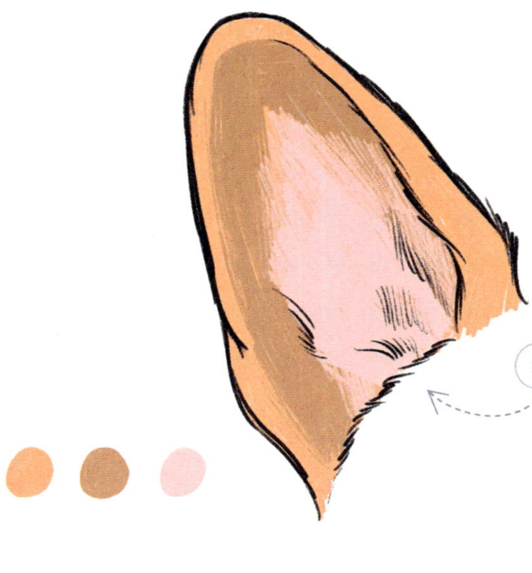

5 Pinte la parte central de rosa. Elija un marrón más oscuro para la parte interna y otro más claro para la externa.

## Orejas dobladas

1 Dibuje un óvalo grande que cuelgue fuera del círculo y se ensanche hacia abajo.

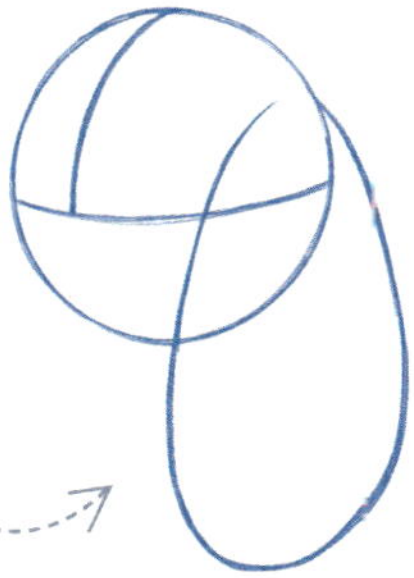

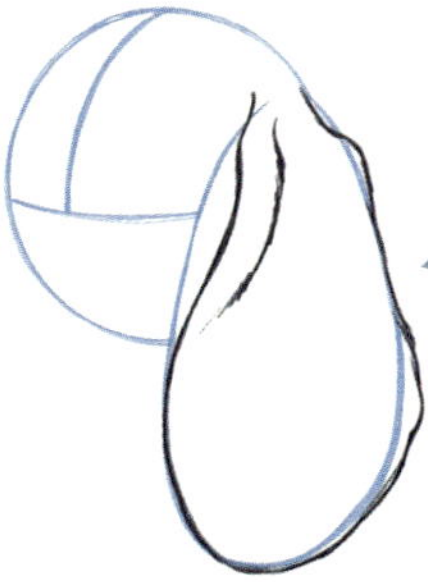

2 Dele forma con trazos cortos.

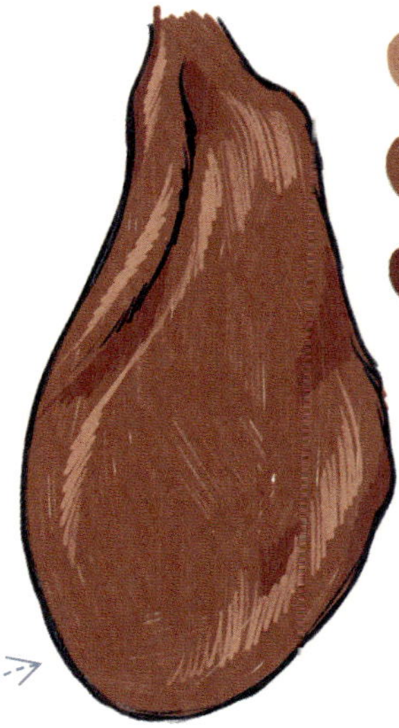

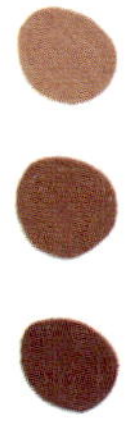

3 Pinte la oreja y añada reflejos en la parte superior y los bordes.

## Orejas caídas

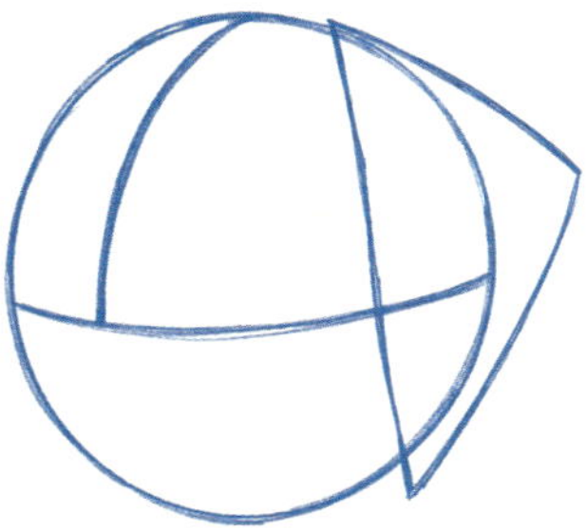

1 Dibuje una guía triangular que abarque las partes superior e inferior del círculo.

2 Dé forma a la creja con trazos cortos de modo que la parte inferior quede más estrecha y puntiaguda.

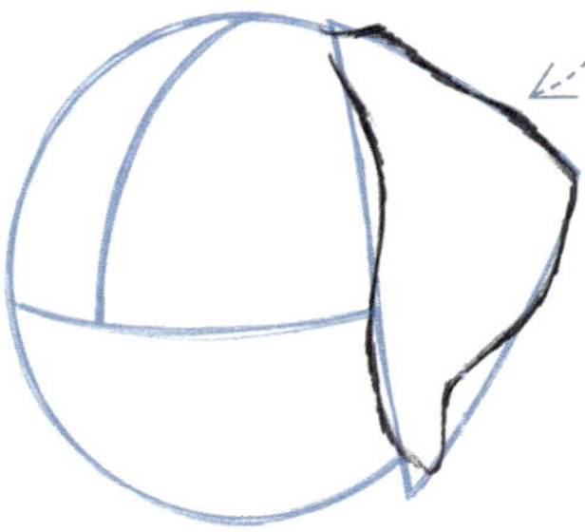

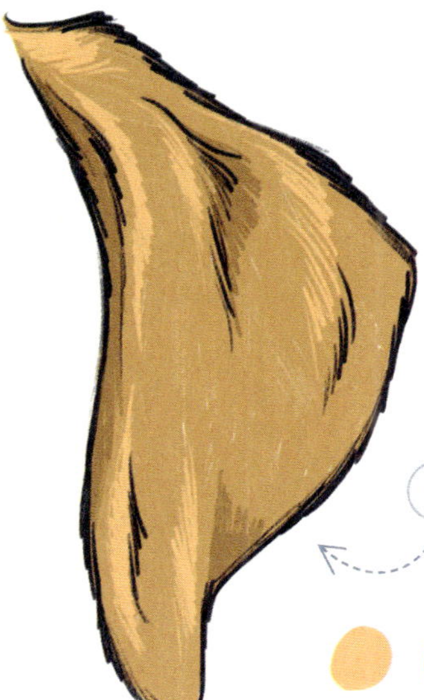

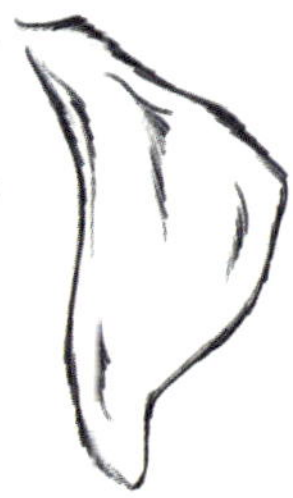

3 Borre ias guías. Indique las curvas y la profundidad con trazos cortos.

4 Pinte la oreja, con los detalles más oscuros y el pelo en tonos más claros.

# Labrador retriever

El labrador es un perro bondadoso, de rasgos dulces y mucha vitalidad. Para conseguir su característico pelo sedoso, coloréelo suavemente, sin apretar el lápiz ni separar los trazos.

1 Dibuje un círculo a modo de guía y trace una línea horizontal curva en el centro y una línea vertical curva que atraviese la parte superior.

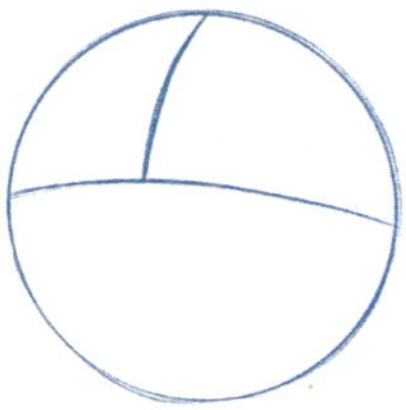

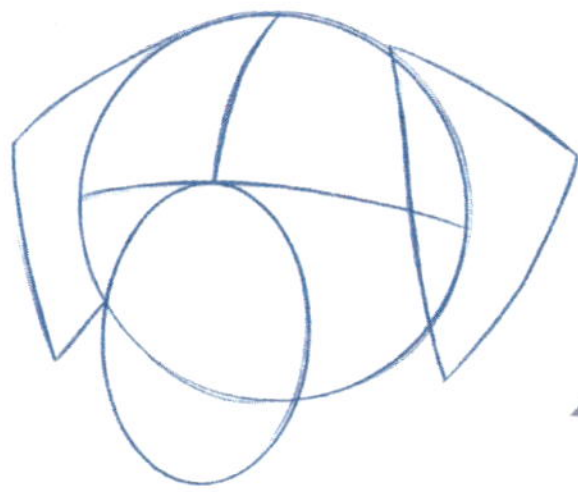

2 Haga un óvalo para el hocico. Dibuje dos triángulos para las orejas (parte de la oreja izquierda queda oculta detrás de la cabeza).

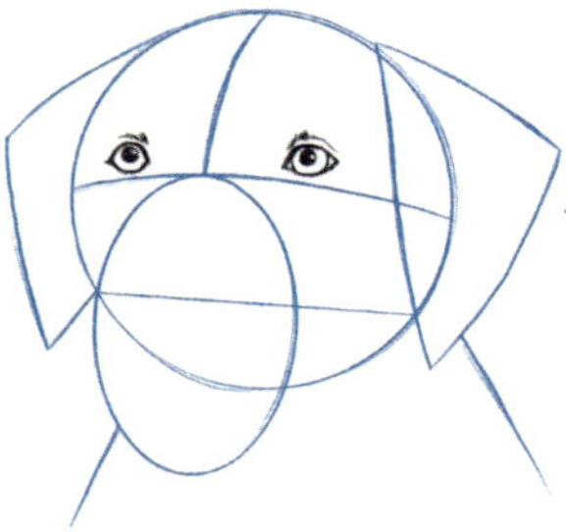

3 Trace dos líneas cortas para el cuello. Dibuje dos círculos pequeños para los ojos, y añada las pupilas y unos circulitos para los reflejos. El ojo izquierdo tiene que ser más pequeño que el derecho.

4 Dibuje la nariz. Trace una línea vertical en la base que divida la base por la mitad. La fosa nasal derecha tiene que ser algo más grande que la izquierda.

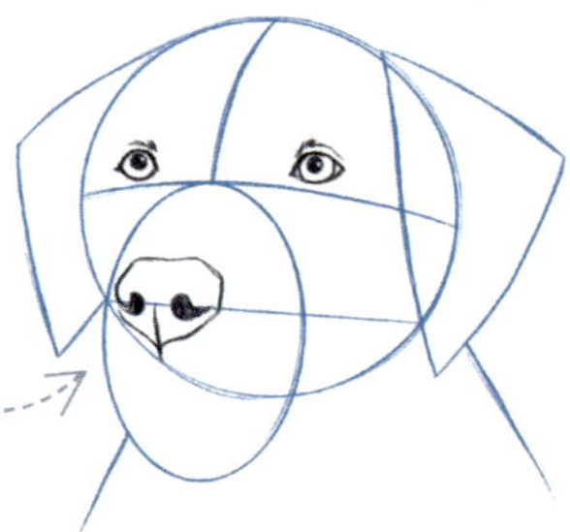

5 A partir de la base del círculo, dibuje una línea sinuosa para el lado derecho del labio superior y una curva más corta para el izquierdo.

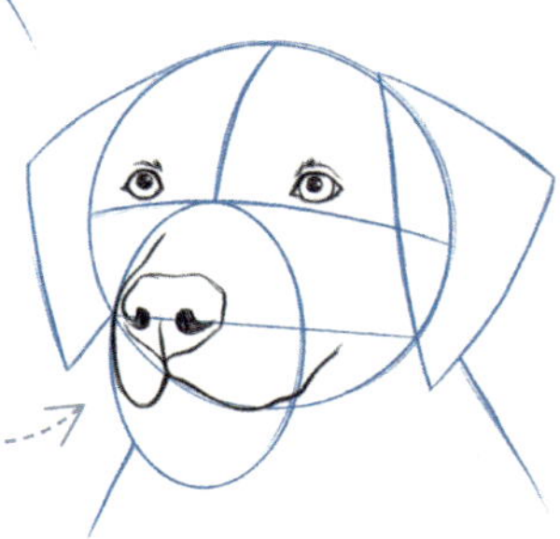

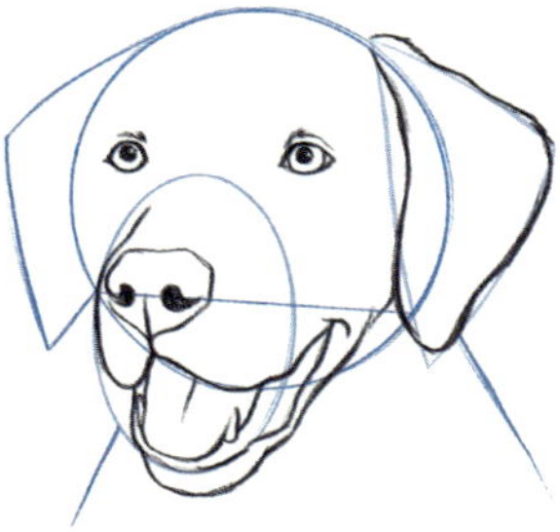

6 Dibuje la barbilla, la lengua y los dos colmillos inferiores con líneas curvas de modo que prácticamente todo el hocico quede dentro del óvalo. Dibuje la oreja derecha con trazos cortos que simulen el pelo.

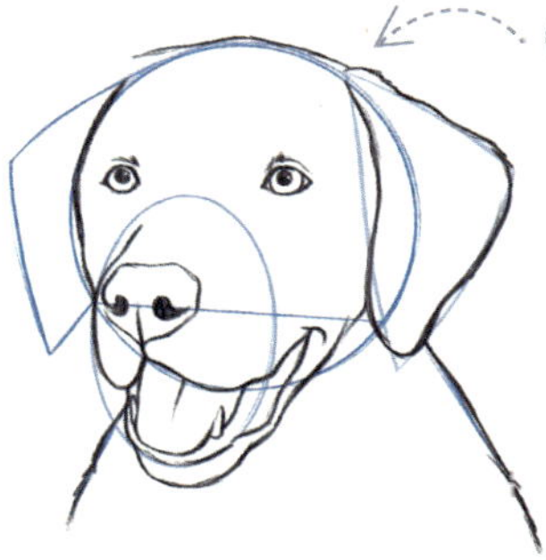

7 Dibuje el resto de la cabeza. Oscurezca las líneas de debajo de la cabeza con trazos cortos y haga el cuello.

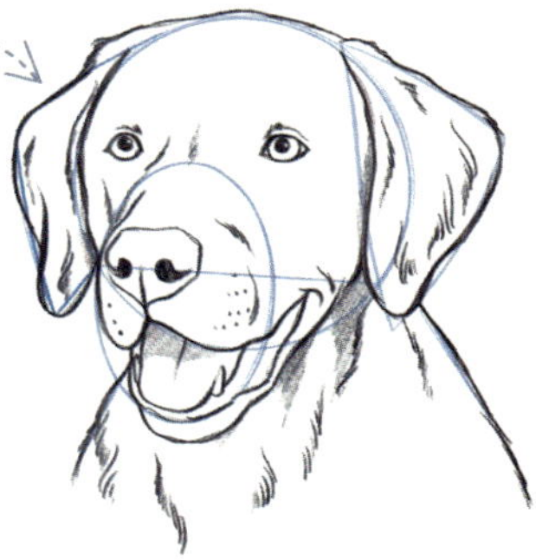

8 Dibuje la oreja izquierda. Simule el pelo de las orejas y el cuello con trazos cortos.

9 Borre las guías. Pinte la base de beis o amarillo claro.

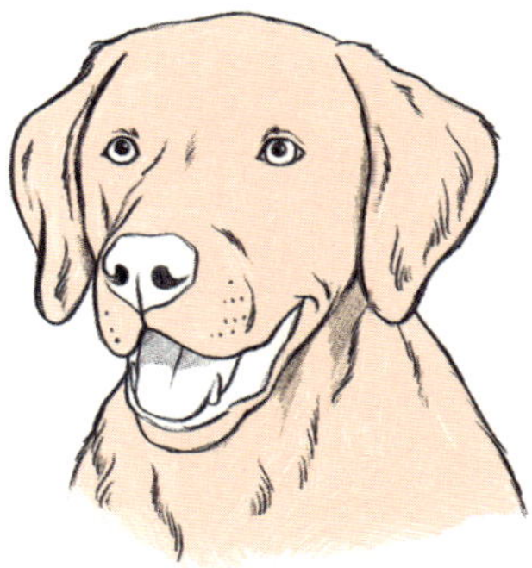

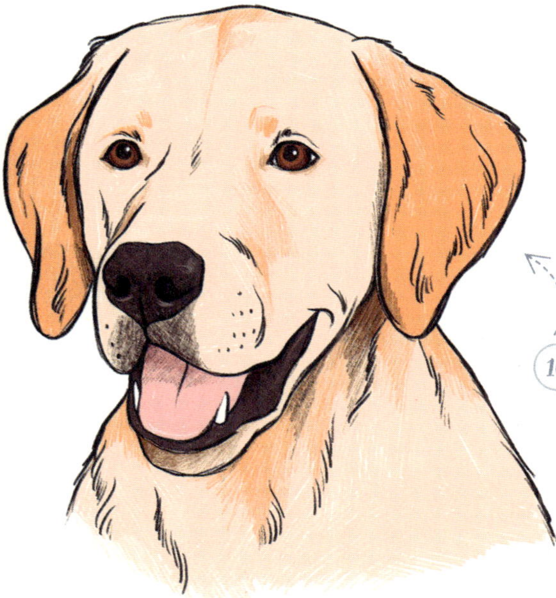

10 Elija un tono más oscuro para crear sombras en las orejas, el cuello y el contorno de los ojos. Pinte la boca y la nariz de gris oscuro, los ojos de marrón claro y la lengua de rosa.

# Husky siberiano

Los penetrantes ojos azules, el grueso pelaje y los llamativos rasgos del husky potencian el atractivo de esta elegante raza siberiana.

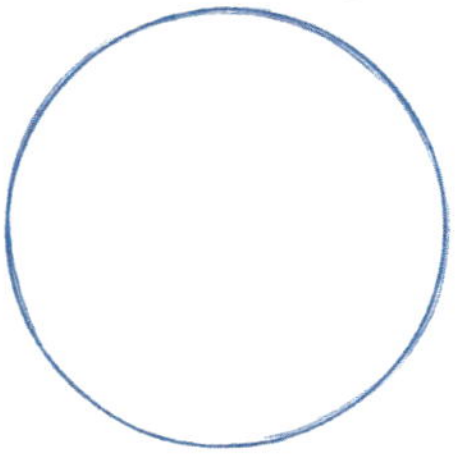

1 Dibuje un círculo a modo de guía.

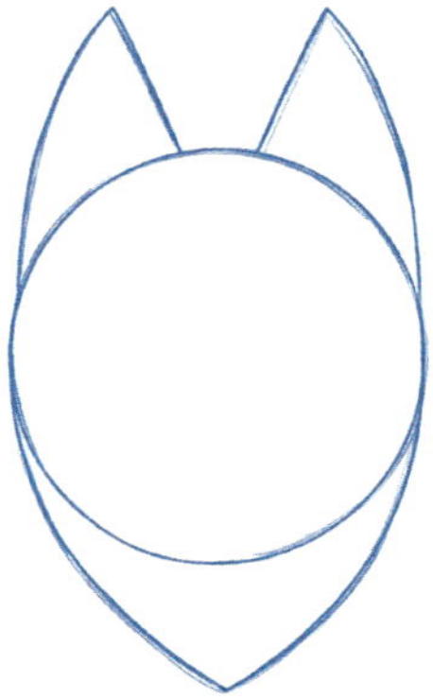

2 Dibuje dos triángulos para las orejas y una forma triangular para el cuello.

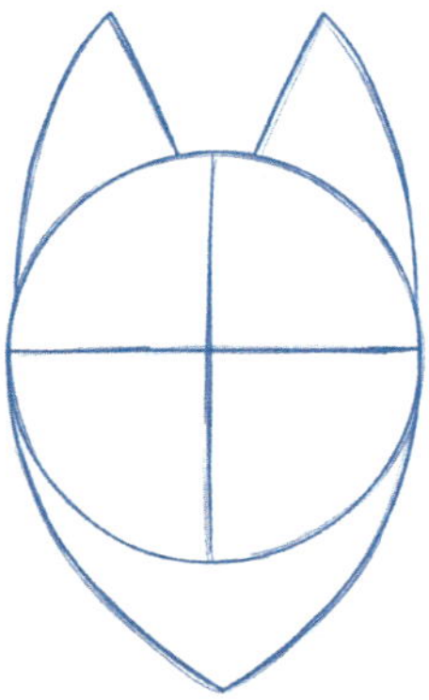

3 Trace dos líneas entrecruzadas dentro del círculo.

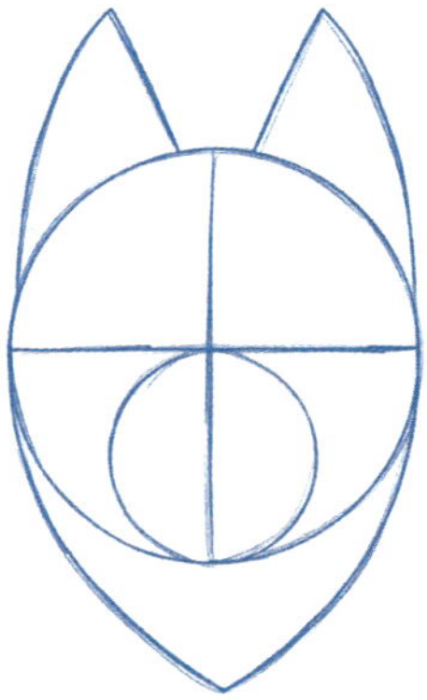

4 Dibuje un círculo pequeño en la mitad inferior para el hocico.

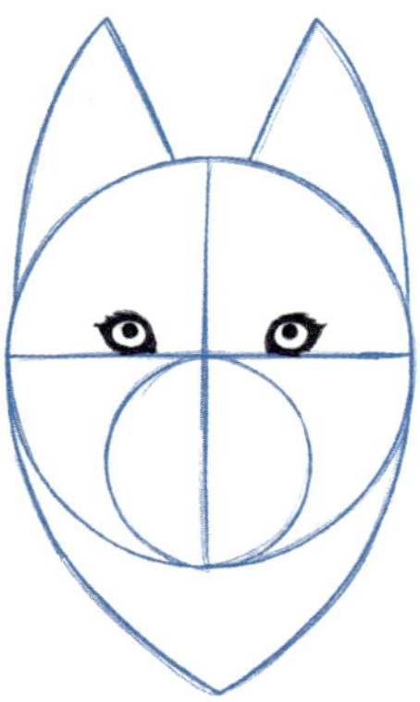

5 Dibuje los ojos en forma de balón de fútbol americano a la altura de la guía horizontal. Pinte las pupilas. Oscurezca el contorno y trace unas líneas por fuera para añadir detalles.

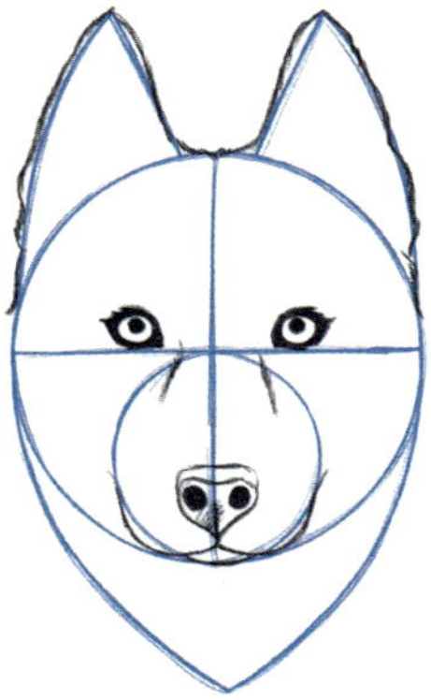

6 Dibuje las fosas nasales y unas líneas alrededor de la nariz. Trace una línea debajo de la nariz que se divida en dos y se curve para formar la boca, y otra línea para la barbilla. Dibuje las orejas con trazos rápidos y cortos.

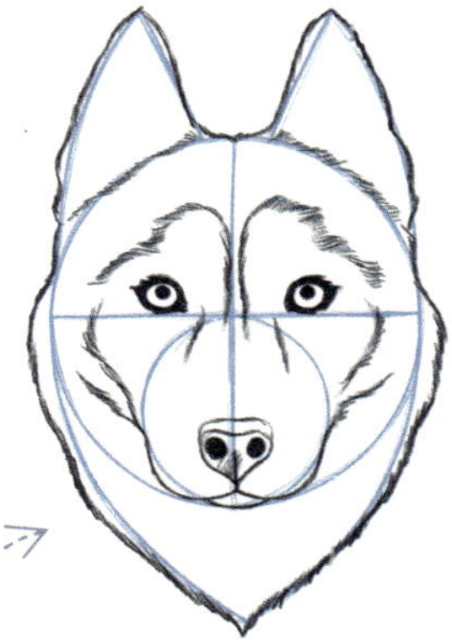

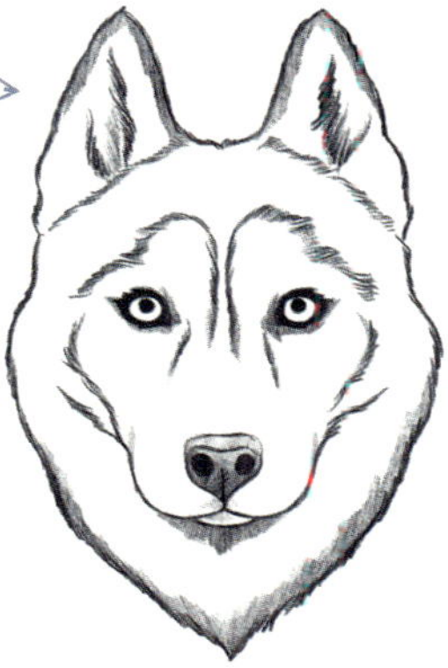

8 Borre las guías. Aplique trazos cortos dentro de las orejas. Sombree la parte inferior de la barbilla y el contorno de los ojos, las orejas y el cuello para crear dimensión.

7 Dé forma al resto de la cabeza con trazos rápidos y cortos. Aplique trazos cortos alrededor de los ojos y el hocico.

9 Pinte el dibujo. Los huskies tienen el pelo claro con matices grises oscuros en la parte superior de las orejas y la cabeza.

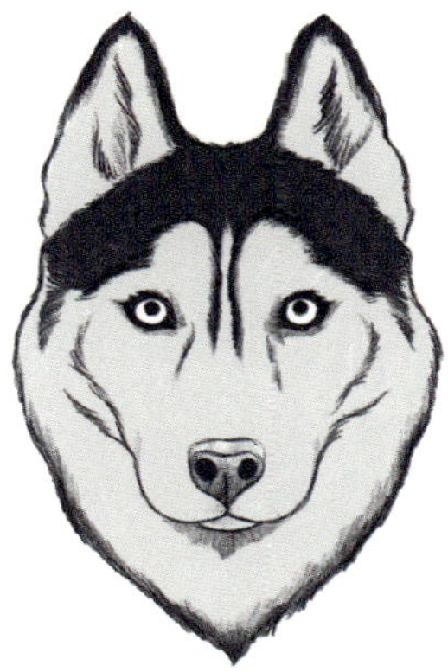

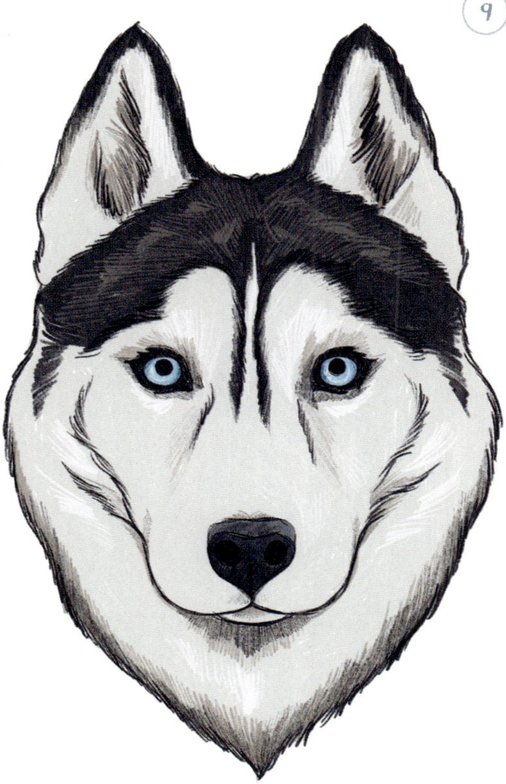

10 Sombree el cuello y las orejas de gris claro. Por último, pinte los ojos de azul claro.

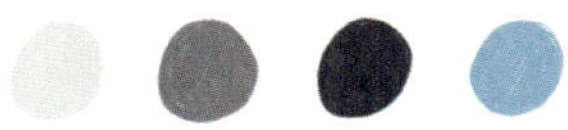

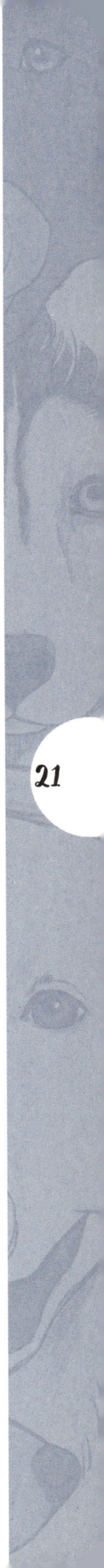

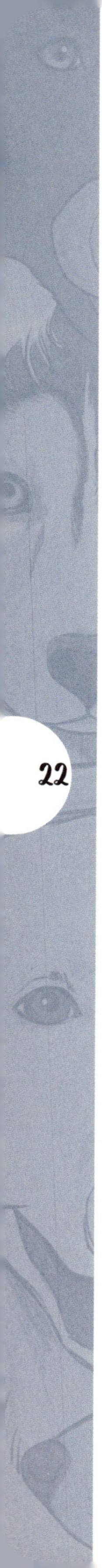

# Cavalier king Charles spaniel

Los cavaliers pueden ser de cuatro colores, pero el precioso blenheim ilustrado aquí es el más común. Tiene el pelaje castaño rojizo sobre un fondo blanco nacarado.

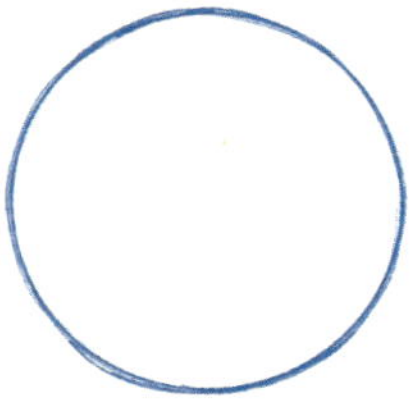

1 Dibuje un círculo a modo de guía.

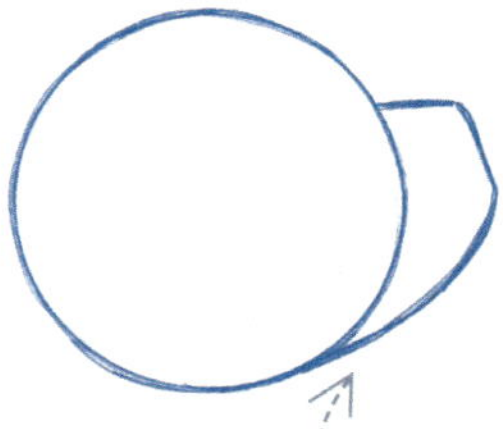

2 A partir del borde inferior de la cabeza, dibuje una guía para el hocico.

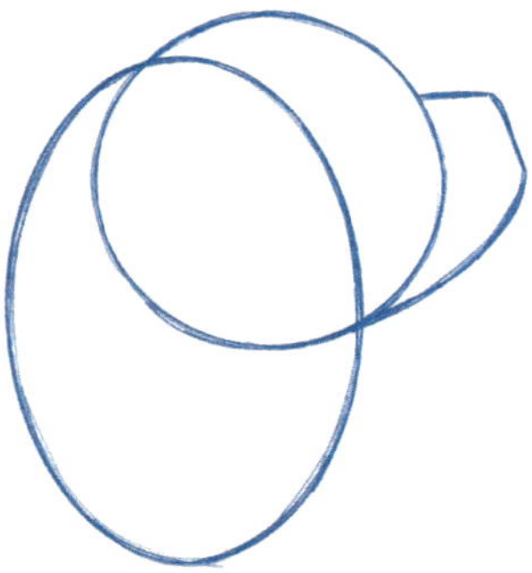

3 Haga un gran óvalo a modo de guía para la oreja que mida aproximadamente el doble del círculo de la cabeza y se extienda por debajo de las guías.

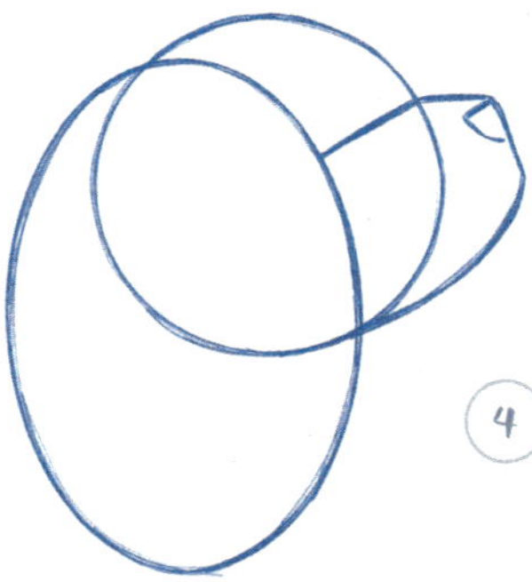

4 Añada un pequeño triángulo en la punta del hocico para la nariz. Trace una línea entre la parte superior del hocico y la oreja.

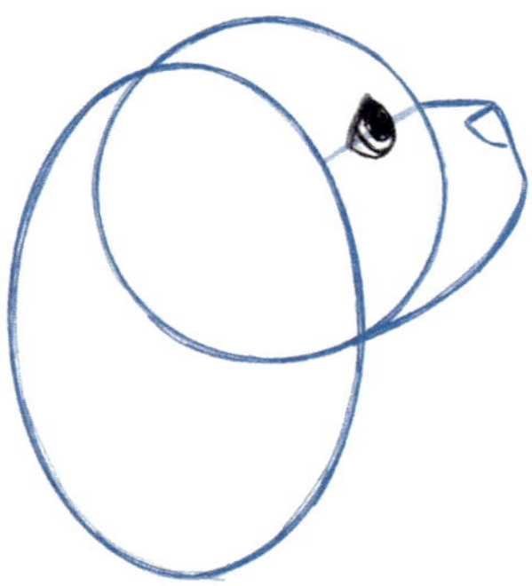

5 Dibuje el ojo en medio de esta guía. El lado derecho es curvo, mientras que el izquierdo es puntiagudo para el rabillo del ojo. Añada la pupila y un circulito en su interior que refleje la luz.

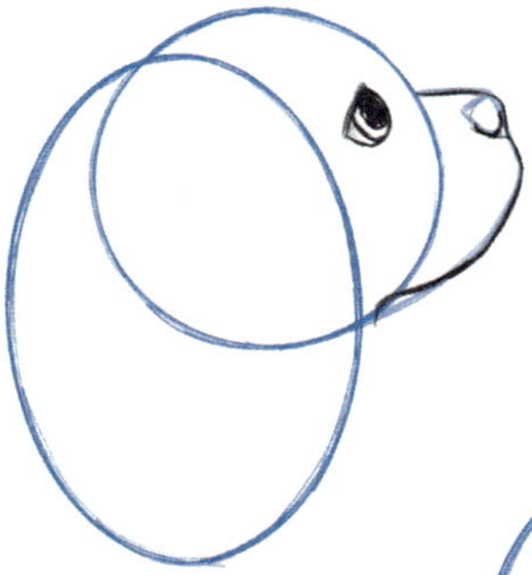

6 Siga la guía del hocico para dibujar la nariz.

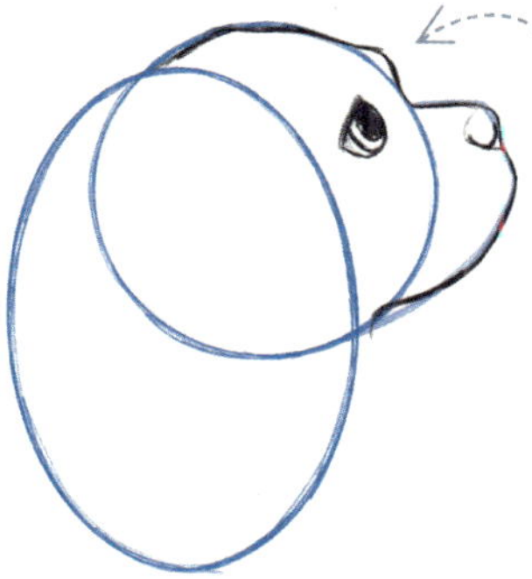

7 Dé forma al resto de la cabeza a partir del círculo, con trazos cortos en la frente.

8 Dibuje la oreja, curvando todo el contorno a medida que oscurece las guías. En la parte inferior, añada líneas verticales cortas para las puntas de pelo.

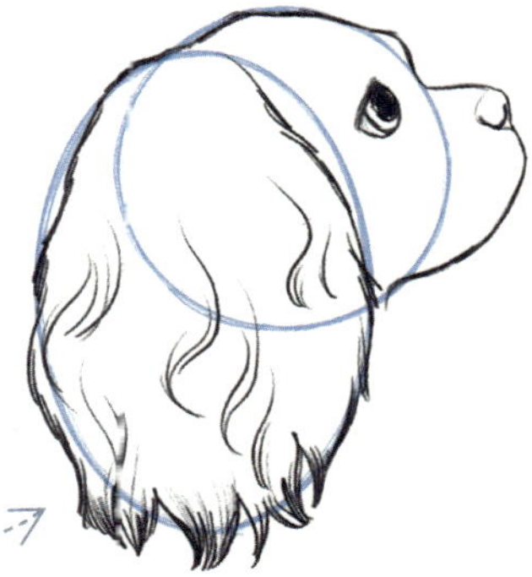

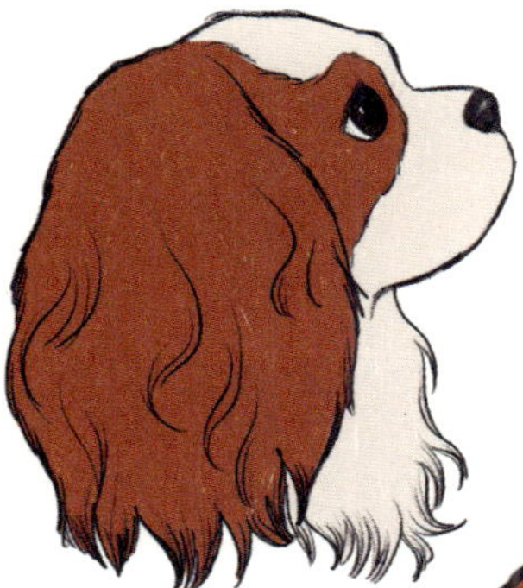

9 Borre las guías. Debajo de la barbilla, dibuje el pelo del cuello con trazos cortos de la misma longitud que la oreja. Pinte la cabeza y el cuello de beis claro; la oreja y el contorno del ojo de marrón claro; el ojo de marrón oscuro, y la nariz de gris oscuro.

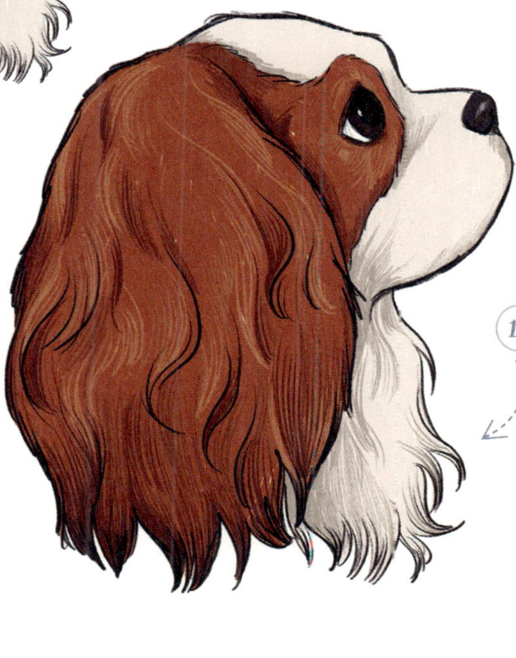

10 Para añadir dimensión y volumen, sombree el dibujo en tonos más claros y oscuros.

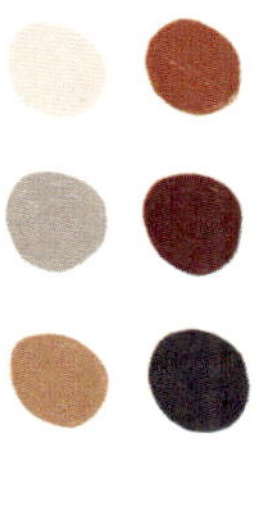

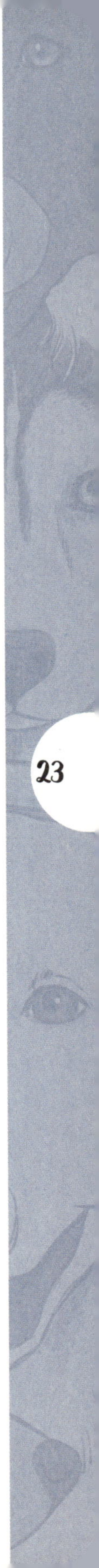

# Boston terrier

El Boston terrier tiene el pelo liso y brillante con manchas blancas bien definidas que crean un motivo similar a un esmoquin, uno de los motivos por el que recibe el apodo de «caballero americano».

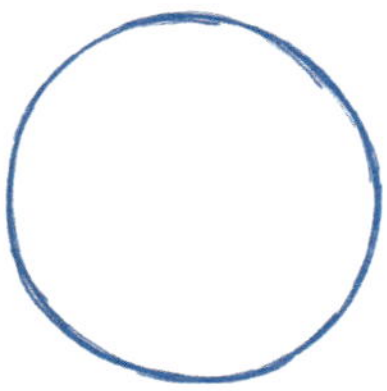

1 Dibuje un círculo a modo de guía.

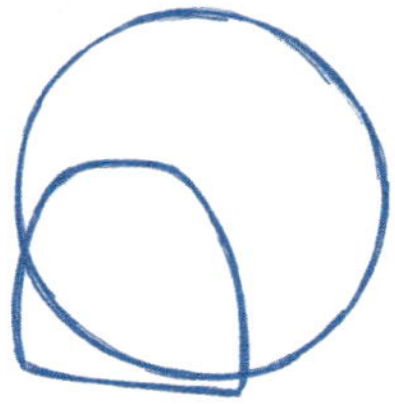

2 Para el hocico, dibuje un semicírculo en el lado inferior izquierdo superpuesto al círculo.

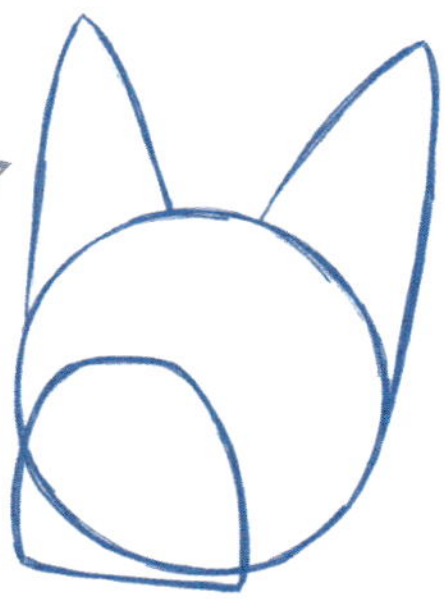

3 Dibuje dos triángulos alargados para las orejas.

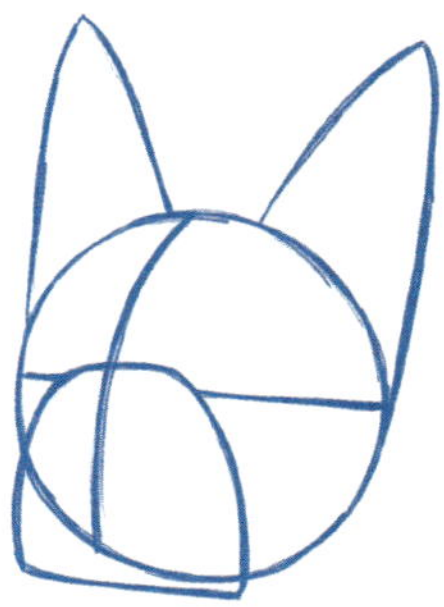

4 Dibuje dos líneas entrecruzadas a través de la cabeza y el hocico.

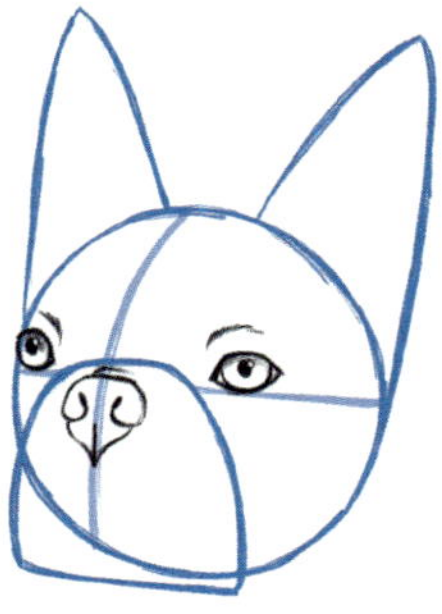

5 Dibuje los ojos a la altura de la guía horizontal. Añada dos puntos grandes para las pupilas y unos circulitos a los lados para los reflejos. Dibuje las cejas y la nariz.

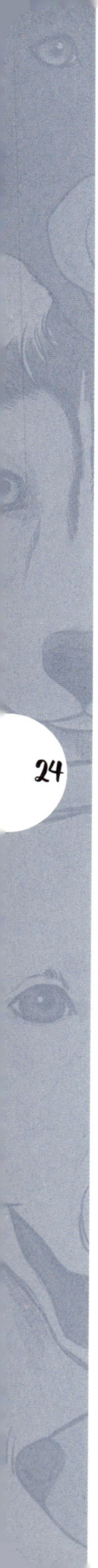

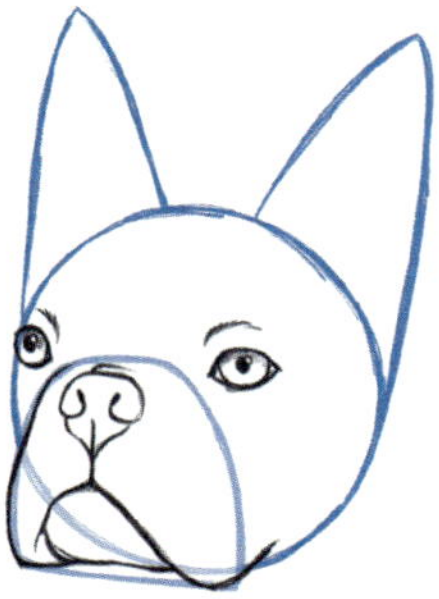

6 Dé forma al resto del hocico. Trace una línea bajo la nariz que se divida en dos y se curve para formar la boca.

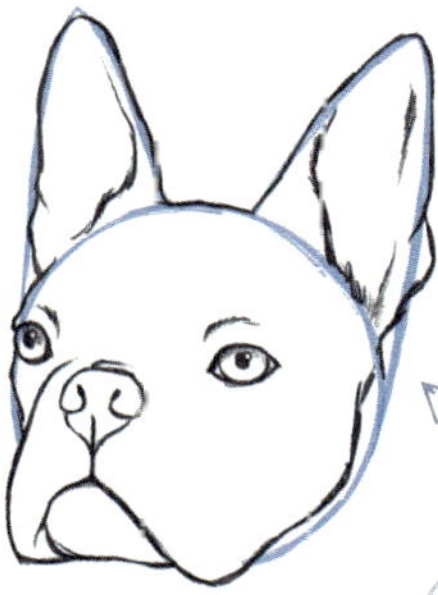

7 Dé forma a las orejas a partir de los triángulos. Simule el pelo corto con trazos muy discretos. Dé forma a la cabeza a partir de la guía circular.

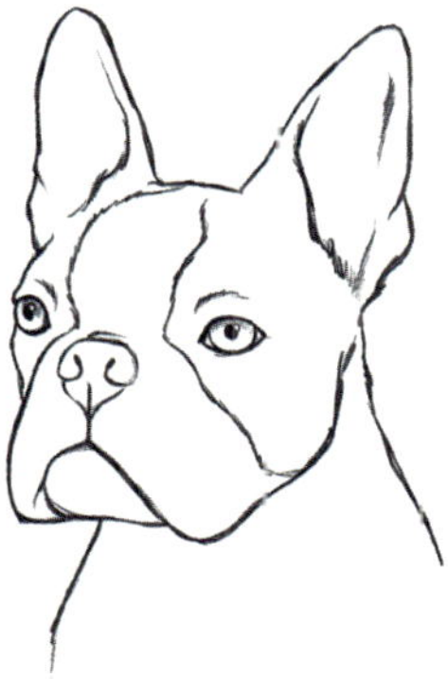

8 Borre las guías. Dibuje el cuello y las manchas.

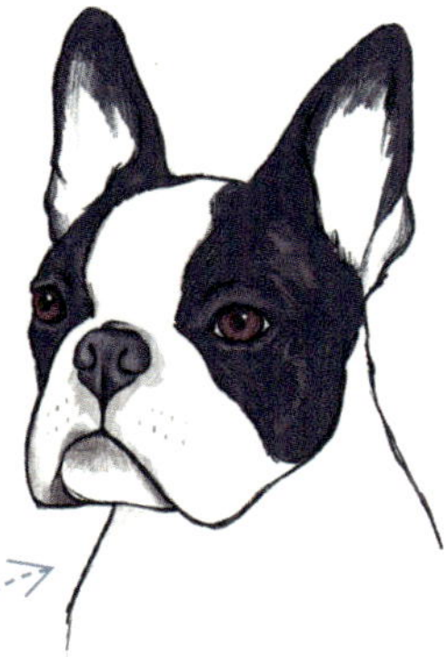

9 Pinte las orejas, la nariz y el contorno de los ojos de gris oscuro. Pinte los ojos de marrón. Deje el resto de la cabeza en blanco o píntelo de un gris muy claro.

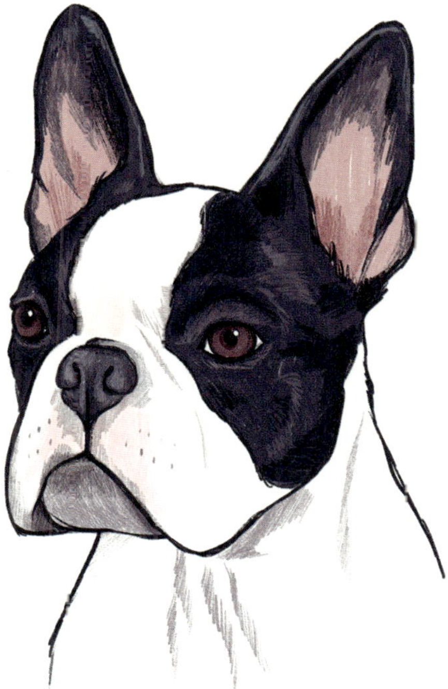

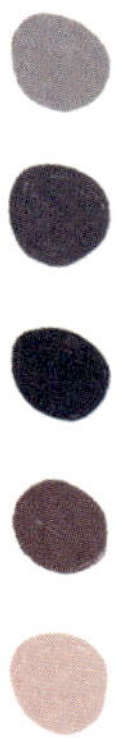

10 Pinte el interior de las orejas de rosa. Sombree la parte inferior de la barbilla y el contorno de los ojos, las orejas y el cuello para crear dimensión.

# Springer spaniel inglés

Criado como perro de caza, el springer spaniel inglés es un cazador fuerte y musculoso, pero además es un excelente animal de compañía, muy cariñoso y enérgico.

1. Dibuje un círculo a modo de guía y divídalo con una línea horizontal.

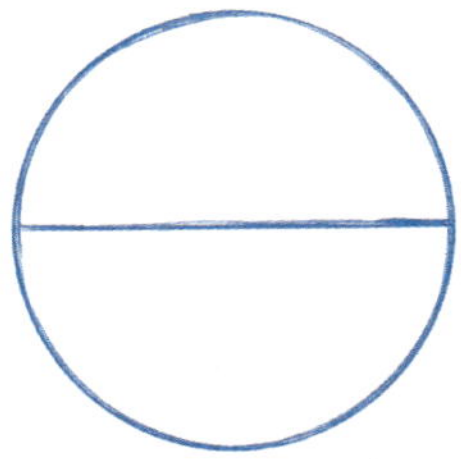

2. Para la guía del hocico, empiece con una línea que salga de la base del círculo hacia la izquierda (a). Trace otra línea al bies hacia la izquierda la mitad de larga (b) y termine con una tercera línea al bies hasta la parte superior del círculo (c).

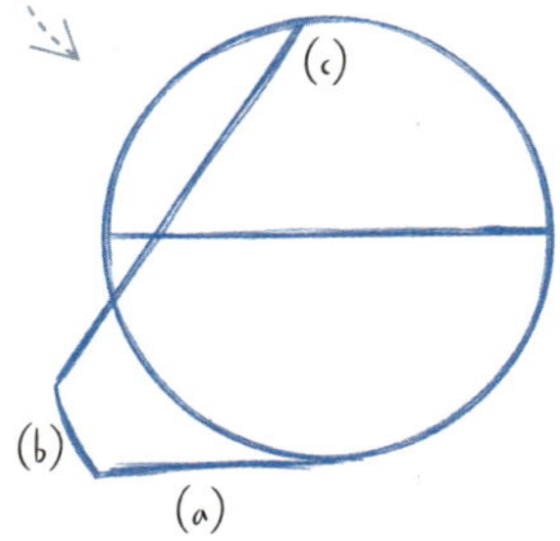


3. Para la guía de la mandíbula inferior, dibuje una curva que vaya de la parte inferior del hocico al centro de la base del círculo.

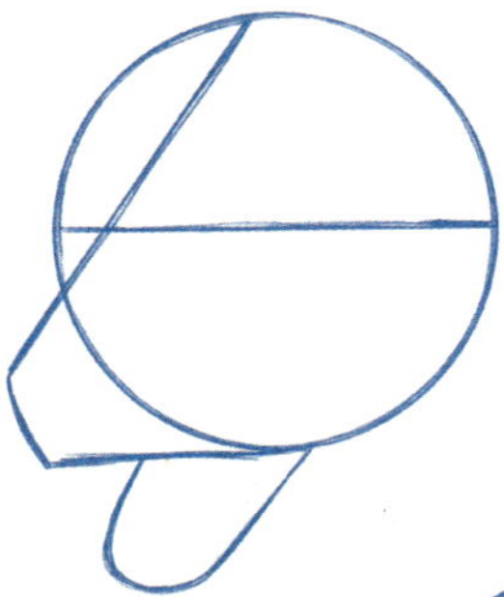

4. Dibuje un semicírculo a cada lado del círculo de la cabeza para las orejas.

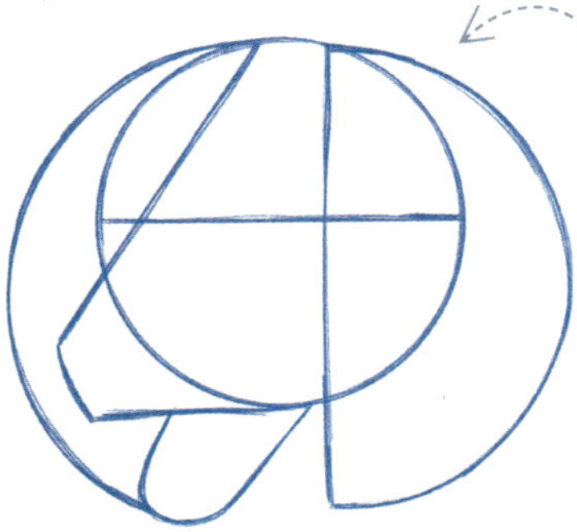

5. Dibuje los ojos a la altura de la guía horizontal y la nariz en la punta del hocico.

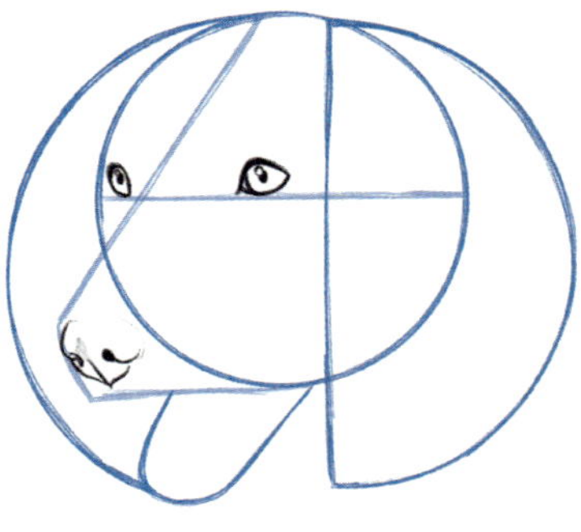

6 Dibuje el labio inferior, la barbilla y la lengua con líneas curvas. Añada los colmillos inferiores.

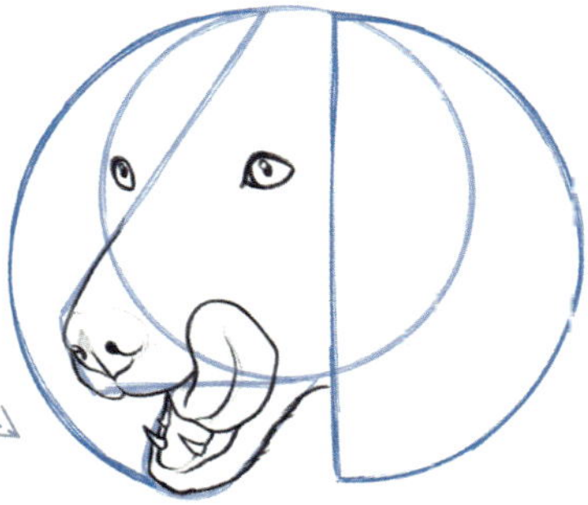

7 Oscurezca con trazos cortos las guías que van del hocico a la parte superior de la cabeza.

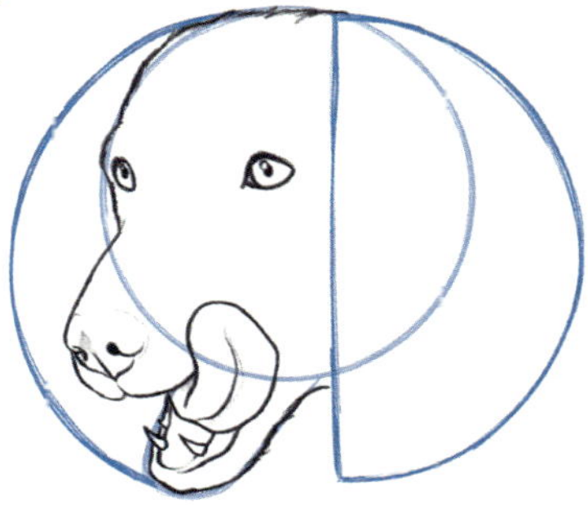

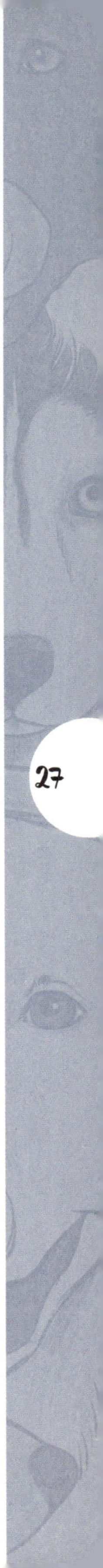

8 Dibuje las orejas con trazos cortos que simulen el pelaje. Añada pequeños trazos dentro de las orejas a modo de pelo.

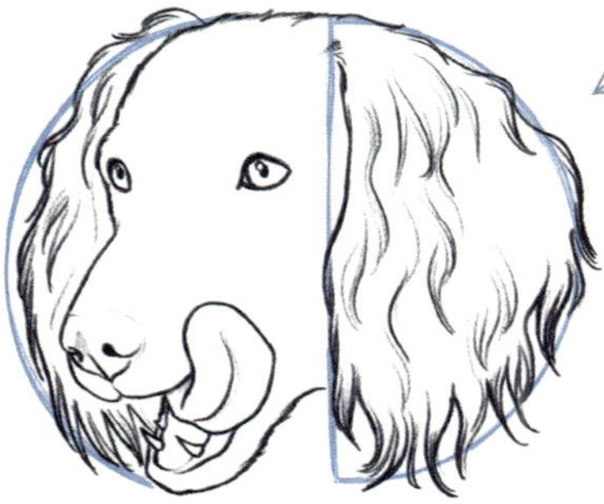

9 Borre las guías. Haga unos trazos en medio de la cabeza para las manchas.

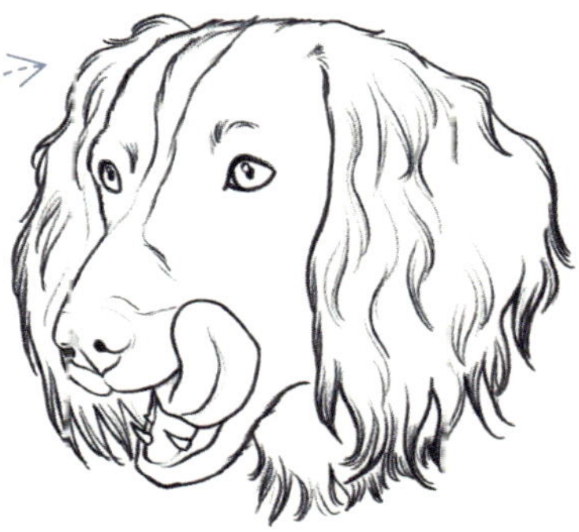

10 Pinte la cara y las orejas de marrón rojizo. Deje en blanco las manchas, el hocico, los dientes y el cuello. La nariz está salpicada de puntos que simulan pequeñas zonas aisladas de pelos marrones. Pinte la nariz de marrón oscuro, la lengua de rosa y los ojos de marrón claro.

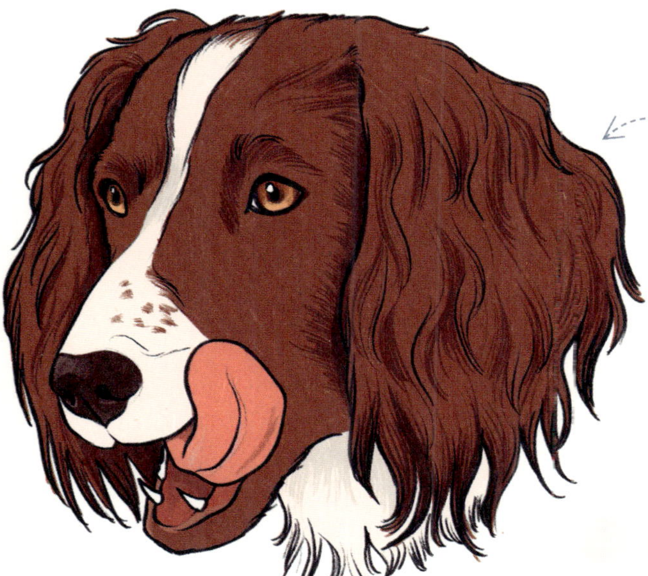

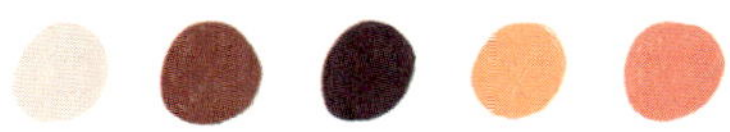

# Border collie

El border collie es un perro de trabajo enérgico e inteligente, criado para pastorear ovejas. Es conocido por su mirada intensa, con la que controla el rebaño.

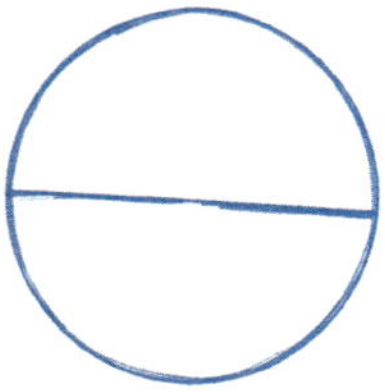

1 Dibuje un círculo a modo de guía y divídalo con una línea horizontal.

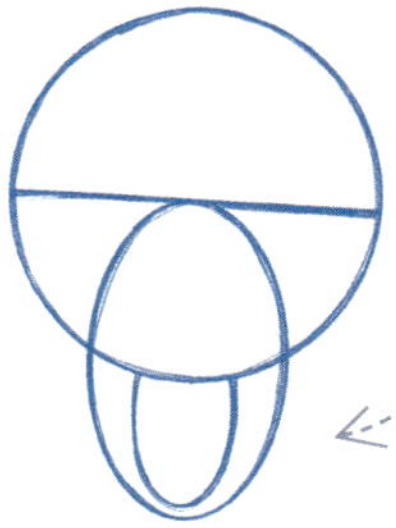

2 Añada un óvalo vertical para el hocico y otro más estrecho, en forma de U, debajo del círculo para la lengua.

3 Dibuje una figura grande en forma de V para el cuello.

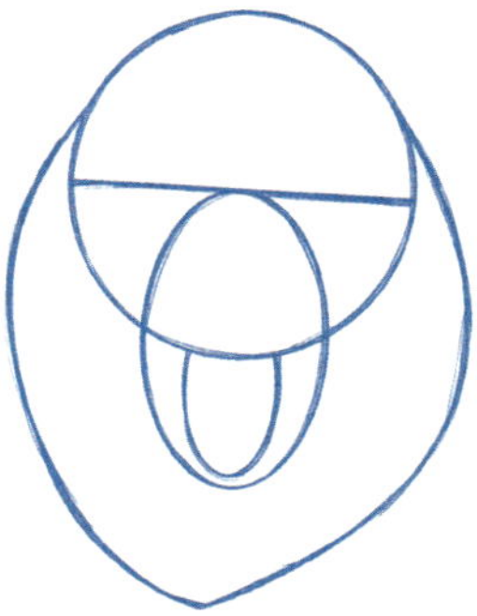

4 Dibuje dos triángulos grandes para las orejas.

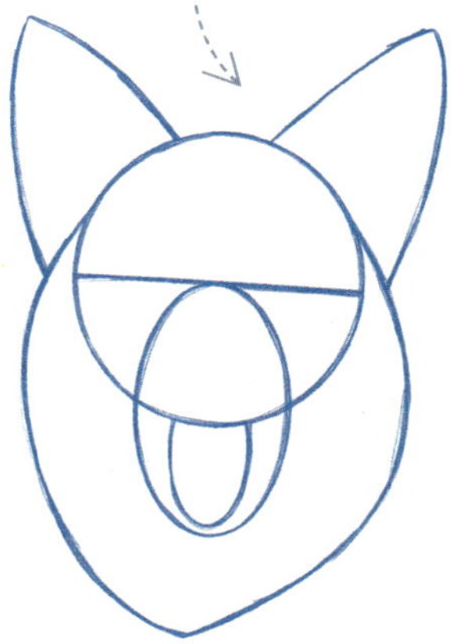

5 Dibuje los ojos en forma de balón de fútbol americano a la altura de la guía horizontal. Pinte un circulito en cada ojo para las pupilas. Dibuje la nariz con dos figuritas en forma de C a cada lado para las fosas nasales.

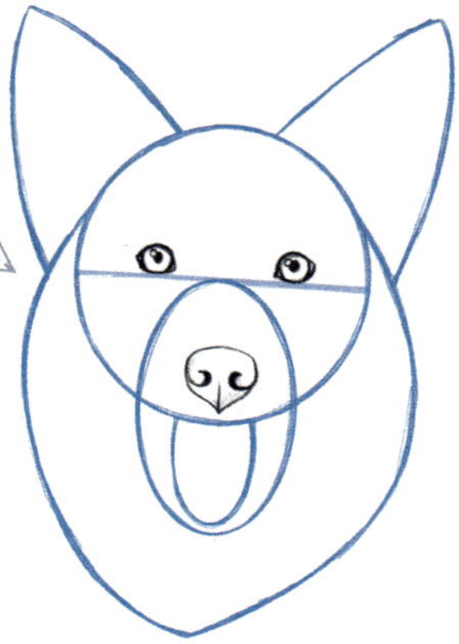

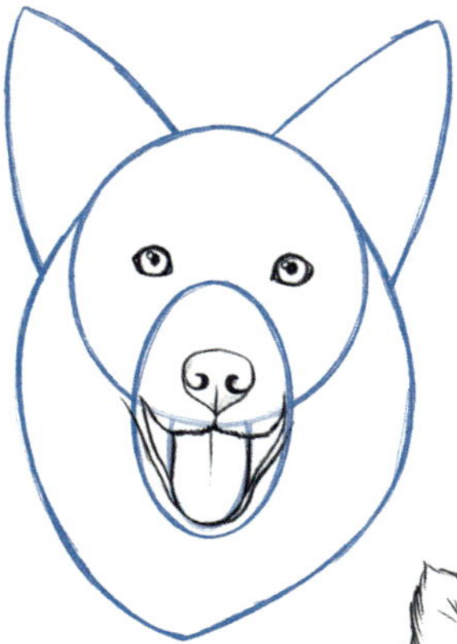

6 A partir de la guía de hocico, trace una línea bajo la nariz que se divida en dos y se curve para formar la boca. Trace unas líneas para la lengua y la mandíbula inferior.

7 Simule el pelo de las orejas con trazos largos. Dibuje unas líneas para las aberturas de las orejas.

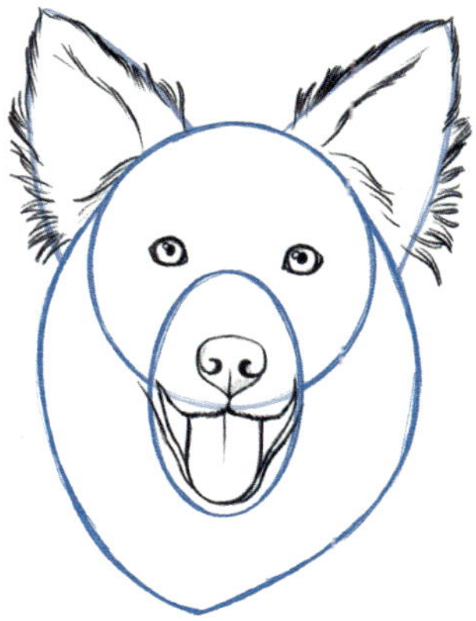

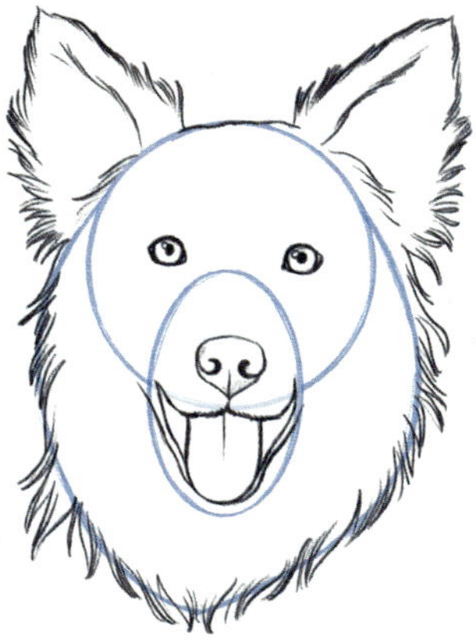

8 Dé forma al resto de la cabeza con trazos largos que simulen el pelaje.

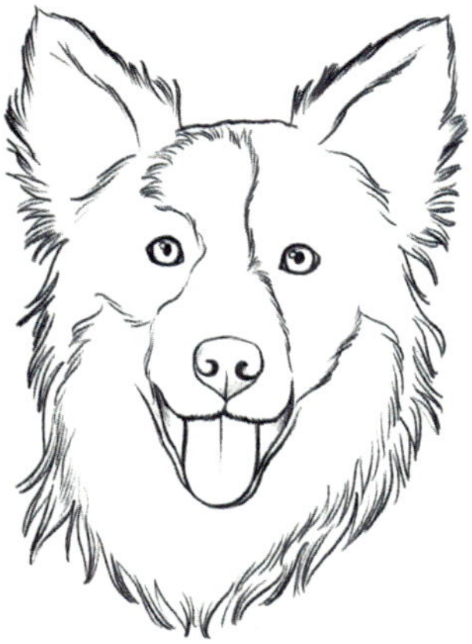

9 Borre las guías. Esboce las manchas con trazos cortos entre los ojos y alrededor del hocico y el cuello.

10 Pinte de negro las orejas y la parte exterior del cuello. Deje en blanco las manchas de la nariz y el cuello. Sombree el cuello y el interior de las orejas de marrón claro, y pinte los ojos de marrón muy claro y la lengua de rosa.

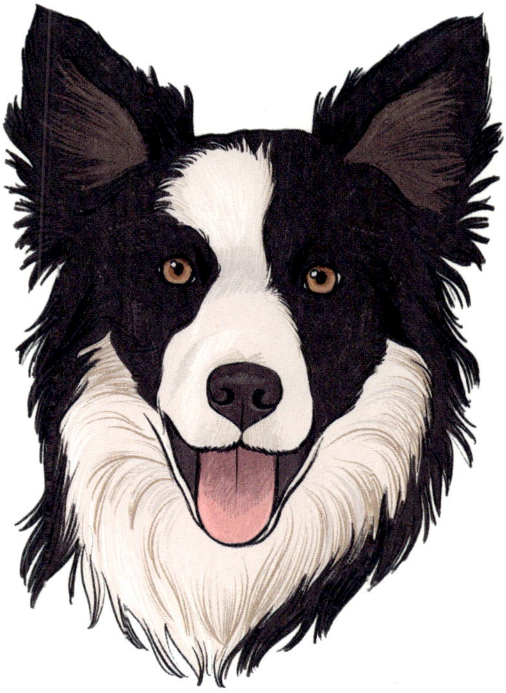

# Labradoodle

El labradoodle es un perro inteligente y sociable, un cruce entre un caniche y un labrador retriever. Este perrito encantador ha encontrado un palo y tiene ganas de jugar.

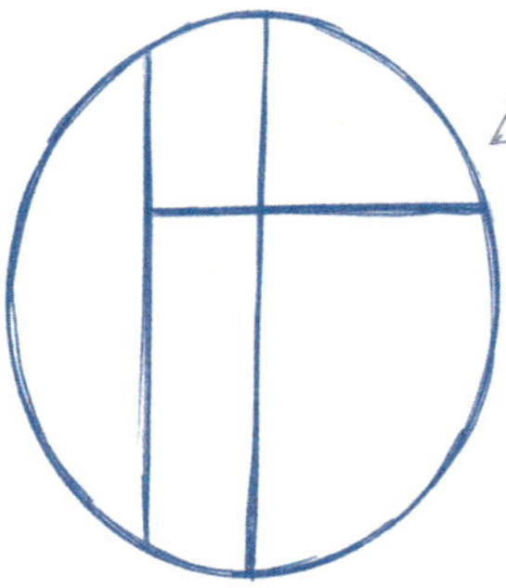

1 Dibuje un óvalo vertical a modo de guía. Trace dos líneas verticales de arriba abajo y una línea horizontal más corta en el tercio superior del círculo.

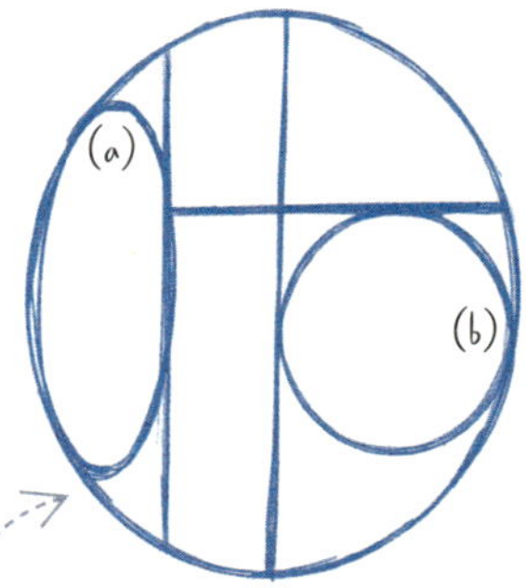


2 Dibuje un óvalo alargado a la izquierda para la oreja (a). Dibuje un círculo para el hocico a la derecha, debajo de la línea horizontal (b).

3 Dibuje un rectángulo largo para el palo.

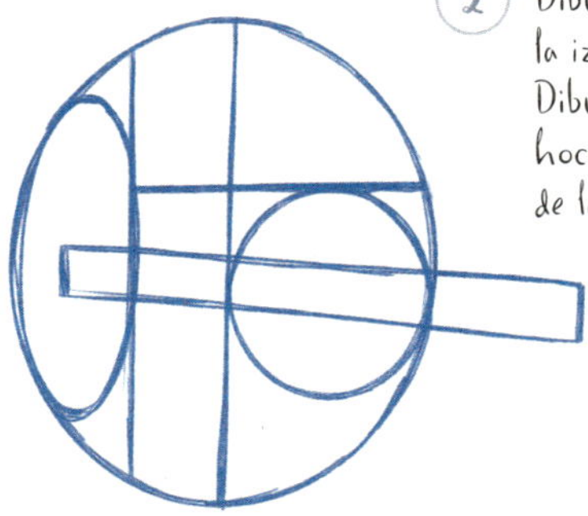

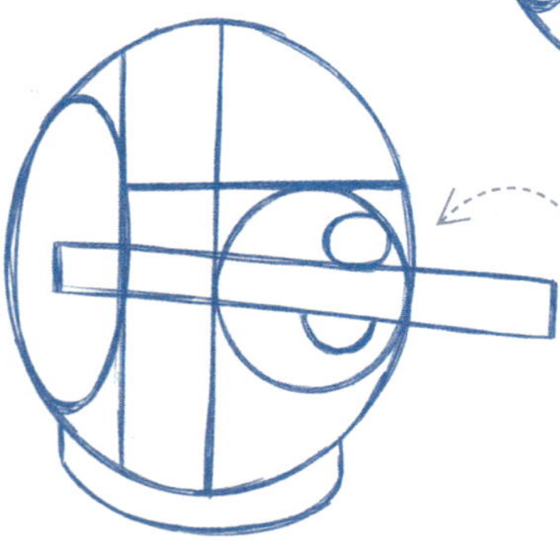

4 En la parte superior e inferior del rectángulo, dentro del círculo del hocico, añada un óvalo y un semicírculo para dibujar la nariz y la boca.

5 Dibuje los ojos a la altura de la guía horizontal, con el izquierdo en la guía vertical central. El ojo derecho tiene que ser más pequeño que el izquierdo, ya que la cabeza está algo girada. Añada el pelo de las cejas, que cubre parte de los ojos, y dibuje la nariz.

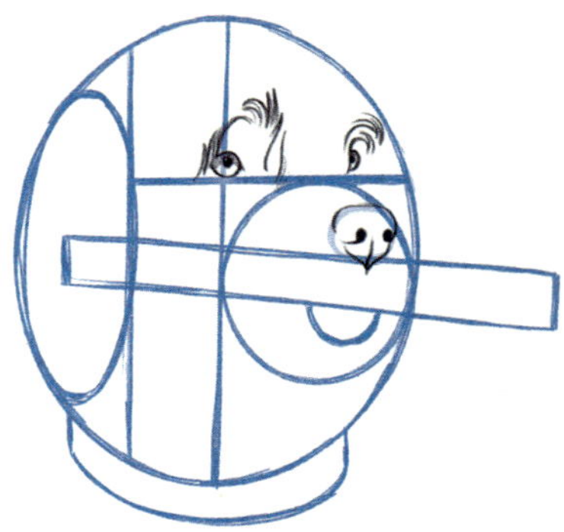

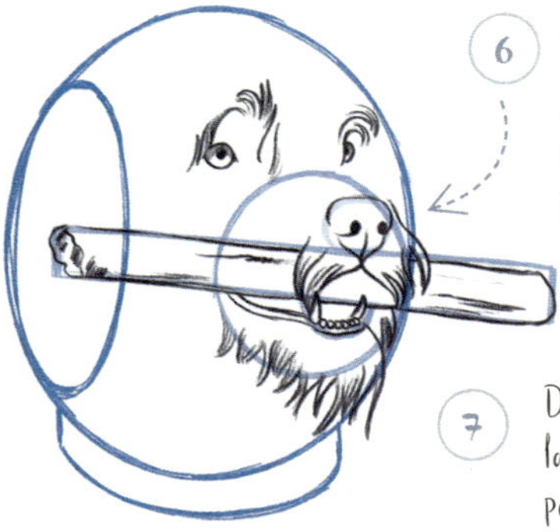

6 Haga unos trazos curvos bajo la nariz para los mechones de la parte frontal del hocico. Dibuje el palo y, a continuación, la boca y la mandíbula inferior con pelos más largos por abajo.

7 Dibuje las orejas, con el pelo largo en la base. Delimite la parte posterior del hocico con trazos curvos y esboce una línea a partir de la fosa nasal para indicar la parte superior.

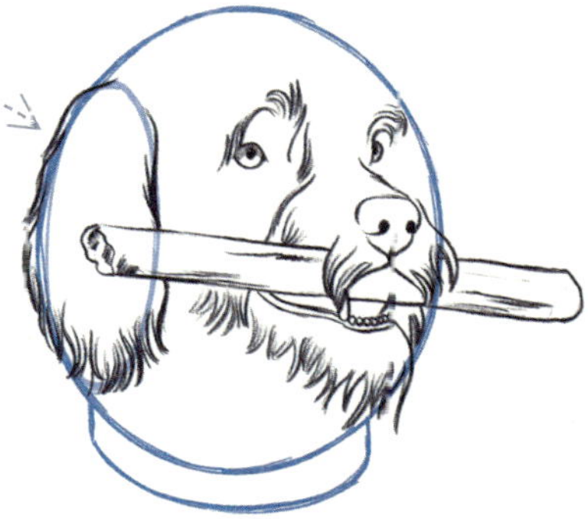

8 Dé forma al resto de la cabeza con trazos cortos para oscurecer las líneas de debajo de la cabeza. Añada el cuello y el collar.

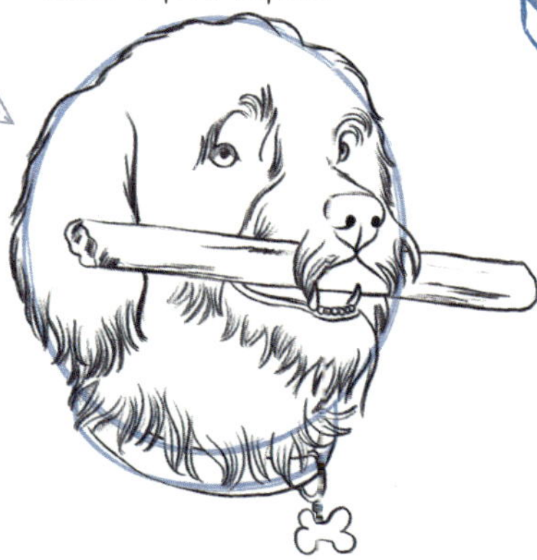

9 Borre las guías. Pinte la parte superior de la cabeza de beis claro y cree sombras de un tono algo más oscuro.

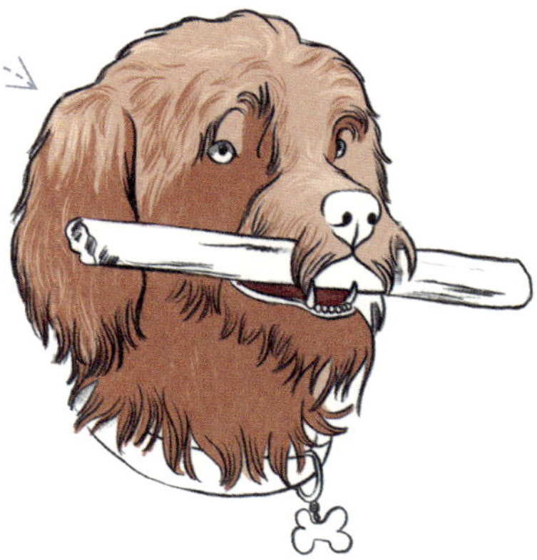

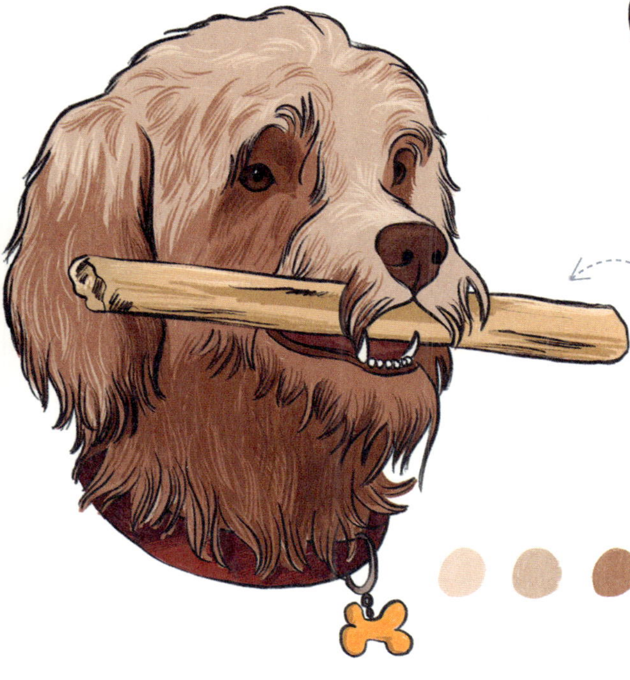

10 Aplique distintos grados de presión con el lápiz para obtener tonos diferentes. Pinte la boca, la nariz y los ojos de marrón oscuro; el palo de beis claro, y el collar de un color alegre.

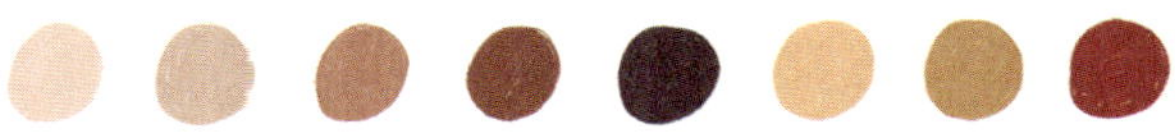

# Lebrel italiano

El lebrel italiano era el animal de compañía favorito de las mujeres de la nobleza en la Edad Media, especialmente en Italia. Nada sorprendente a juzgar por su aspecto elegante y su carácter cariñoso.

1 Dibuje un círculo a modo de guía y añada una línea horizontal curva en el centro y una línea vertical curva que atraviese la parte superior.

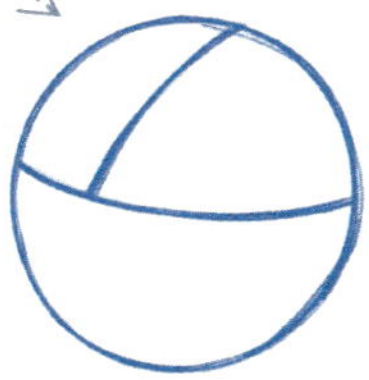

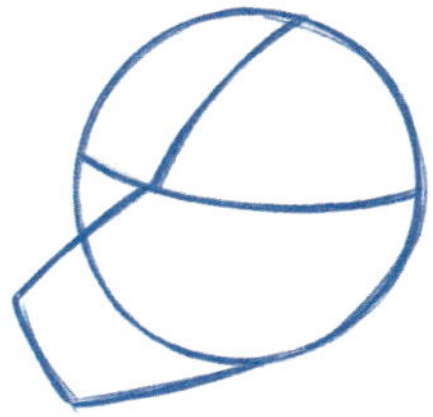

2 Haga una especie de triángulo para el hocico.

3 Dibuje un triángulo a cada lado para las orejas.

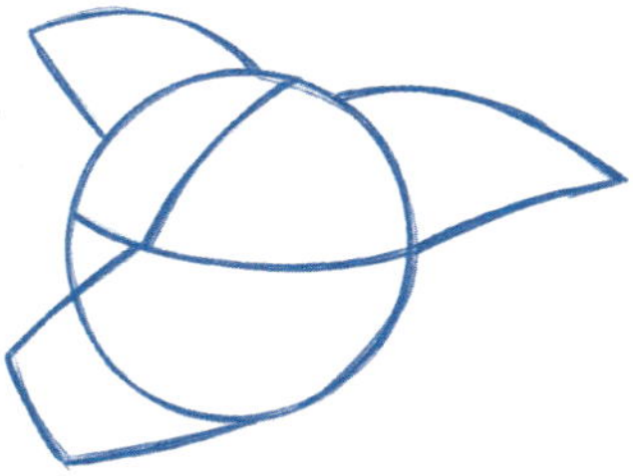

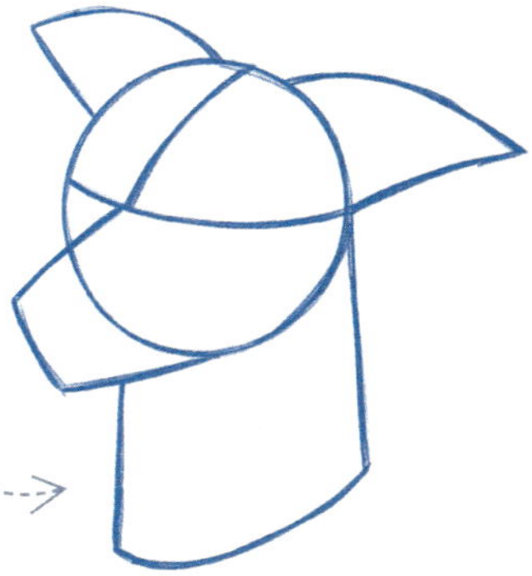

4 Para el cuello, dibuje dos líneas verticales debajo de la cabeza. Añada una tercera línea curva que las una.

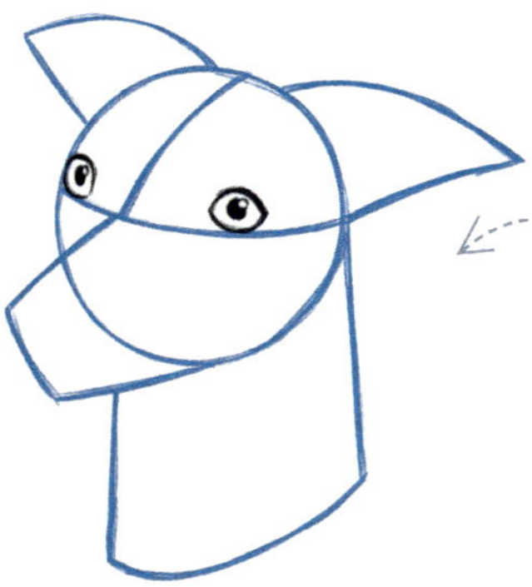

5 Dibuje los ojos a la altura de la guía horizontal, a ambos lados de la línea vertical. El ojo izquierdo tiene que ser más pequeño que el derecho, ya que la cabeza está algo girada.

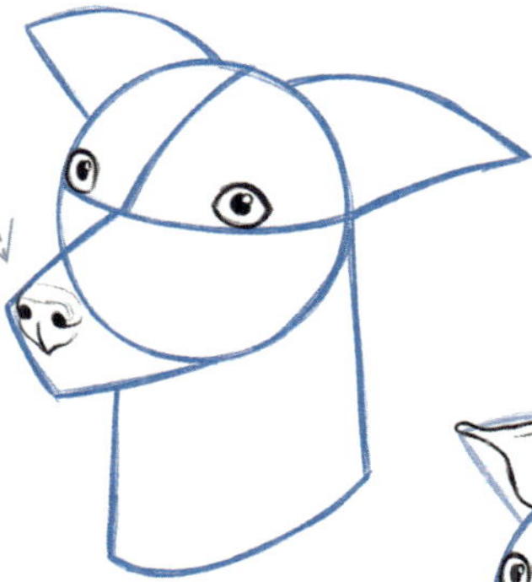

6 Esboce la nariz y trace una línea vertical que divida la parte inferior por la mitad.

7 Siga la guía de las orejas con líneas curvas.

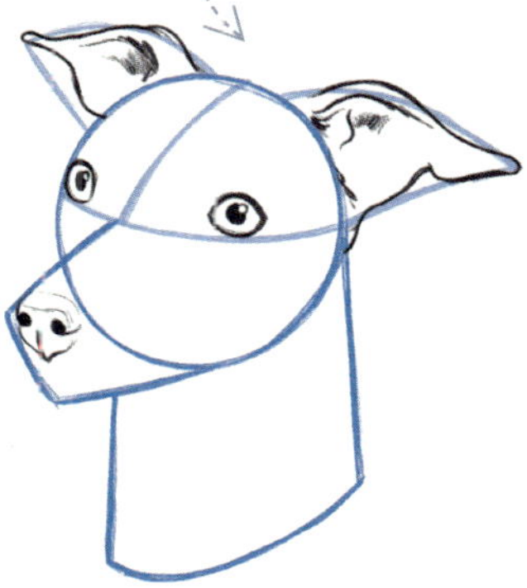

8 Dibuje el labio superior como una línea sinuosa que sale de la base de la nariz. Añada unos puntos encima del labio superior. Siga la guía de la barbilla. Dé forma al resto de la cabeza y el cuello con trazos cortos.

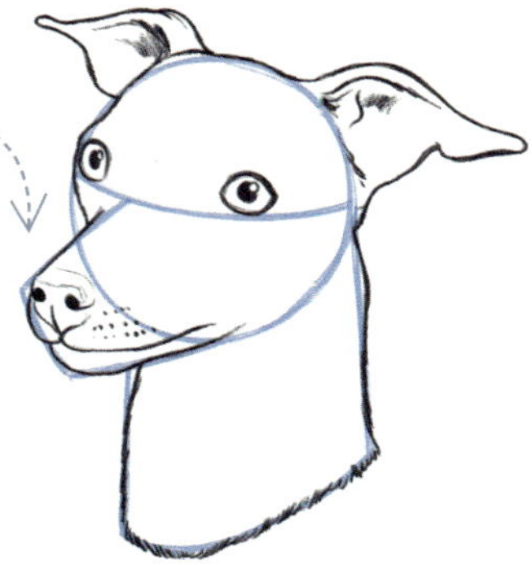

9 Borre las guías Trace unas líneas cortas alrededor de los ojos, debajo de la barbilla y en las orejas.

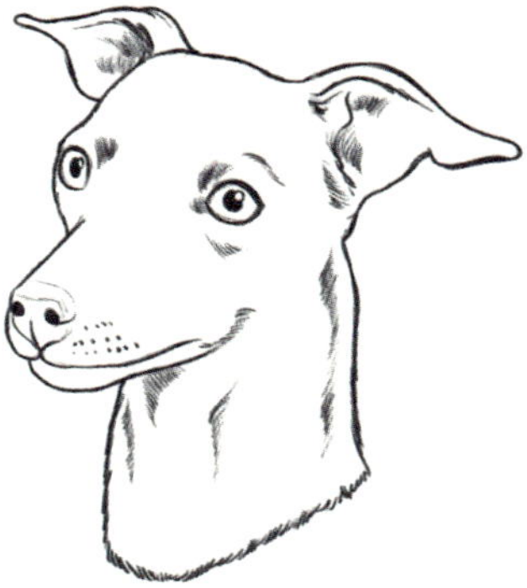

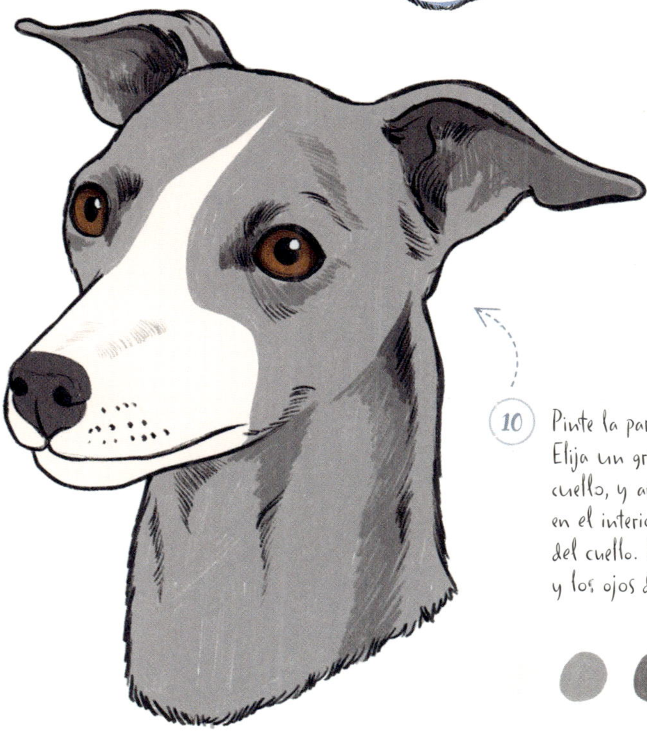

10 Pinte la parte del hocico de beis claro. Elija un gris claro para la cabeza y el cuello, y añada sombras más oscuras en el interior de las orejas y a lo largo del cuello. Pinte la nariz de gris oscuro y los ojos de marrón.

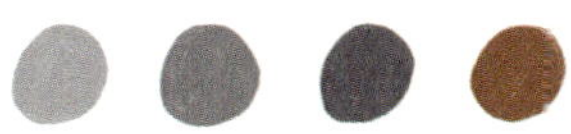

# Staffordshire bull terrier

Esta raza es conocida por su inteligencia, valentía y amor por los niños. ¿Quién podría resistirse a esta carita de bueno?

1 Dibuje una guía en forma de rectángulo.

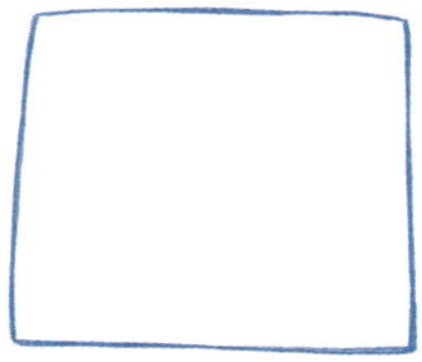

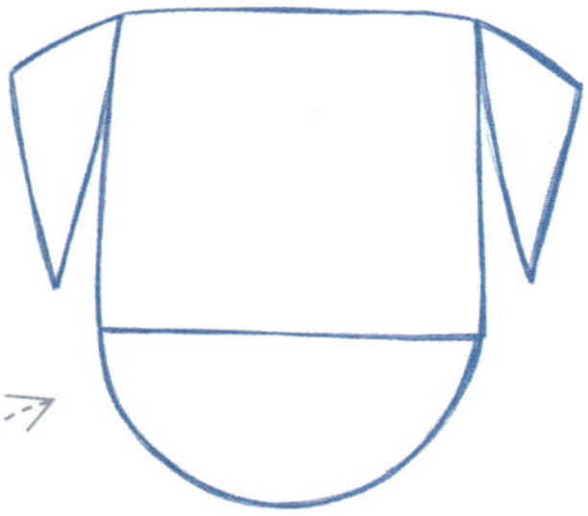

2 Dibuje un semicírculo debajo y dos triángulos para las orejas.

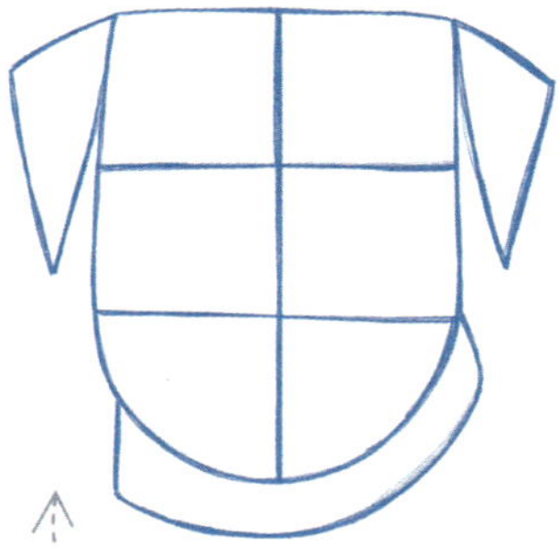

3 Trace una línea vertical en medio de la cabeza y una segunda línea horizontal encima de la primera. Trace una línea curva debajo para el cuello.

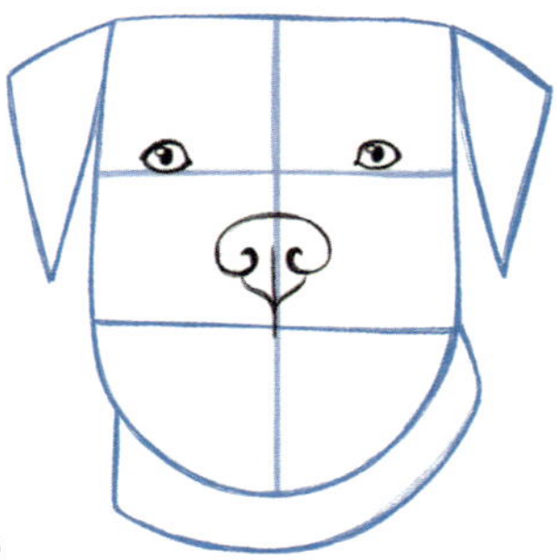

4 Dibuje los ojos a la altura de la guía horizontal, a ambos lados de la línea vertical. Añada la nariz en el centro de la línea vertical.

5 Dibuje las orejas con líneas curvas para que queden más realistas.

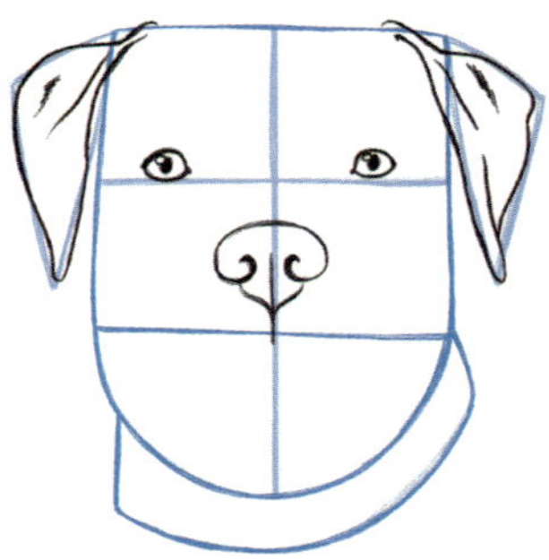

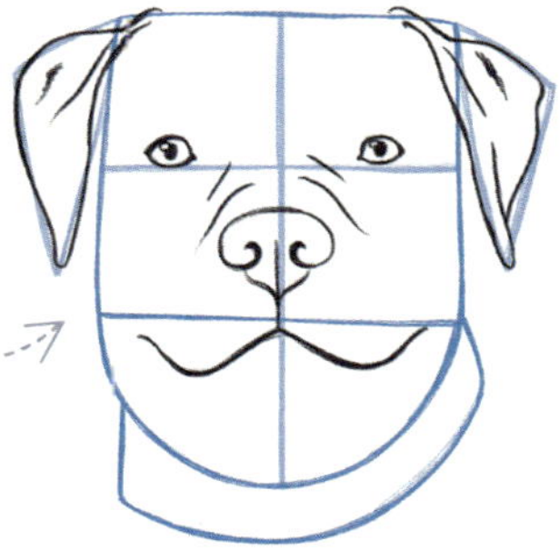

6 Trace unas pequeñas líneas encima de la nariz. Dibuje dos líneas debajo de la línea horizontal que se dividan a partir de la base de la nariz y se curven hacia arriba.

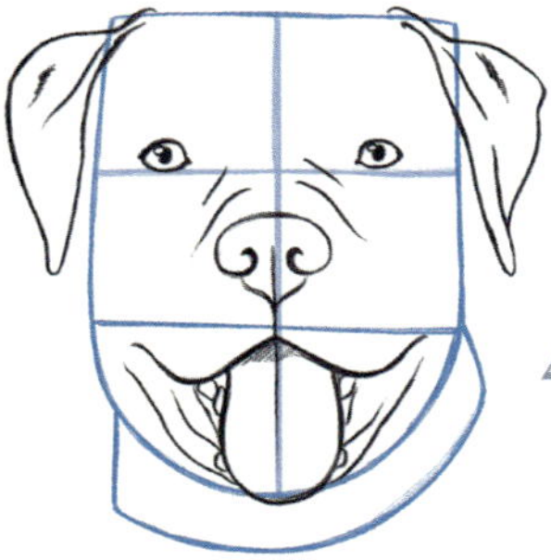

7 Dibuje la barbilla con líneas curvas dentro del semicírculo inferior. Añada la lengua.

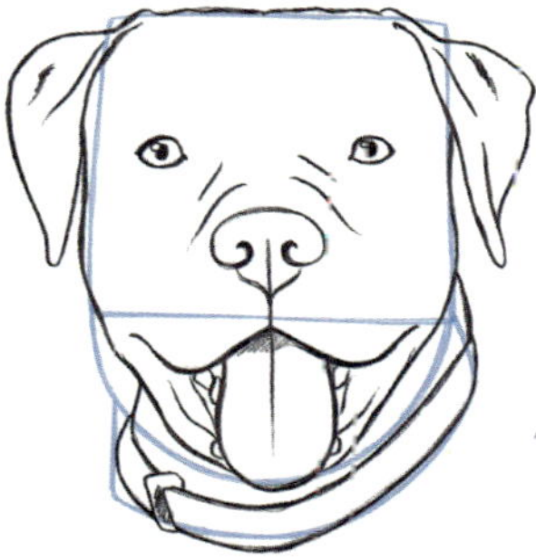

8 Dibuje el resto de la cabeza a partir de la guía rectangular. Oscurezca las líneas de debajo de la cabeza con trazos cortos y haga el collar.



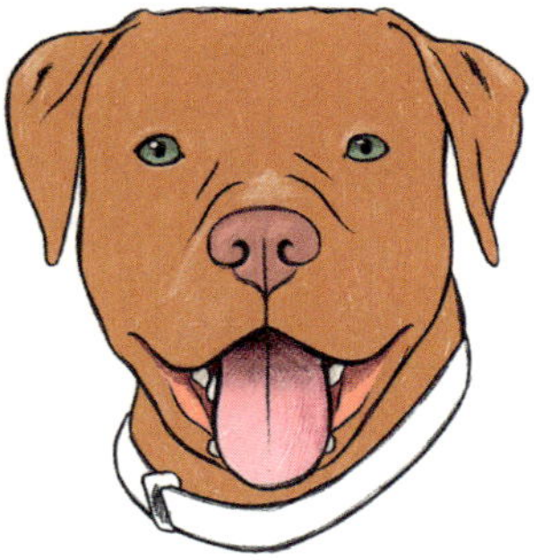

9 Borre las guías. Pinte la base de marrón claro. Añada rosa claro a la nariz y la boca, y verde claro a los ojos.

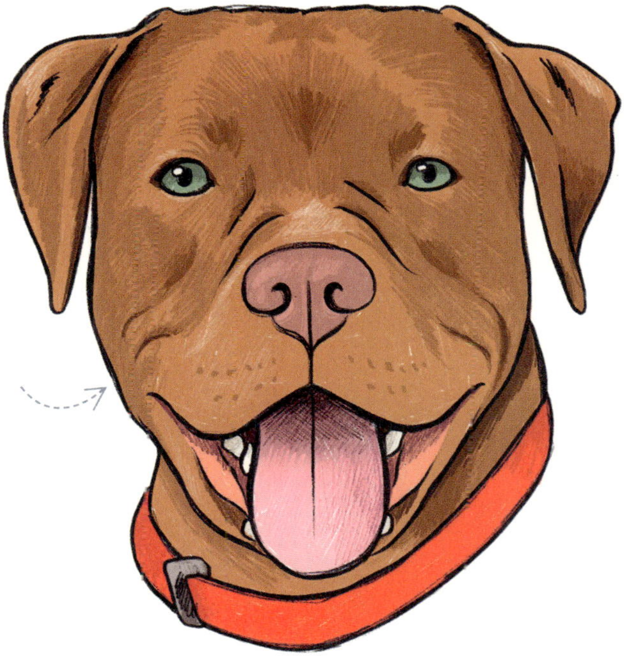

10 Elija un tono algo más oscuro para crear sombras en la cabeza, principalmente en las orejas, los pliegues de la piel y el contorno de los ojos. Aplique distintos grados de presión con el lápiz para obtener tonos diferentes.

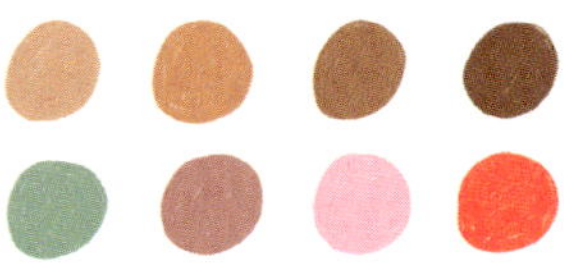

# Chow chow

El chow chow, una de las razas más antiguas, se ha ganado su lugar en la historia como perro guardián, de arrastre, cazador y animal de compañía de la nobleza china.

1 Dibuje un círculo a modo de guía. Añada dos semicírculos pequeños para las orejas.

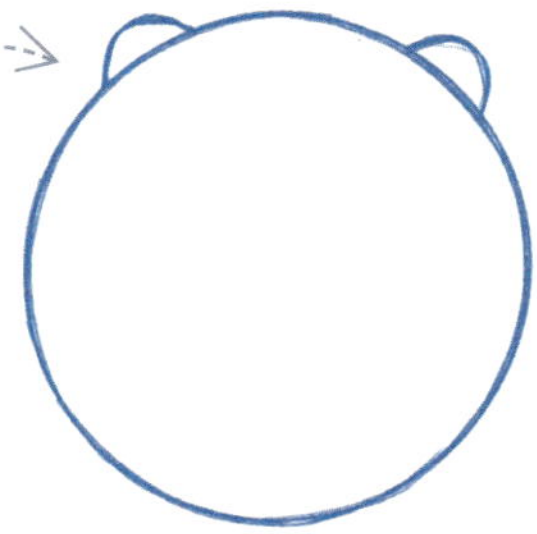

2 Trace una línea horizontal de lado a lado de la cabeza y una línea vertical en la parte superior. Dibuje un círculo debajo de la línea horizontal para el hocico.

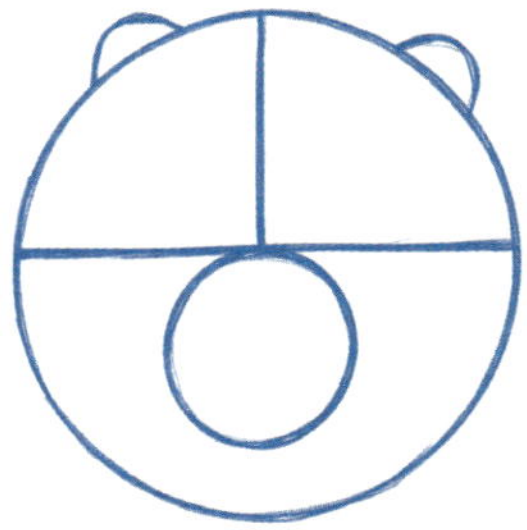

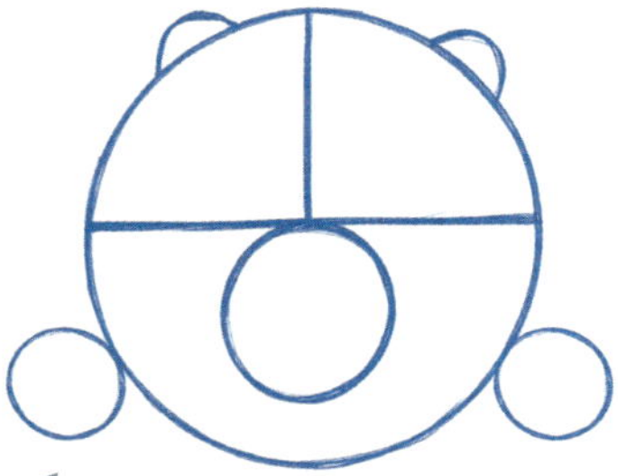

3 Añada un círculo más pequeño a cada lado para las garras.

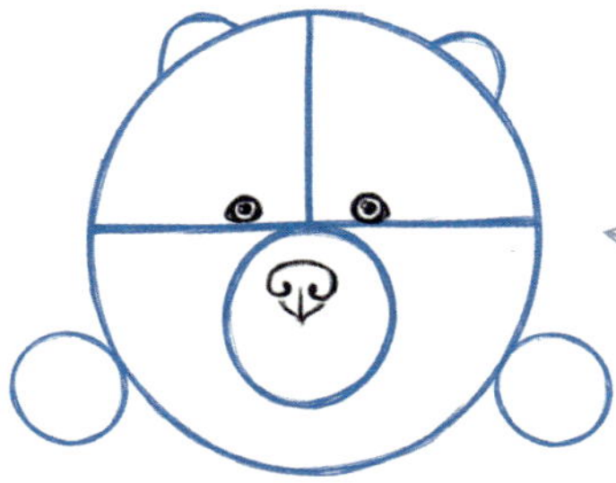

4 Dibuje los ojos pequeños y muy redondos a la altura de la guía horizontal, a ambos lados de la línea vertical. Esboce la nariz.

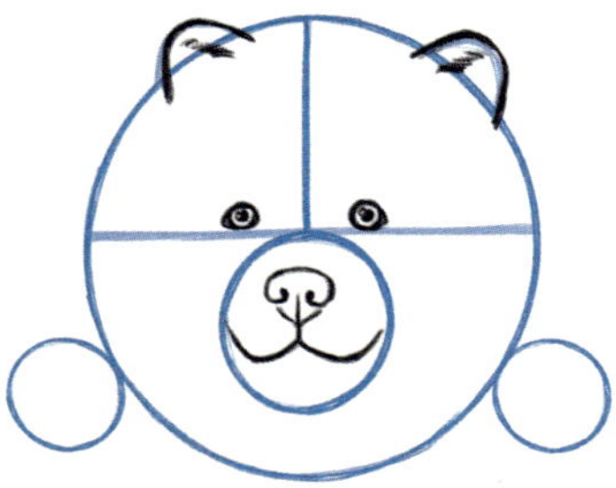

5 Trace una línea vertical que divida la parte inferior de la nariz por la mitad. Para hacer la boca, trace dos líneas que se curven a ambos lados del hocico. Dibuje las orejas y añada unos trazos cortos en el centro para dar profundidad.

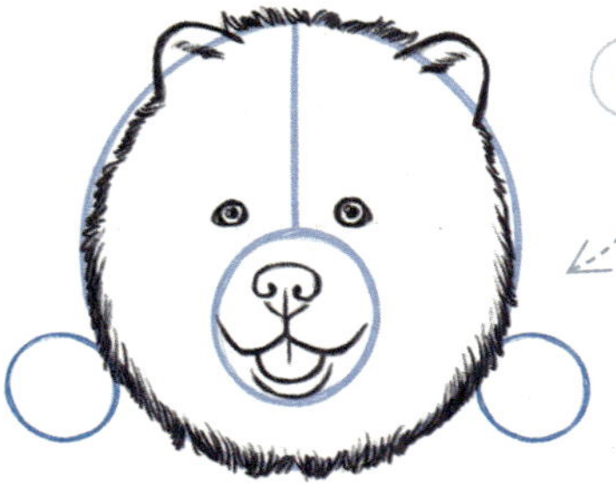

6 Dibuje el resto de la cabeza con trazos cortos que simulen el mullido pelaje. Añada la lengua y la mandíbula inferior.

7 Dibuje una línea encima de la nariz para representar los pliegues de la piel y añada los detalles de las garras.

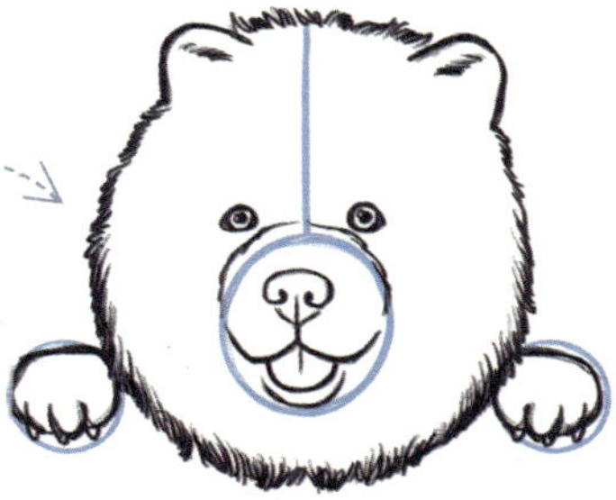

8 Borre las guías. Añada los detalles de la cara. Aplique trazos cortos para las cejas y debajo de la boca para representar el pelaje.

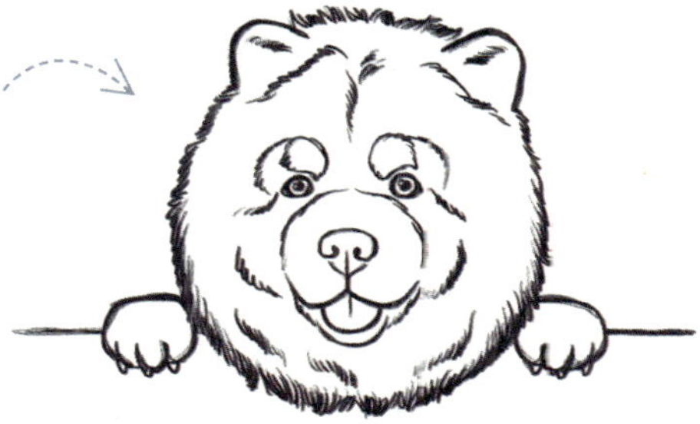

9 Coloree la base de naranja claro.

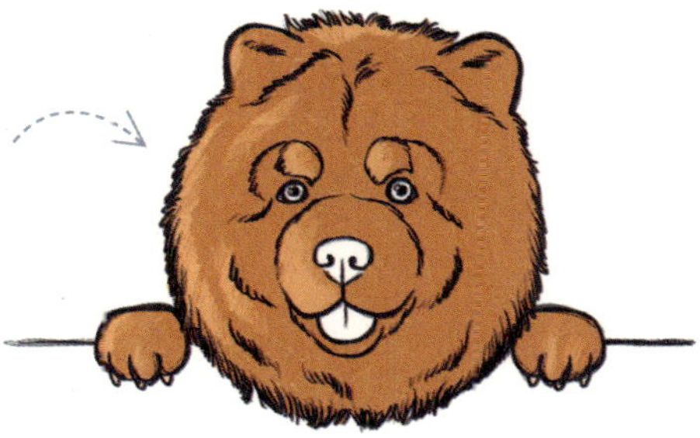

10 Elija un tono algo más oscuro para crear sombras en la cabeza, principalmente en las orejas y el contorno de los ojos. Pinte los ojos de marrón, la nariz de gris, y la lengua del negro azulado característico de esta raza.

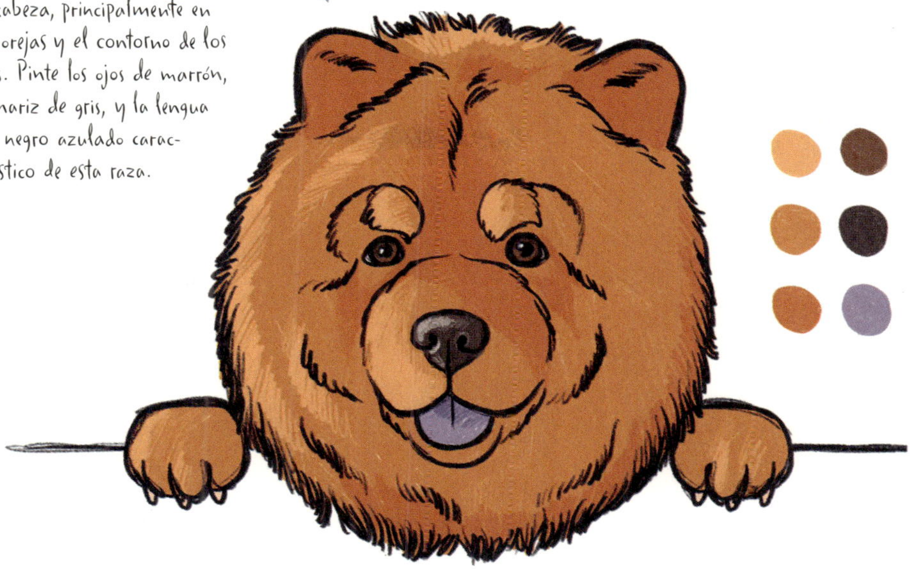

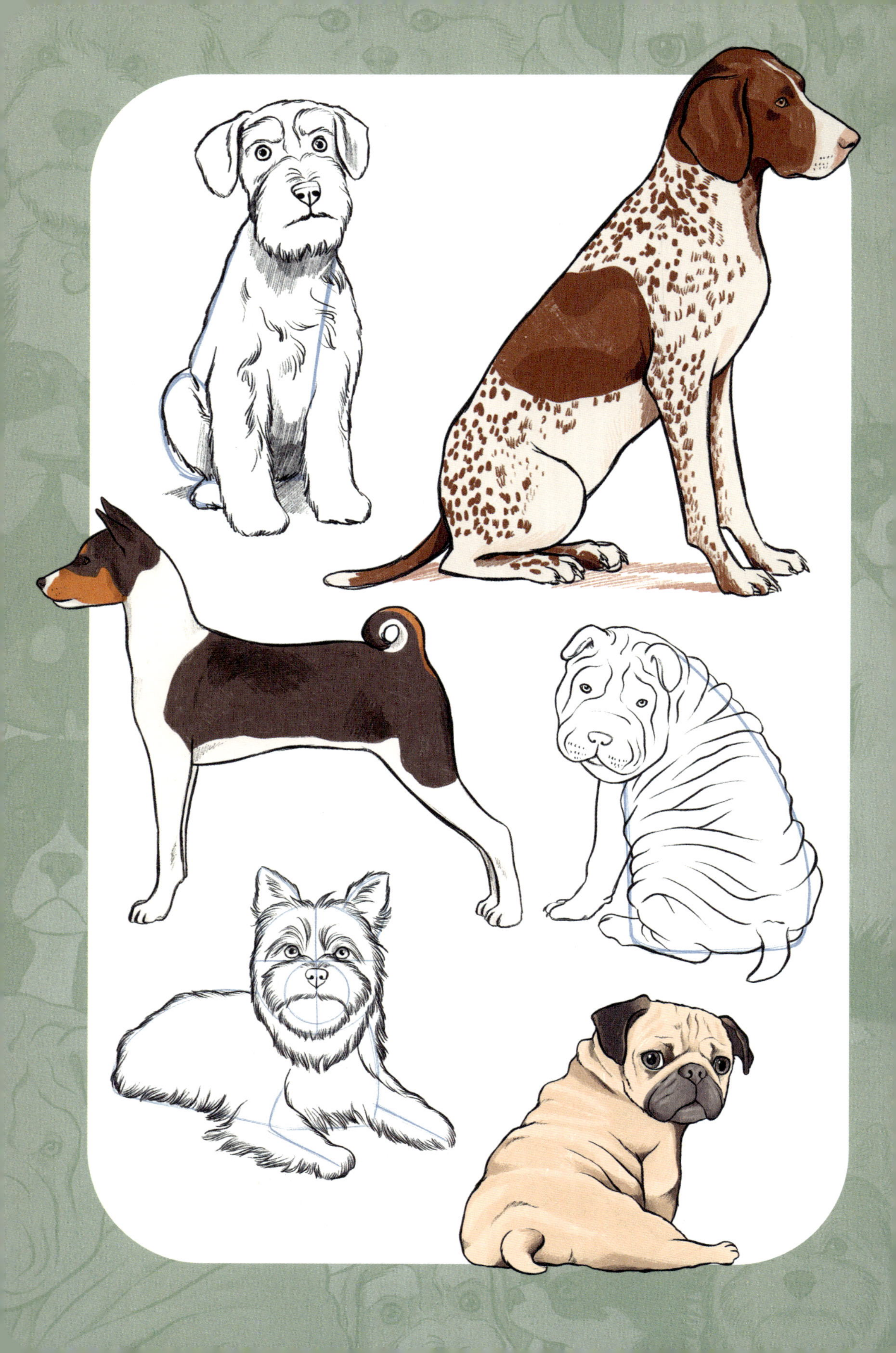

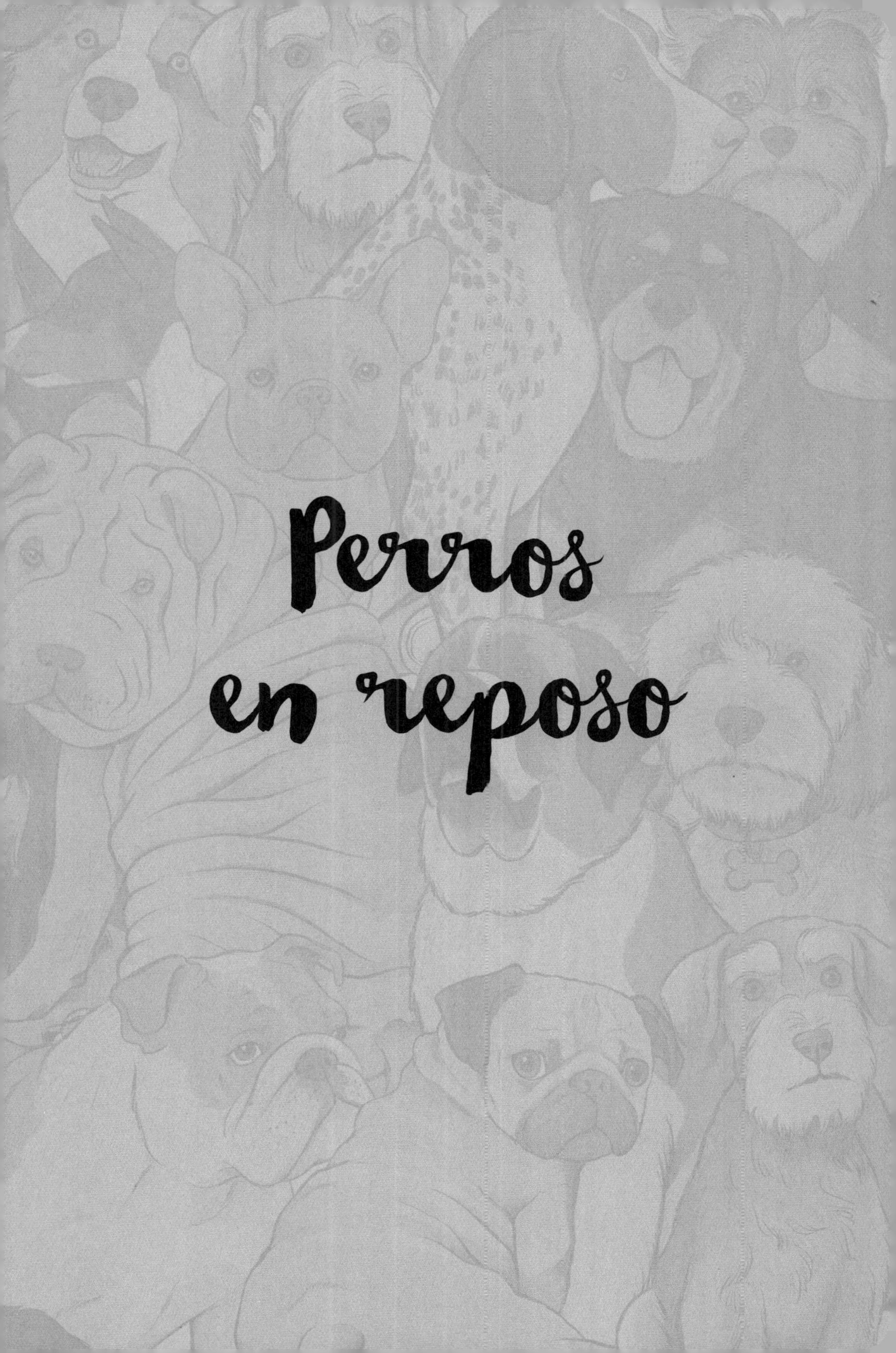

# Perros en reposo

Vista frontal

# del cuerpo

Ahora que domina los rasgos faciales, ha llegado el momento de aprender a dibujar el cuerpo de su mejor amigo en diez sencillos pasos. Esta vista frontal es la típica postura sentada.

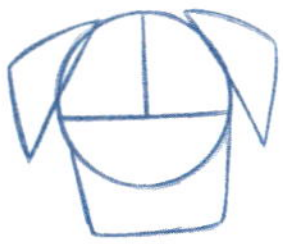

1 Dibuje las guías de la cabeza.

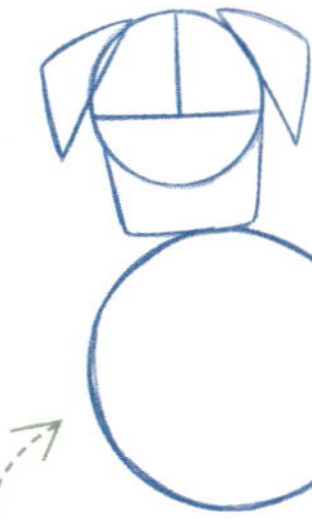

2 Añada un círculo para la parte superior del cuerpo.

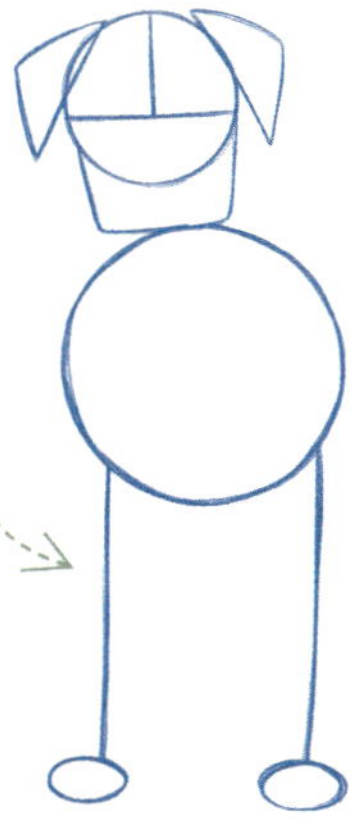

3 Trace dos líneas para las patas delanteras más o menos igual de largas que el círculo del cuerpo. Dibuje dos círculos para las garras.

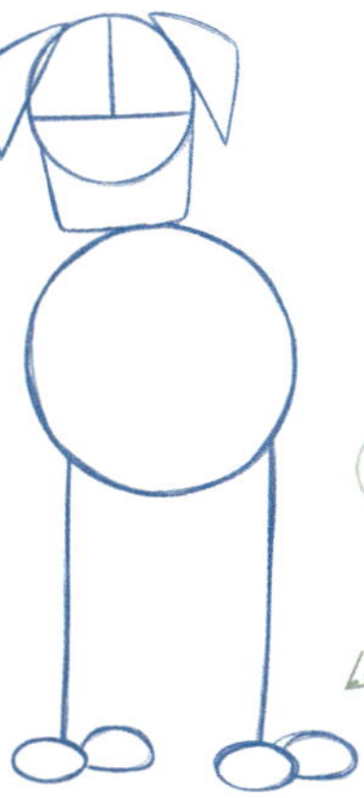

4 Añada otro círculo junto a cada garra para las patas traseras.

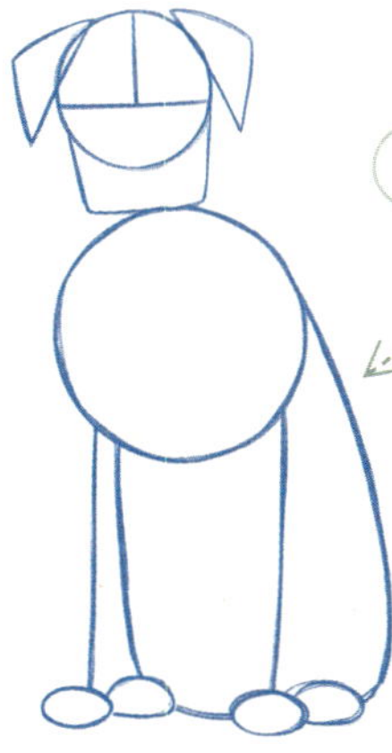

5 Dibuje una figura en forma de U debajo del círculo. No solape las guías de las patas.

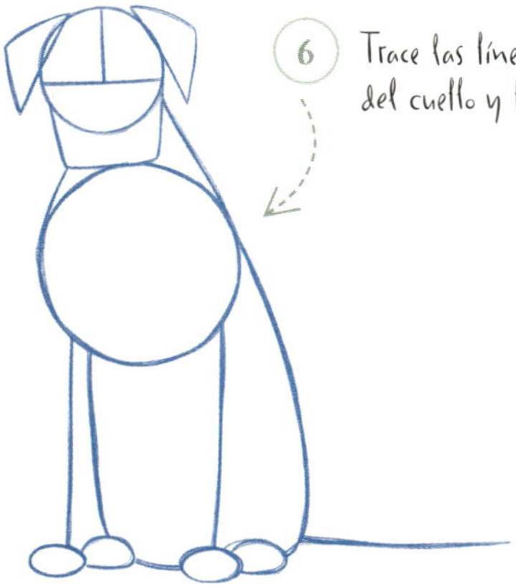

6 Trace las líneas del cuello y la cola.

7 Cuando haya dibujado los rasgos faciales y la cabeza, empiece a dibujar las patas delanteras alrededor de las líneas rectas.

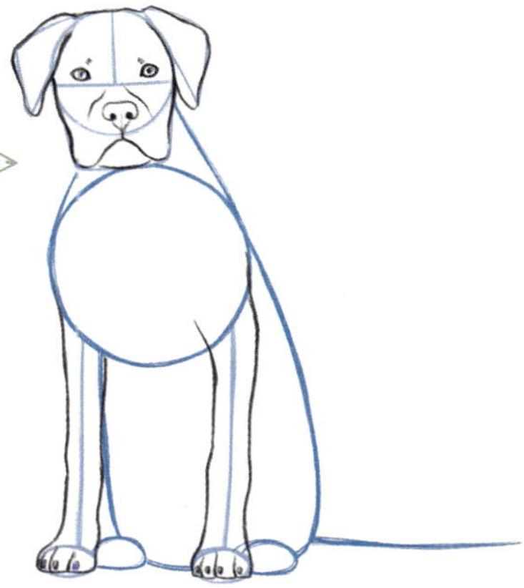

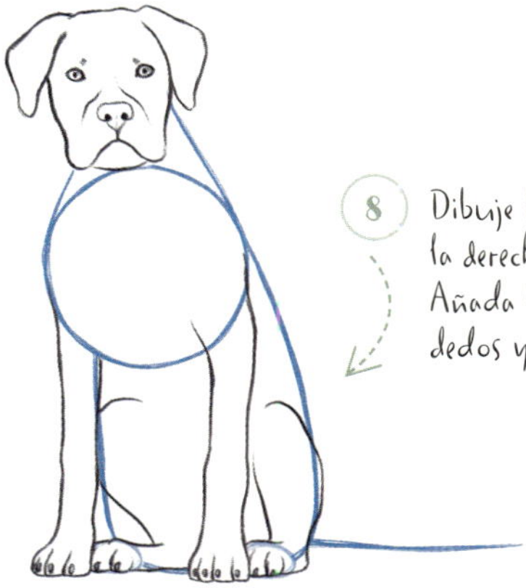

8 Dibuje las patas traseras a la derecha de las delanteras. Añada líneas cortas para los dedos y las uñas.

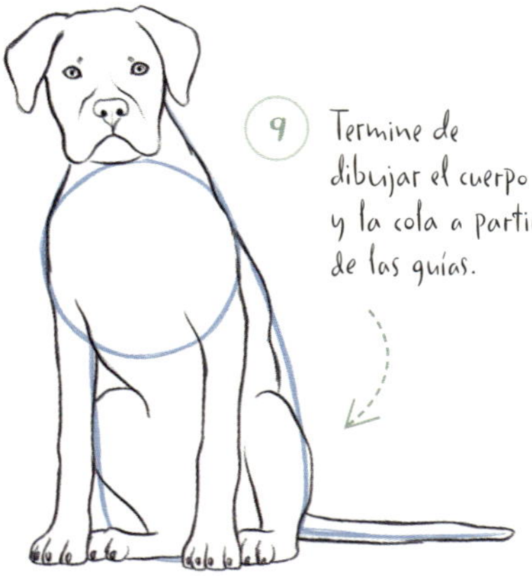

9 Termine de dibujar el cuerpo y la cola a partir de las guías.

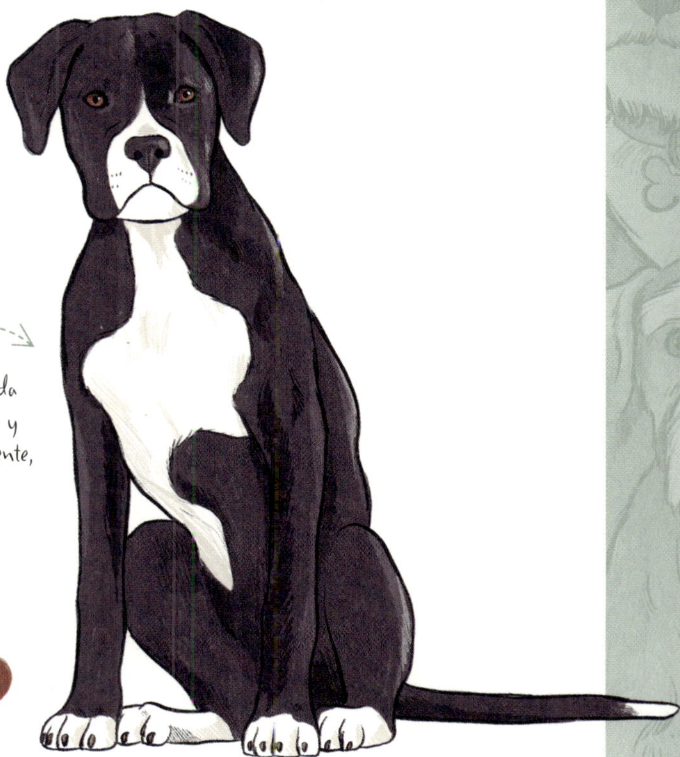

10 Borre las guías. Añada los detalles del pelaje y las manchas. Finalmente, pinte el dibujo.

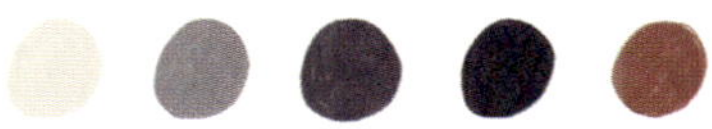

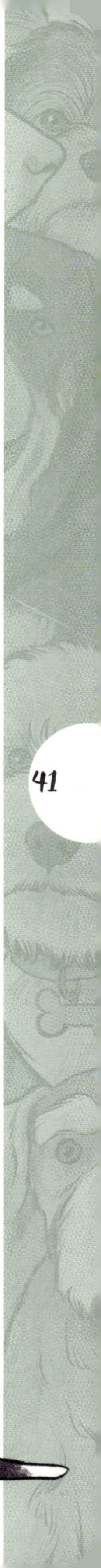

## Vista lateral

# del cuerpo

Cuando dibuje a su perro de perfil, no olvide que las patas son siempre más anchas en la parte superior, especialmente donde están los muslos.

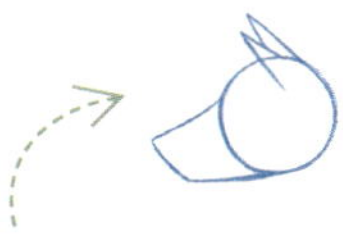

1 Dibuje las guías de la cabeza, empezando con un círculo.

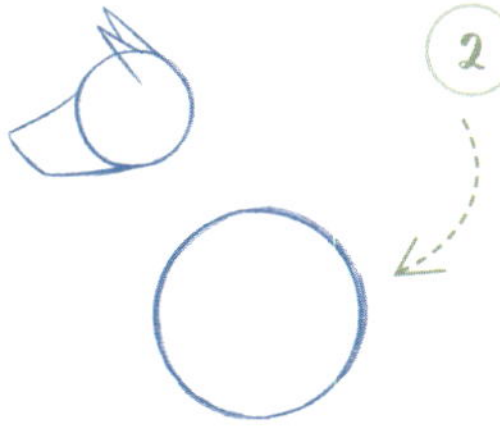

2 Dibuje un círculo para el cuerpo aproximadamente el triple de grande que el de la cabeza. Cuando más lo aleje de la cabeza, más largo será el cuello.

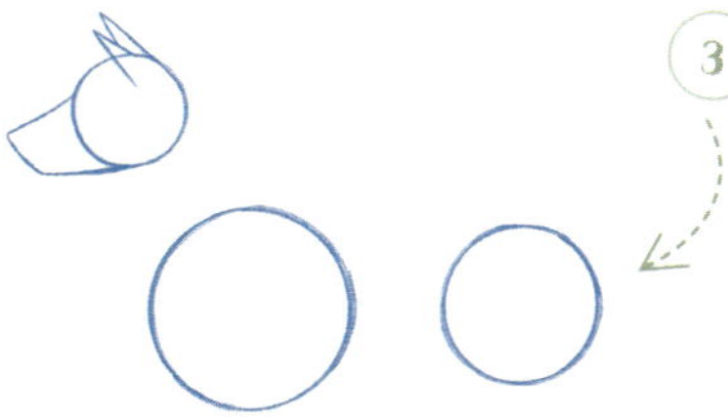

3 Añada un tercer círculo para el lomo. Debe ser aproximadamente el doble de grande que el de la cabeza.

4 Trace una línea que se doble un poco hacia el final de la pata delantera. Haga un óvalo para la garra.

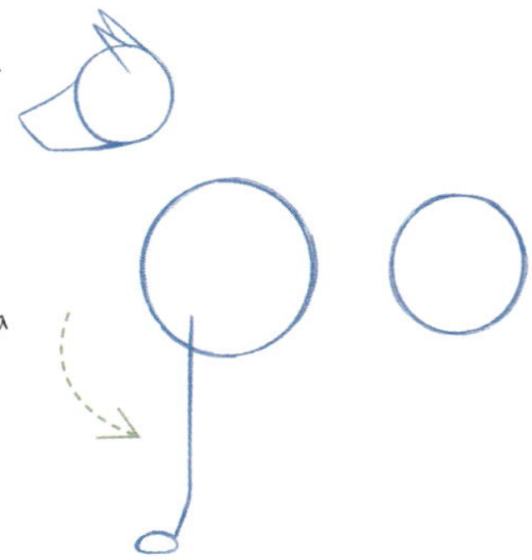

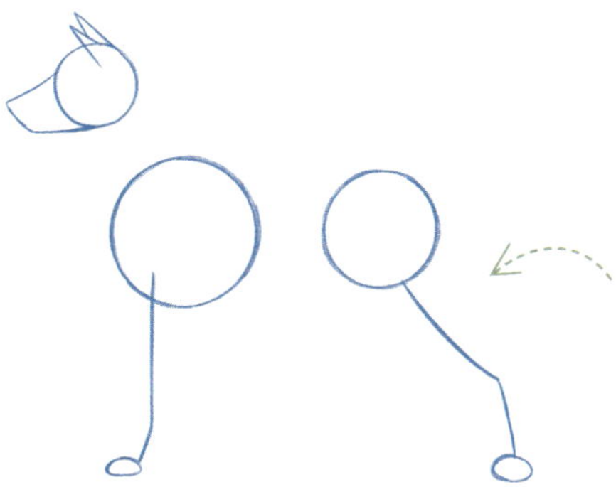

5 Añada la pata trasera. La parte superior se curva ligeramente hacia la derecha, mientras que la inferior está recta. Haga otro óvalo para la garra trasera.

6 Una las figuras con líneas curvas para crear el cuello, el vientre y el lomo. Haga una espiral para la cola.

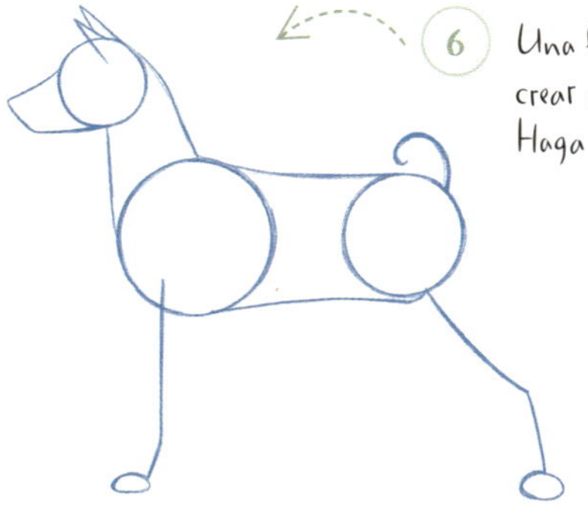

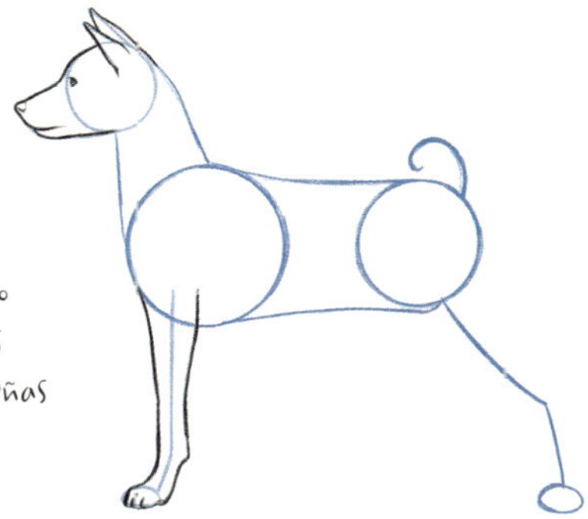

7 Dibuje la cabeza a partir del círculo inicial. Dibuje la pata delantera más ancha por arriba. Añada unas pequeñas líneas curvas para los dedos.

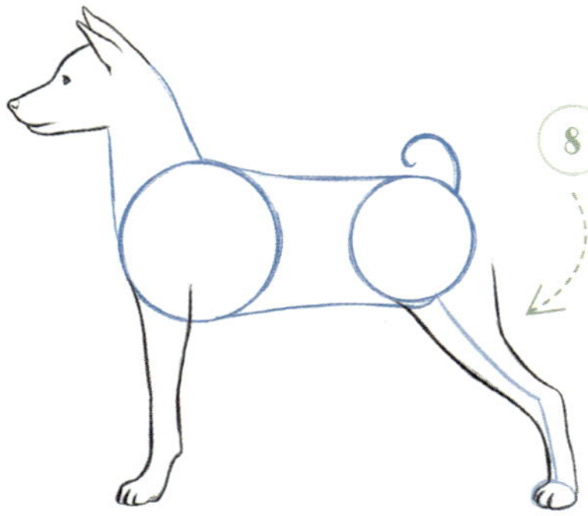

8 Dibuje la pata trasera de forma angular y más ancha por arriba. Cree los dedos con trazos curvos.

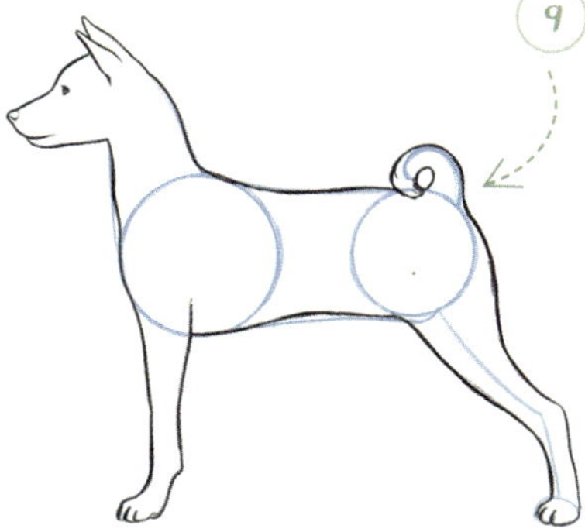

9 Dibuje el cuerpo y la cola.

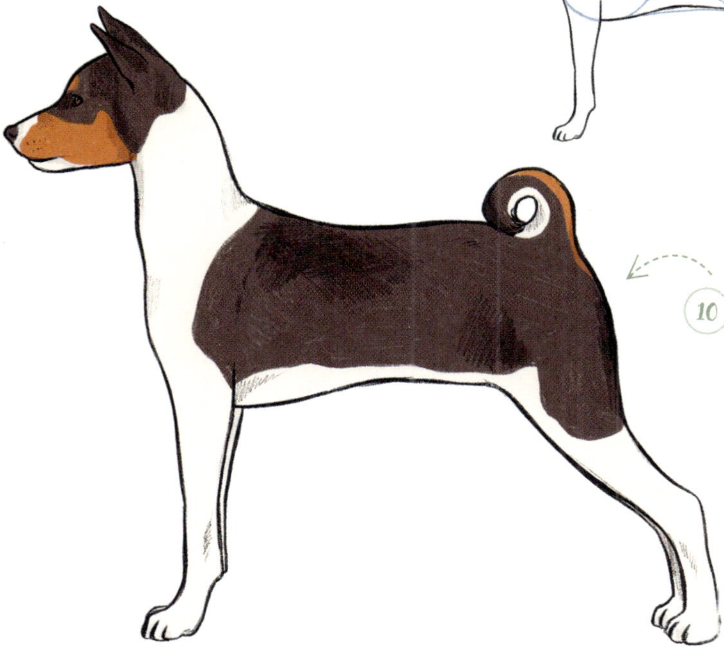

10 Borre las guías. Añada las patas restantes con líneas paralelas a las que ya ha dibujado. Pinte el dibujo.

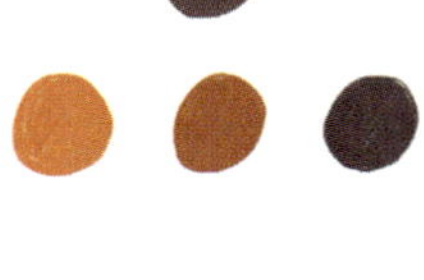

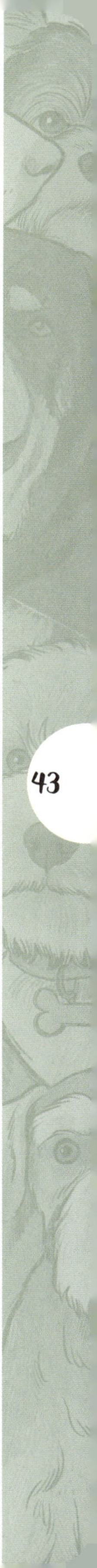

# Pastor alemán

El pastor alemán es inconfundible gracias a la «máscara negra» de la cara y a la «silla» o «manta» del lomo. Simule el pelaje desgreñado con trazos más largos.

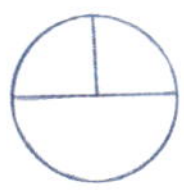

1 Dibuje un círculo a modo de guía y añada una línea horizontal en el centro y una línea vertical que atraviese la parte superior.

2 Dibuje un óvalo pequeño en la parte inferior de la cabeza. Añada dos triángulos alargados para las orejas. Dibuje una figura en forma de U para el pecho.

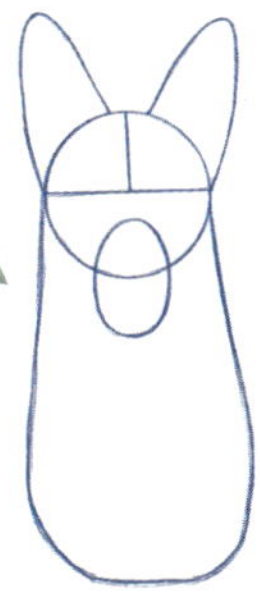

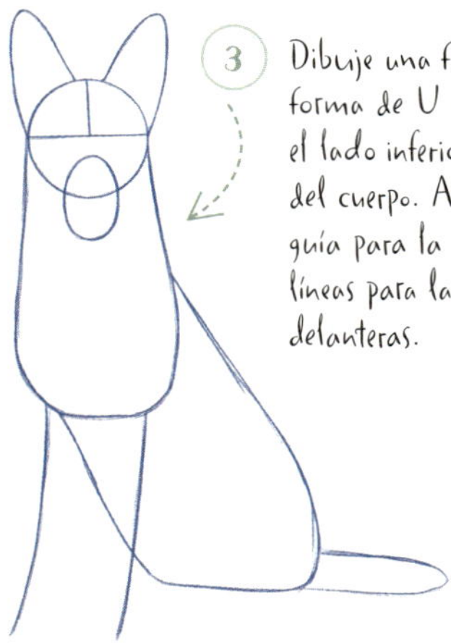

3 Dibuje una figura en forma de U inclinada en el lado inferior derecho del cuerpo. Añada una guía para la cola y dos líneas para las patas delanteras.

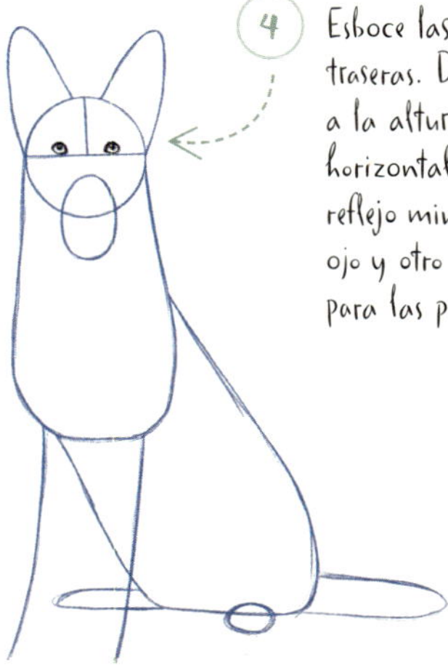

4 Esboce las dos garras traseras. Dibuje los ojos a la altura de la guía horizontal. Añada un reflejo minúsculo en cada ojo y otro algo más grande para las pupilas.

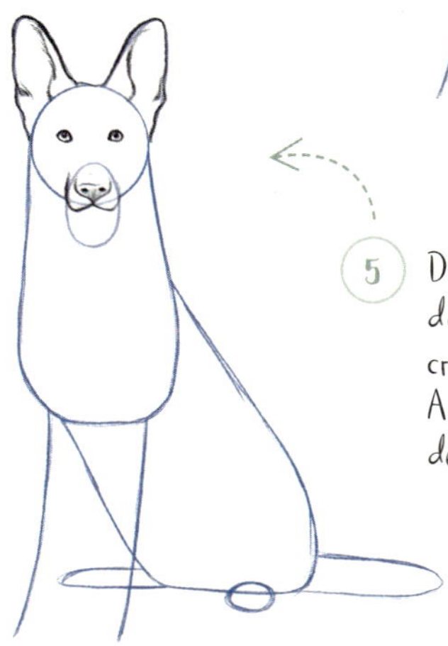

5 Dibuje la nariz y las fosas nasales. Trace dos líneas curvas debajo de la nariz para crear el labio superior. Dé forma a las orejas. Añada trazos cortos y rápidos para el pelo del interior de las orejas.

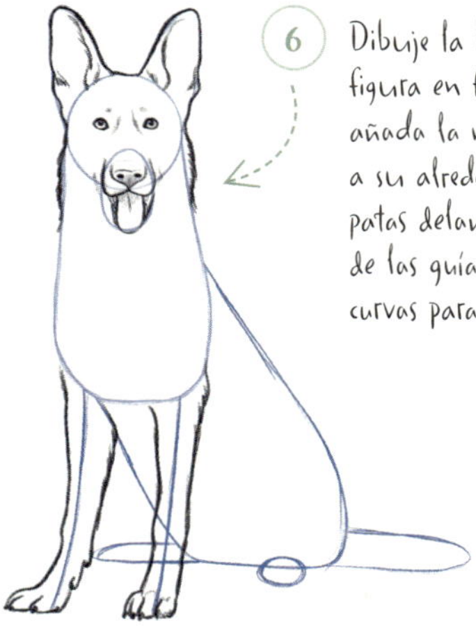

6 Dibuje la lengua con una figura en forma de U y añada la mandíbula inferior a su alrededor. Dibuje las patas delanteras alrededor de las guías y añada líneas curvas para los dedos.

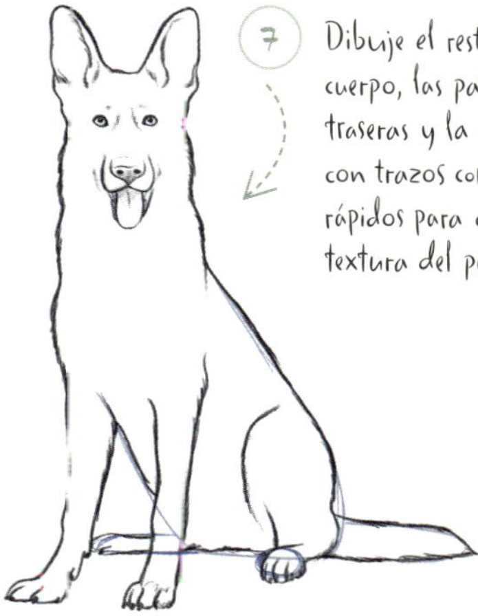

7 Dibuje el resto del cuerpo, las patas traseras y la cola con trazos cortos y rápidos para crear la textura del pelo

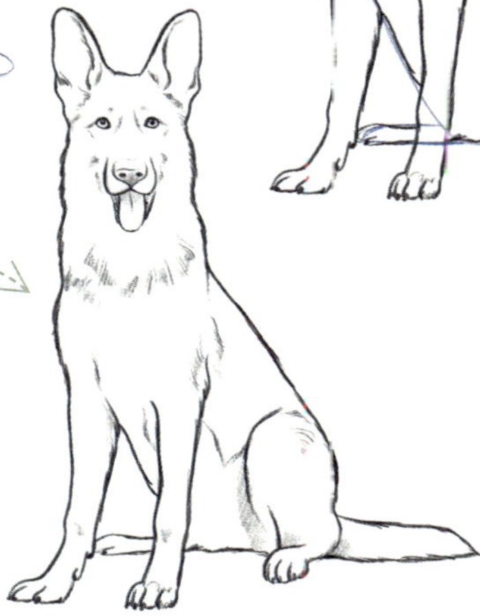

8 Borre las guías. Añada pequeños trazos dentro de las orejas para representar el pelaje.

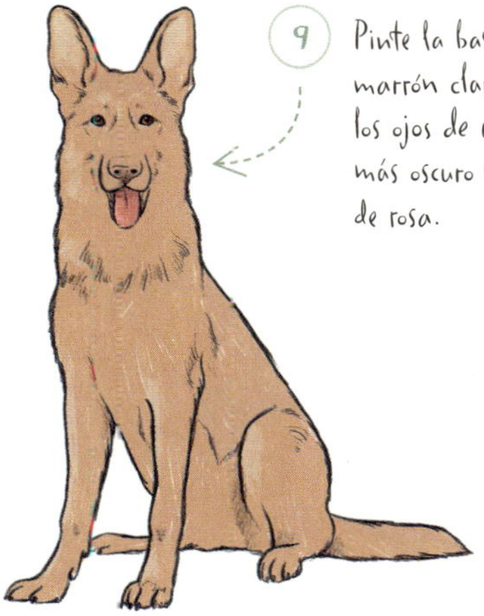

9 Pinte la base de marrón claro. Pinte los ojos de un marrón más oscuro y la lengua de rosa.

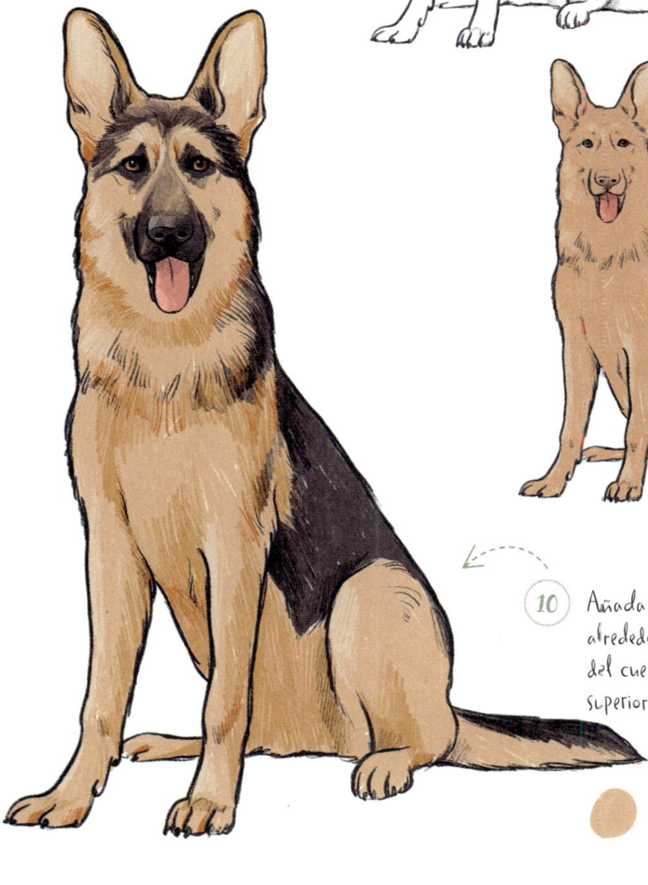

10 Añada negro en el hocico, alrededor de los ojos, el contorno del cuello, el lomo y la parte superior de la cola.

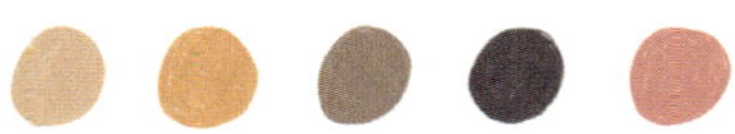

# Bulldog

Cuando dibuje un bulldog, hágale las patas cortas. Hay ejemplares con más arrugas que otros, así que puede añadir más líneas si quiere.

1 Dibuje un círculo a modo de guía con dos líneas curvas entrecruzadas dentro.

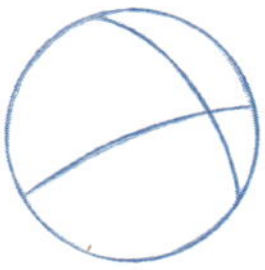

2 Dibuje dos líneas cortas y curvas para las orejas y una especie de triángulo para el hocico.

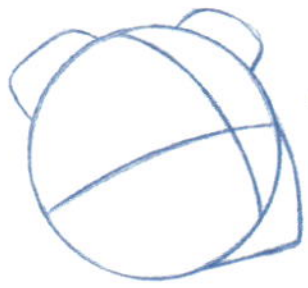

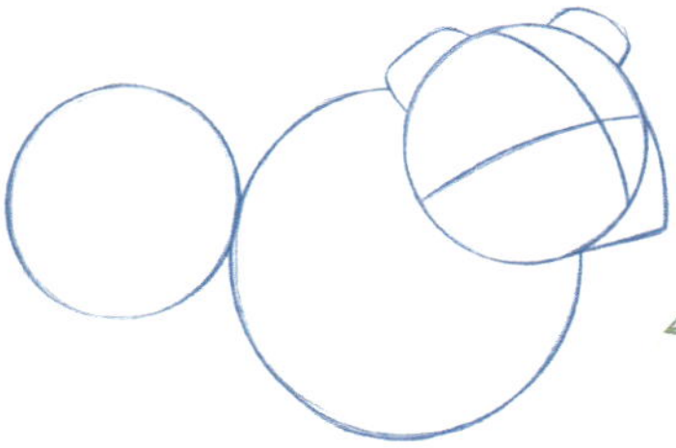

3 Dibuje dos círculos a modo de guía para el cuerpo. La cabeza tiene que quedar por encima del círculo más grande.

4 Una los círculos con dos líneas curvas. Trace cuatro líneas cortas para las patas, dobladas para indicar las articulaciones.

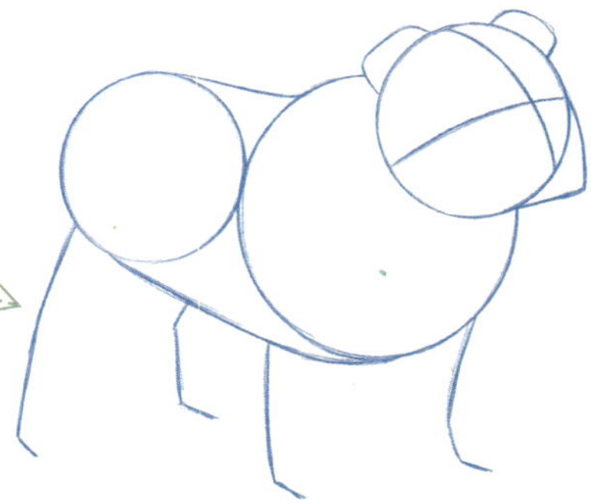

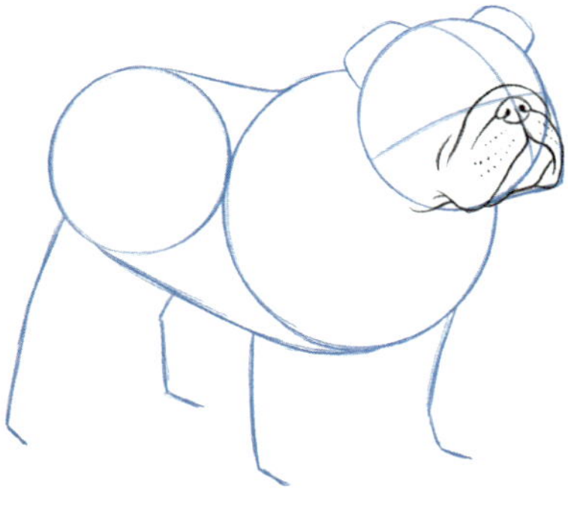

5 Dibuje la nariz y añada las fosas nasales. Añada una pequeña línea que se divida a partir de la base de la nariz, una línea curva a cada lado y una línea curva más larga para el pliegue de piel de arriba. Dibuje el labio superior caído desde debajo de la nariz y dividido en dos. Añada líneas alrededor del hocico para los detalles de la piel flácida.

6 Dibuje los ojos, curvando la parte superior para que se vean caídos. Buena parte del ojo derecho queda oculto por la nariz. Dentro de cada iris, añada un circulito que refleje la luz. Siga las guías para dibujar las orejas caídas.

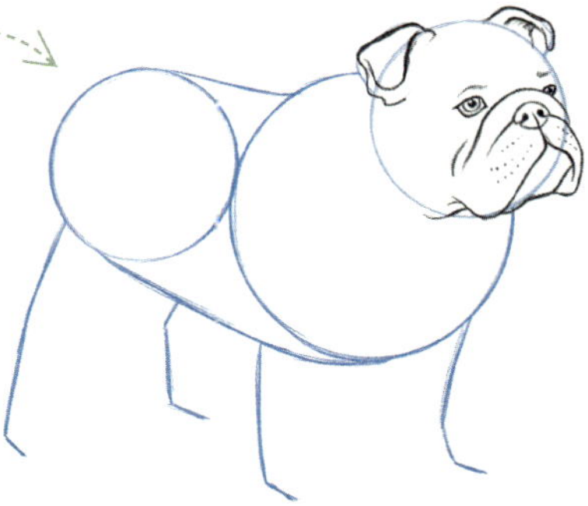

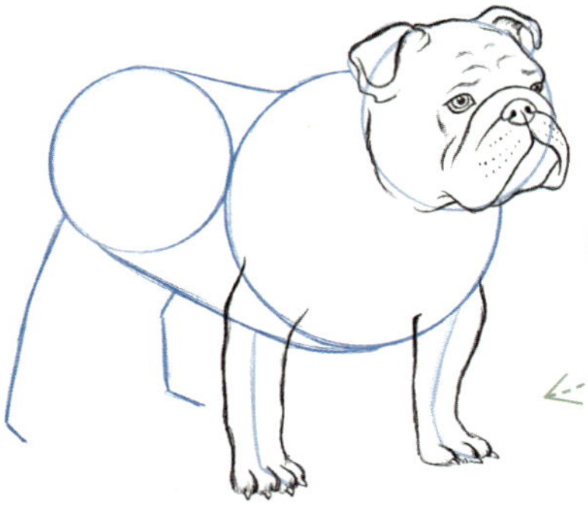

7 Dibuje el resto de la cabeza. Añada líneas cortas y curvas entre los ojos para el ceño fruncido. Dibuje las patas a partir de las guías y añada los pies y las uñas con líneas cortas y curvas.

8 Dibuje las patas traseras y el resto del cuerpo. Añada líneas largas y curvas para la piel flácida del cuello. Borre las guías.

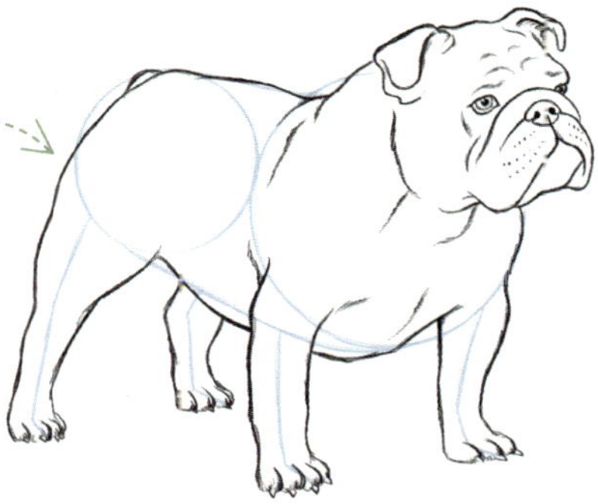

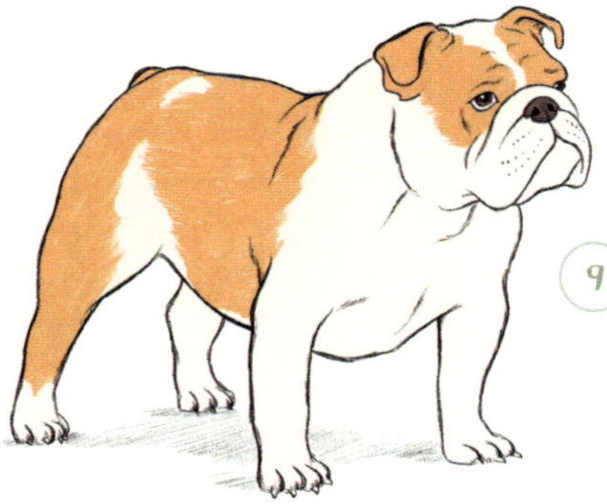

9 Pinte la base de color crema y las manchas de la cabeza, el lomo y las patas traseras de marrón claro. Los ojos y la nariz son de un marrón más oscuro. Proyecte la sombra.

10 El bulldog presenta muchas variaciones de pelaje, así que puede dar rienda suelta a su creatividad cuando lo pinte.

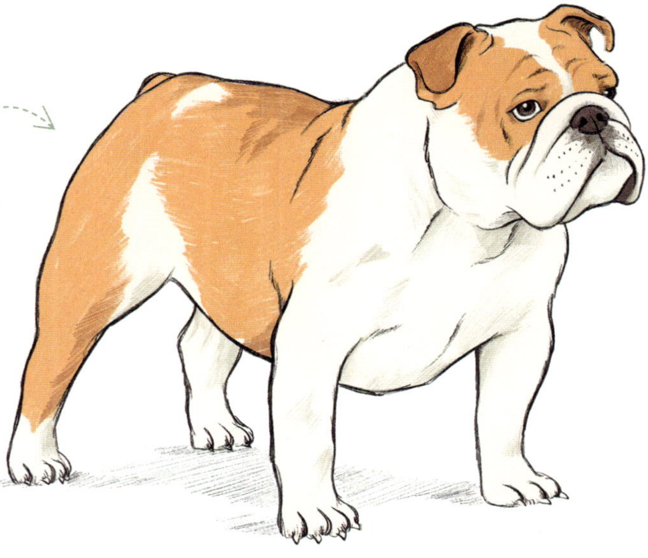

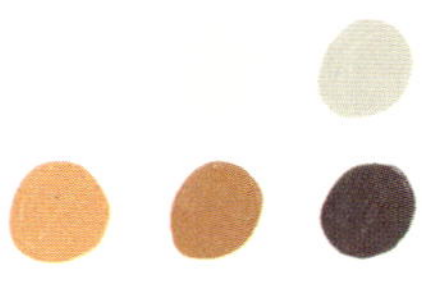

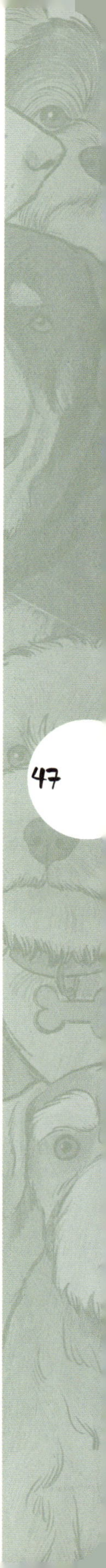

# Bulldog francés

Salvo por las peculiares orejas de murciélago, este perro parece un bulldog en miniatura. Presenta distintos tipos de pelaje, así que puede colorearlo como prefiera.

1 Dibuje un círculo a modo de guía y añada una línea horizontal en el centro y una línea vertical que atraviese la parte superior.

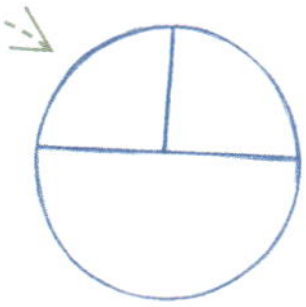

2 Dibuje un círculo pequeño en la mitad inferior y dos arcos para las orejas.

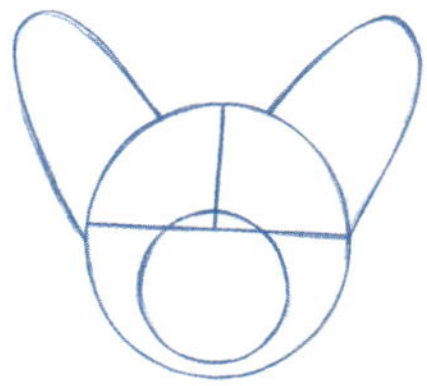

3 Dibuje un círculo más grande para la parte delantera del cuerpo que quede por debajo de la cabeza, y otro más pequeño para el lomo.

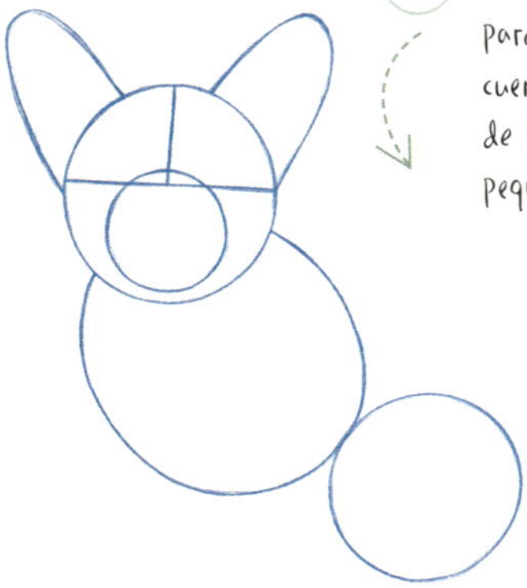

4 Trace dos pequeñas líneas para el cuello y otras dos más largas para unir los dos círculos más grandes. Trace dos líneas verticales cortas para las patas delanteras, dobladas para indicar los pies, y una pata trasera doblada.

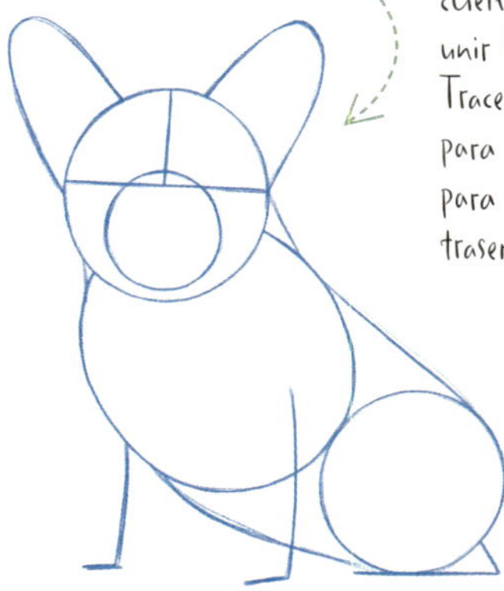

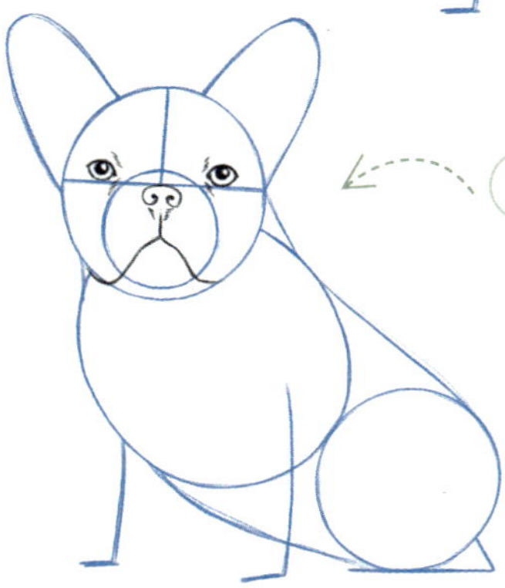

5 Dibuje los ojos como dos pequeños círculos rematados en punta. Añada los párpados y las arrugas. Haga un pequeño óvalo para la nariz, dibuje una figura en forma de C hacia abajo y acentúe los extremos de las fosas nasales. Trace una línea vertical que divida la nariz por la mitad. Dibuje una línea curva a cada lado para los labios superiores.

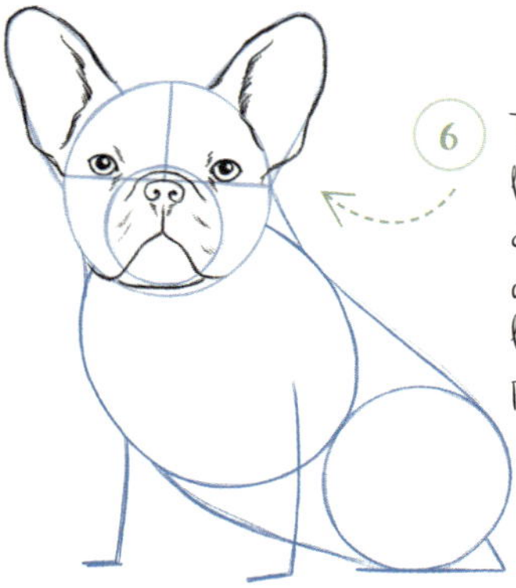

6 Trace una línea curva encima de la nariz para representar el pliegue de piel y añada la barbilla. Dé forma a las orejas con líneas sinuosas a los lados. Aplique trazos cortos para el pelo y la parte interna de las orejas.

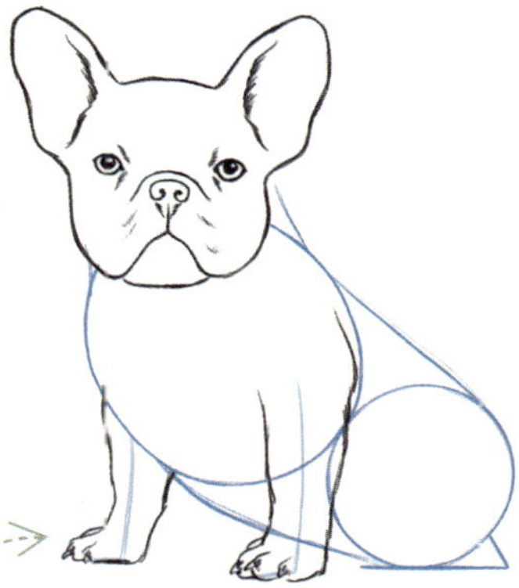

7 Dibuje las patas delanteras más anchas por arriba. Añada líneas cortas para separar los dedos y las uñas.

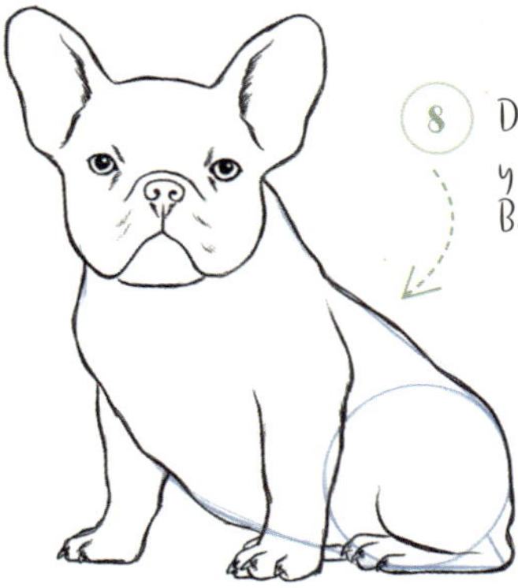

8 Dibuje la pata trasera y el resto del cuerpo. Borre las guías.

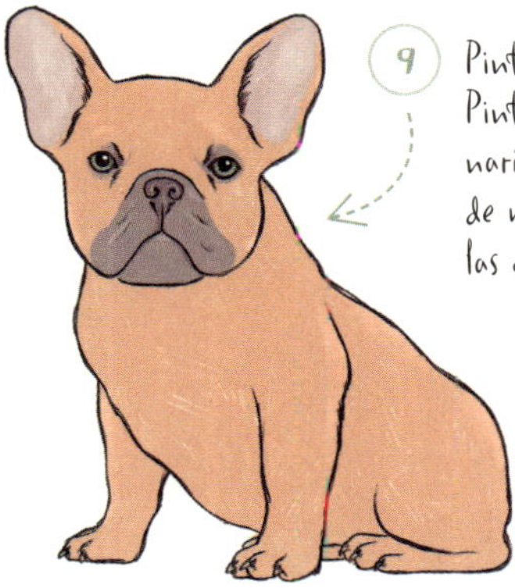

9 Pinte la base de marrón claro. Pinte los ojos de verde, la nariz y el contorno de los ojos de marrón, y el interior de las orejas de un color rosáceo.

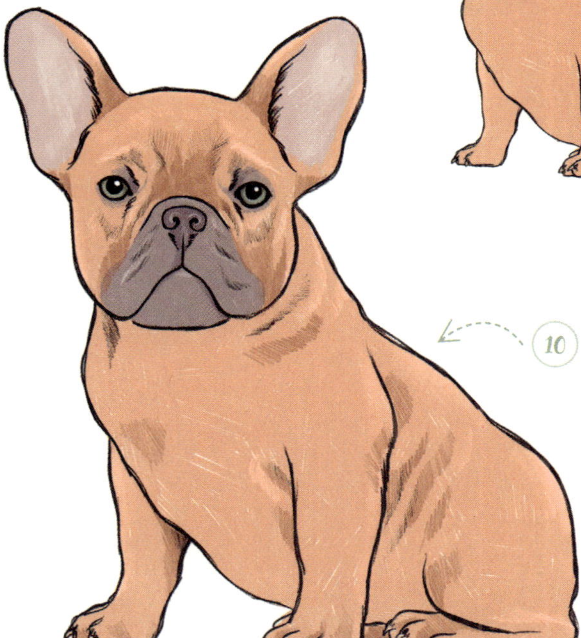

10 Para crear sombras, pinte de un tono oscuro el hocico, el contorno de los ojos y las orejas, y de un tono medio el resto del cuerpo.

# Yorkshire terrier

Pequeño pero con una gran personalidad, el yorkshire presenta colores de pelaje distintos. Cuanto más largos haga los trazos, más largo se verá el pelo.

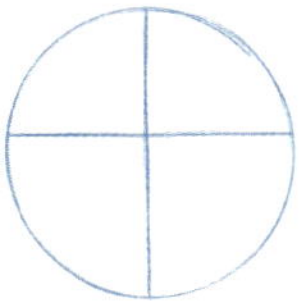

1 Dibuje un círculo a modo de guía con dos líneas entrecruzadas dentro.

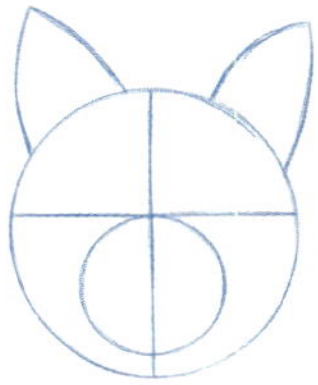

2 Dibuje un círculo más pequeño a modo de guía para el hocico y dos arcos triangulares para las orejas.

3 Esboce una especie de pan de molde para el cuerpo y dos líneas para las patas delanteras.

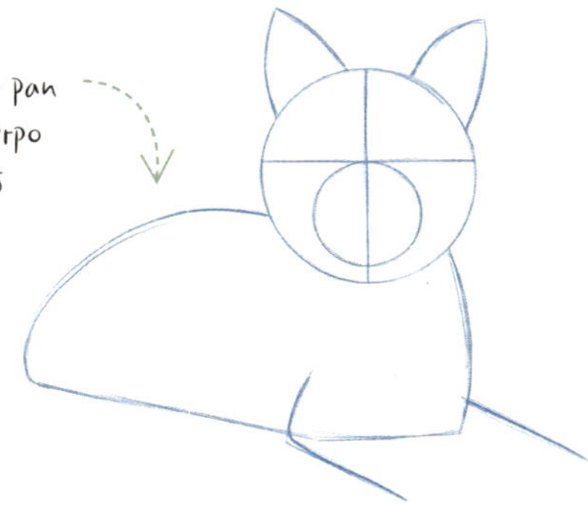

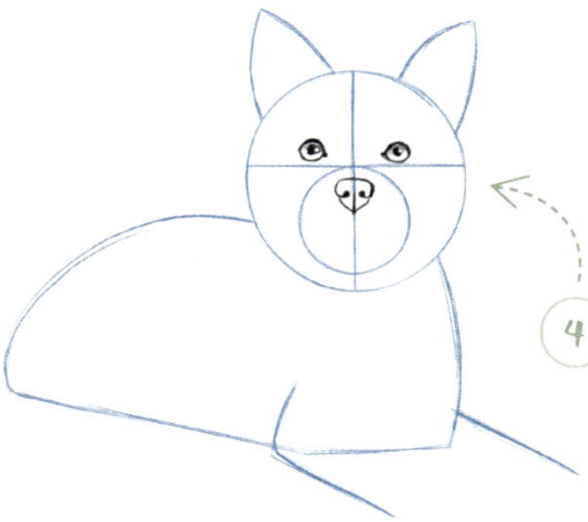

4 Dibuje los ojos y añada un círculo minúsculo que refleje la luz a un lado de cada ojo y puntos centrales más grandes para las pupilas. Dibuje la nariz puntiaguda a lo largo de la línea vertical y añada dos circulitos para las fosas nasales.

5 Dibuje la parte superior del hocico con trazos cortos y rápidos para representar el pelo. Los mechones de arriba prácticamente deben cubrir los ojos. El hocico debería ser más ancho que la guía circular.

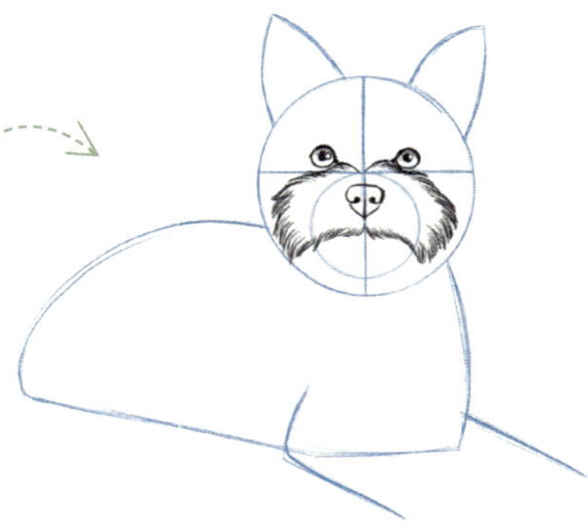

6 Aplique trazos cortos y rápidos a lo largo de los triángulos de las orejas.

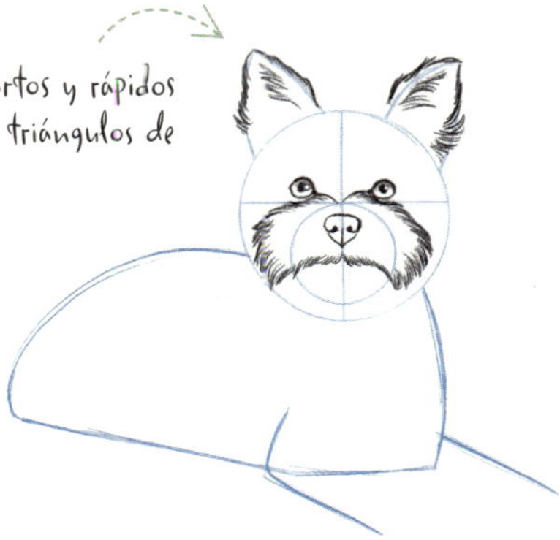

7 Dé forma a la cabeza peluda con trazos cortos y rápidos alrededor de la guía circular. Siga las guías y aplique trazos cortos y rápidos para dar forma a las patas delanteras.

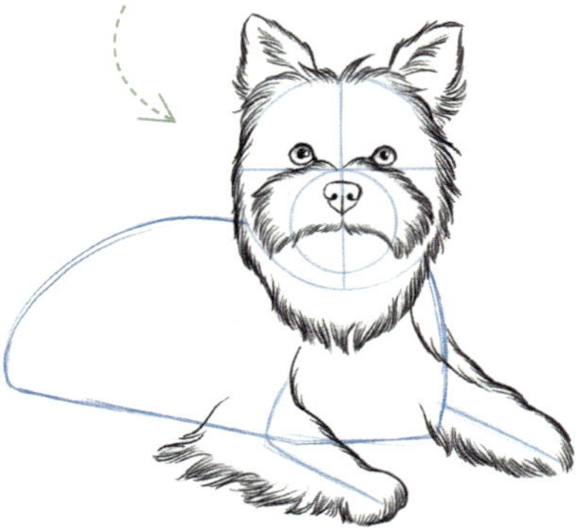

8 Añada unos trazos sobre los ojos para añadir textura. A partir de la figura en forma de pan de molde, dibuje el cuerpo con trazos cortos y rápidos.

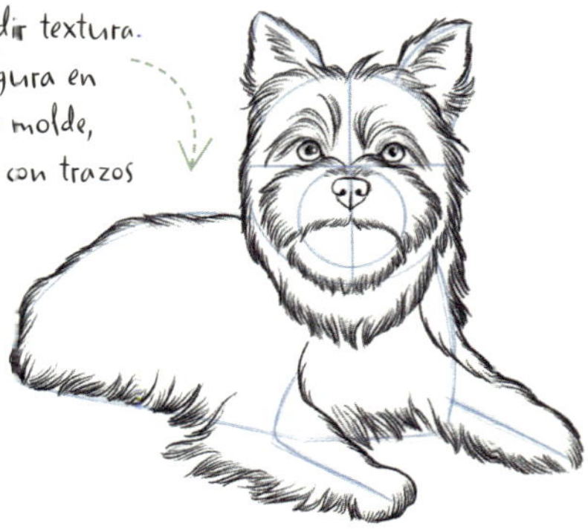

9 Borre las guías. Si dibuja un yorkshire estándar, pinte la cabeza y las patas delanteras de un tono medio de marrón.

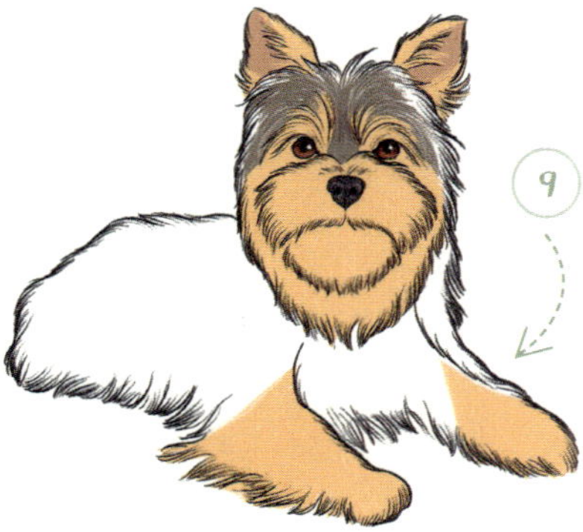

10 Pinte el resto del cuerpo de colores más oscuros, con tonos que vayan del medio al oscuro para realzar las luces y las sombras.

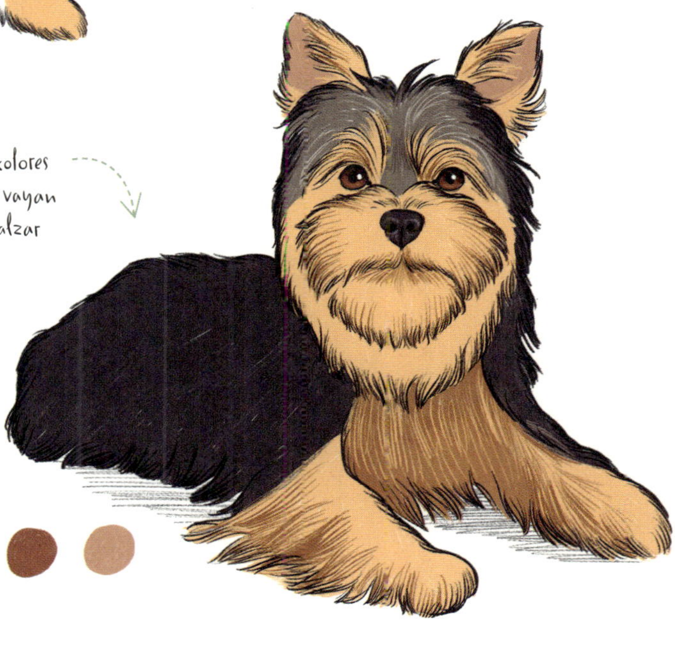

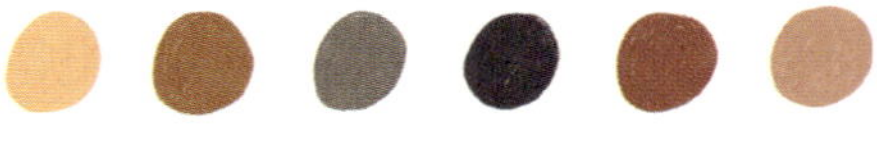

# Cockapoo

Adorable y muy cariñoso, el cockapoo es un cruce entre el cocker spaniel y el caniche. Este compañero de pelo rizado parece estar la mar de cómodo y con ganas de jugar.

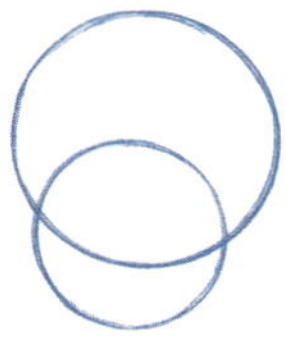

1 Dibuje un círculo a modo de guía. En la mitad inferior, superponga un círculo más pequeño.

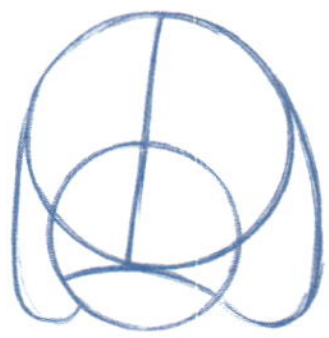

2 Trace una línea vertical a través del círculo de la cabeza, algo inclinado a la derecha, y una línea curva dentro del hocico. Dibuje dos arcos alargados para las orejas.

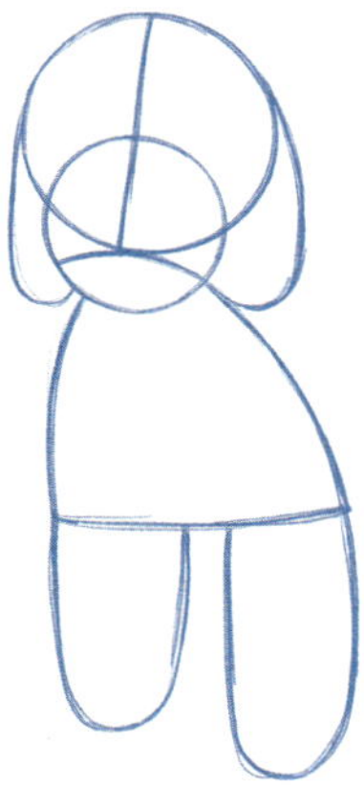

3 Añada una silueta triangular para el cuerpo y dos figuras en forma de U debajo para las patas delanteras.

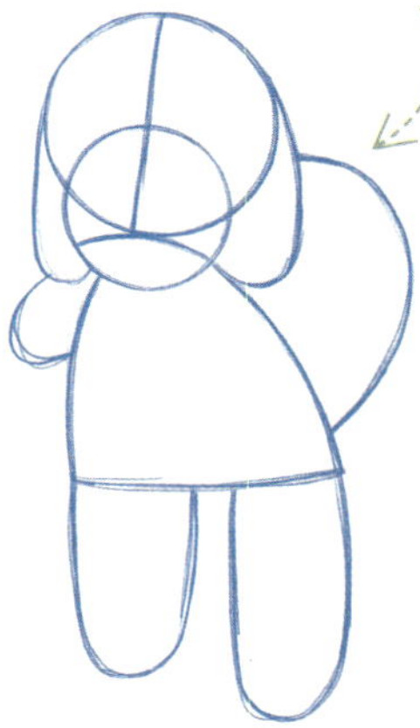

4 Dibuje una curva a la derecha que una el pecho con la oreja, y añada un pequeño arco debajo de la oreja izquierda para la pata trasera.

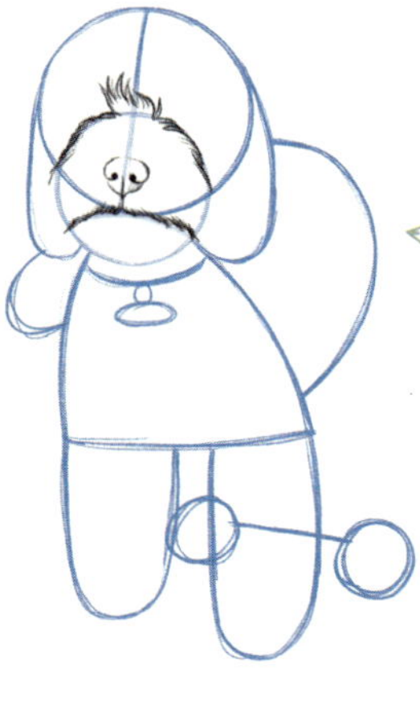

5 Esboce las guías de los detalles del juguete y el collar. Dibuje la nariz en el centro de la guía del hocico y oscurezca las fosas nasales. Aplique trazos cortos para representar el pelaje de alrededor del hocico y un mechón de pelo más largo entre los ojos.

6 Dibuje los ojos y añada dos circulitos que reflejen la luz y dos puntos más grandes para las pupilas. Dé forma al resto de la cabeza con trazos cortos.

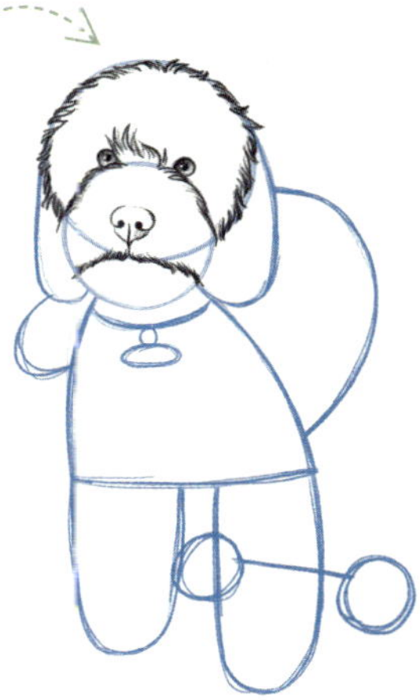

7 Aplique trazos cortos y rápidos a lo largo de los arcos laterales de las orejas peludas y en la barbilla.

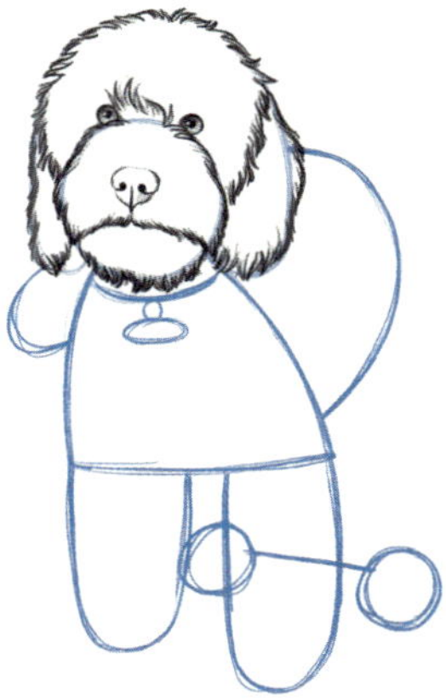

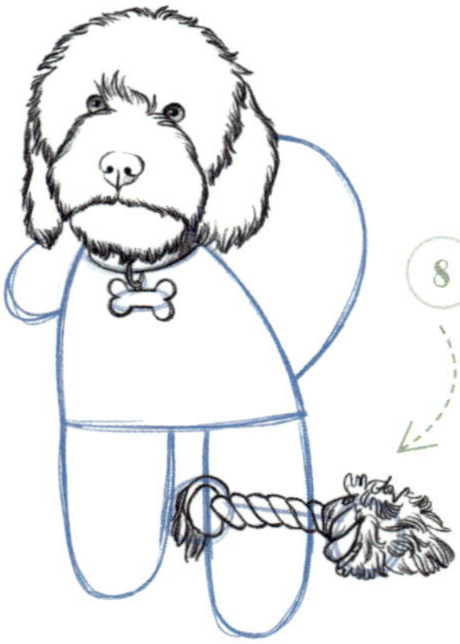

8 Añada los detalles del juguete y el collar.

9 Siga las guías para dibujar el cuerpo con trazos cortos y rápidos. Borre las guías.

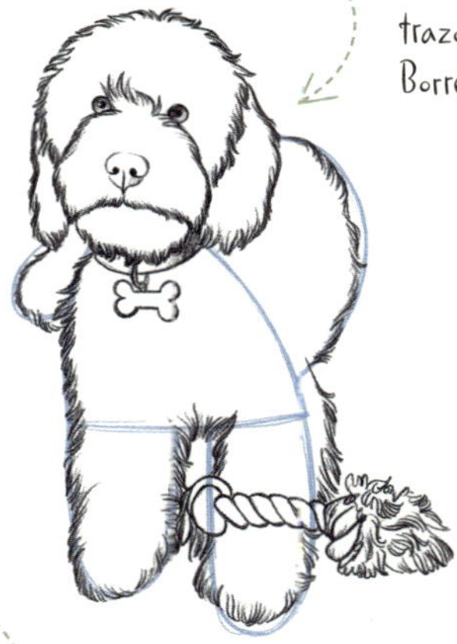



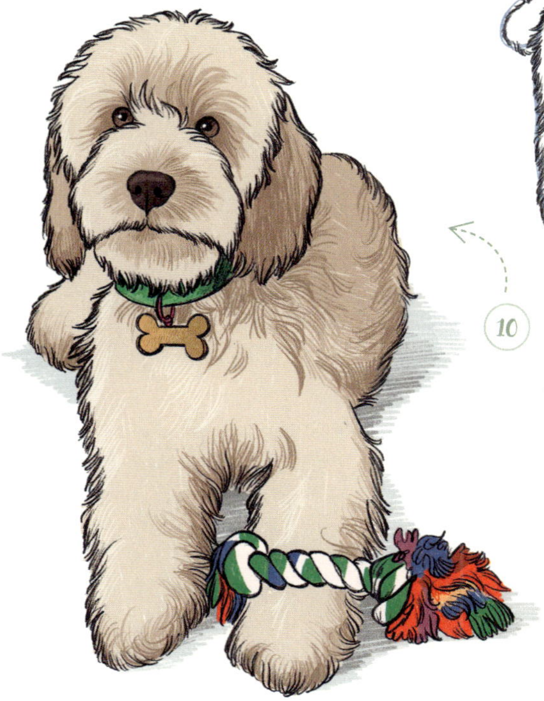

10 Pinte el collar y el juguete, y aplique un color de base marrón claro. Use tonos más oscuros alrededor de los ojos y en la nariz, las orejas, el lomo y las patas. Pinte los ojos de un tono medio de marrón y la nariz de marrón oscuro.

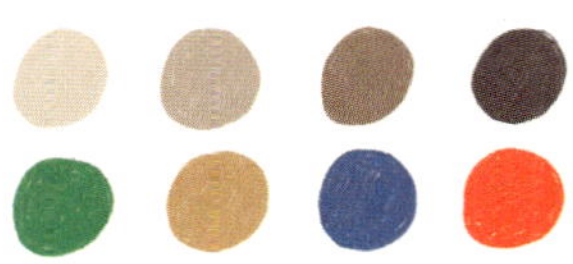

# Rottweiler

Este rottweiler está listo y con muchas ganas de jugar con la pelota. Pinte algunas partes del cuerpo de tonos más oscuros para dar aún más brillo al pelaje.

1 Para las guías del cuerpo, dibuje un círculo grande a la izquierda y otro más pequeño al lado.

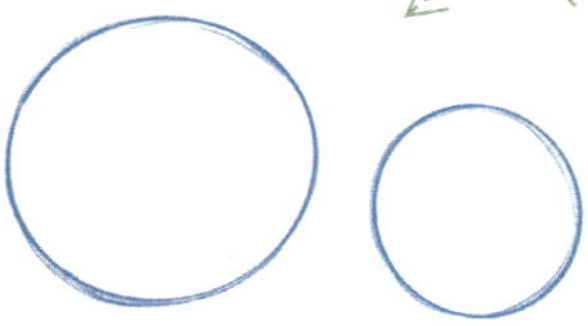

2 Superponga una figura rectangular de esquinas redondeadas para la cabeza.

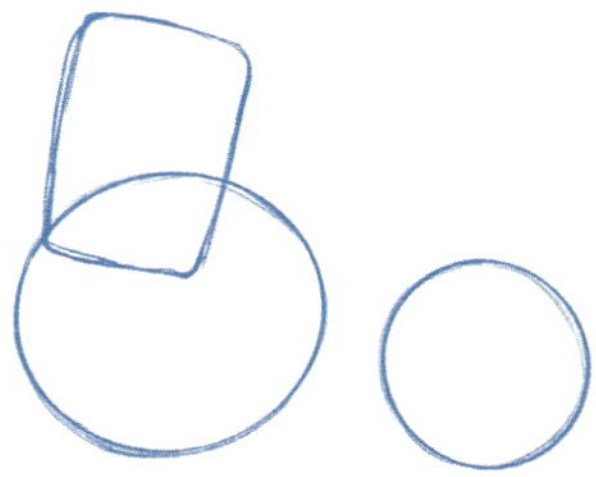

3 Trace dos líneas entrecruzadas dentro de la cabeza. Añada un pequeño óvalo en la parte inferior para el hocico, y figuras triangulares a cada lado para las orejas.

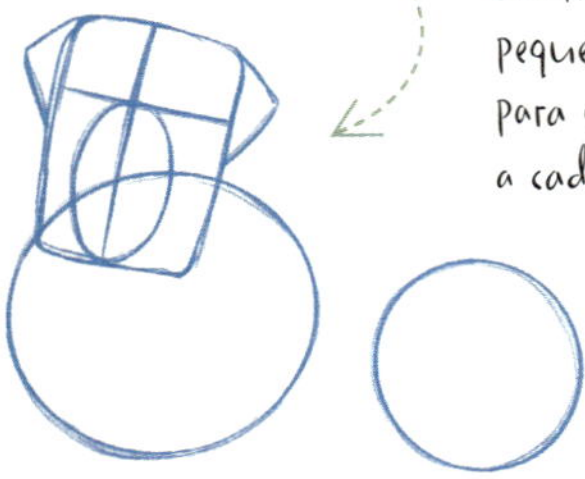

4 Dibuje dos guías para las patas debajo de cada círculo; indique las articulaciones y añada círculos para las garras. Dibuje la pelota de tenis entre las patas delanteras y añada la cola.

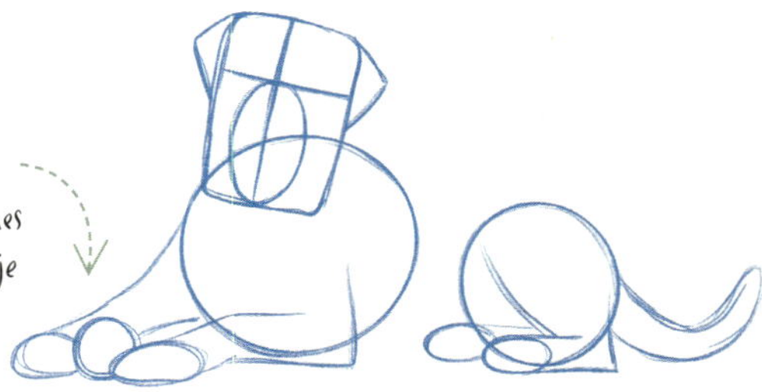

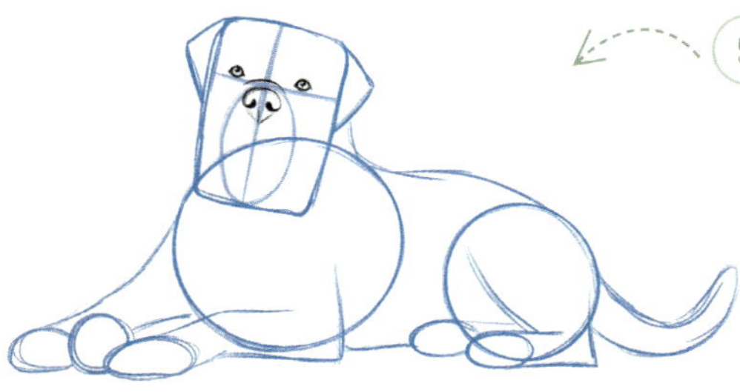

5 Una los círculos para dar forma al lomo y el vientre. Dibuje los ojos en forma de balón de fútbol americano a la altura de la guía horizontal. Añada una figura minúscula en forma de C en cada ojo para representar la pupila y el reflejo. Dibuje la nariz y trace una línea curva por encima para representar un pliegue de piel.

6 Termine de dibujar el hocico. Para la boca, trace una línea sinuosa debajo de la nariz. Dibuje la lengua, la piel suelta y la barbilla con una serie de líneas curvas. Redondee los triángulos de las orejas para darles forma.

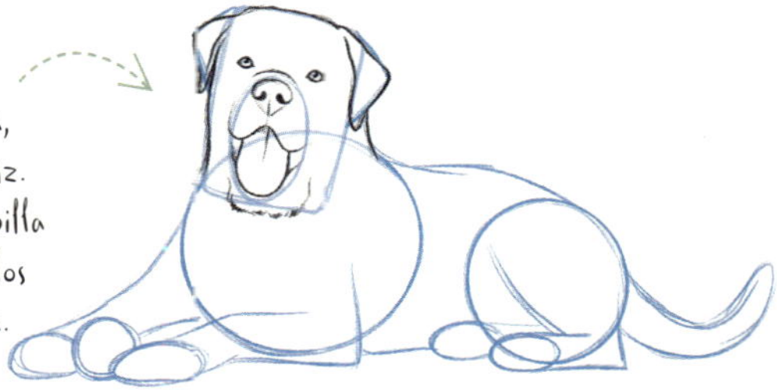

7 Dibuje las patas delanteras, los pies y la pelota. Trace líneas curvas para los dedos.

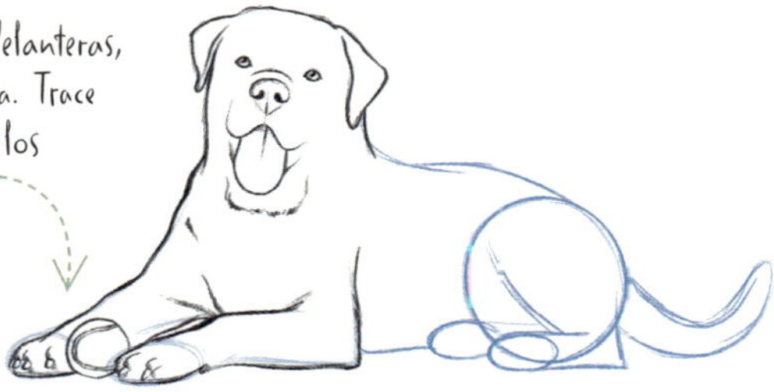

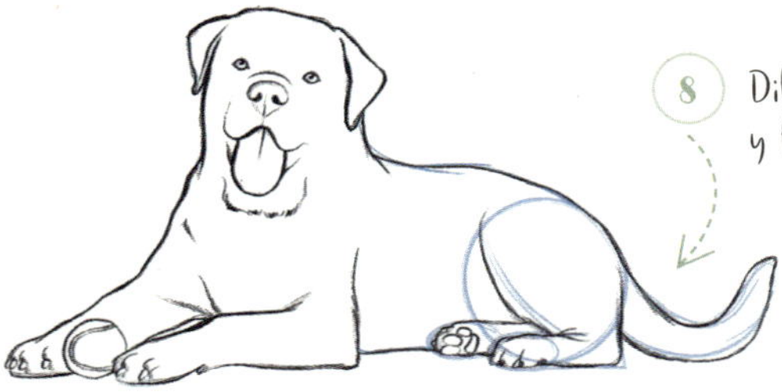

8 Dibuje las patas traseras y la cola. Borre las guías.

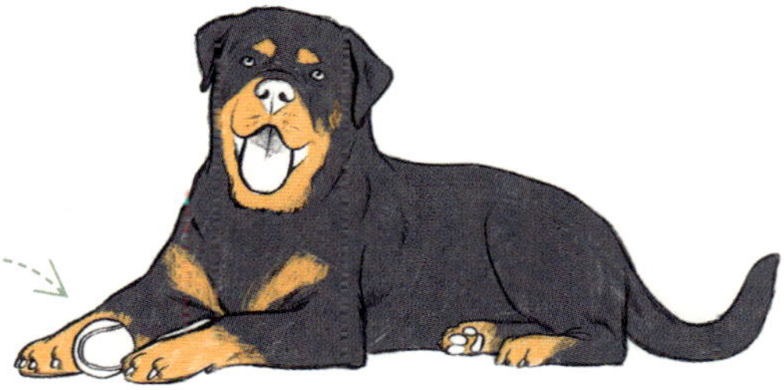

9 Pinte la cabeza, el cuerpo, las patas y la cola de gris oscuro, con manchas marrón claro en el hocico, las mejillas, las cejas, las garras y el pecho.

10 Pinte los ojos de marrón rojizo, la lengua de rosa, la nariz de marrón oscuro y las uñas de gris oscuro. Sombree todo el dibujo.

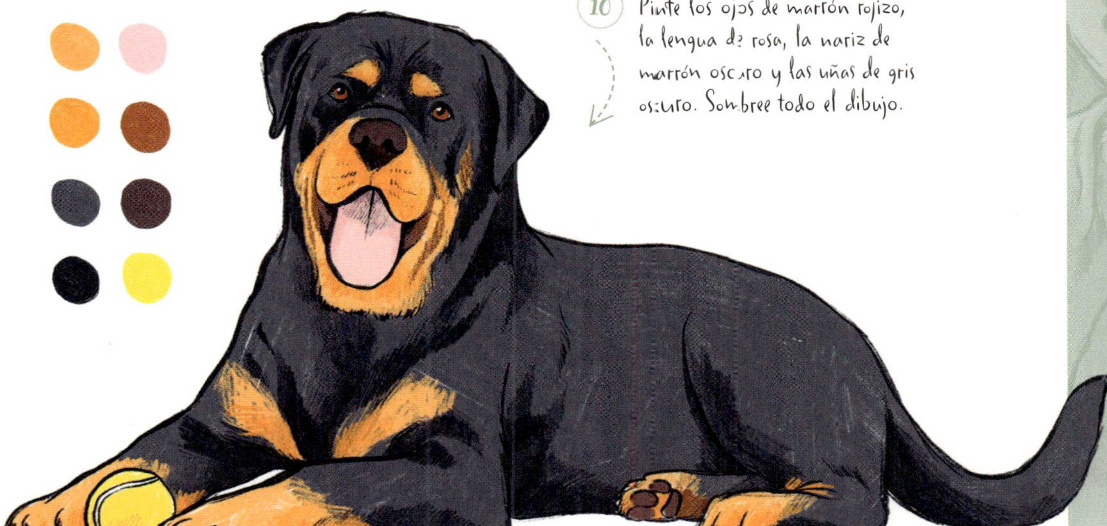

# Teckel

El cuerpo de este teckel, de pelo corto y sedoso, se ha creado con líneas fluidas. Si va a dibujar un ejemplar de pelo largo, aplique trazos cortos y rápidos.

1 Dibuje tres círculos a modo de guía para la cabeza y el cuerpo.

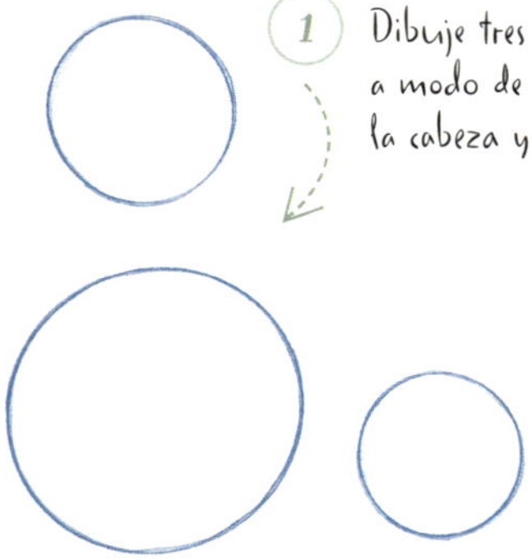

2 Trace una línea curva horizontal de lado a lado de la cabeza. Añada una forma angular a la izquierda y otra más pequeña a la derecha a modo de guía para las orejas y el hocico.

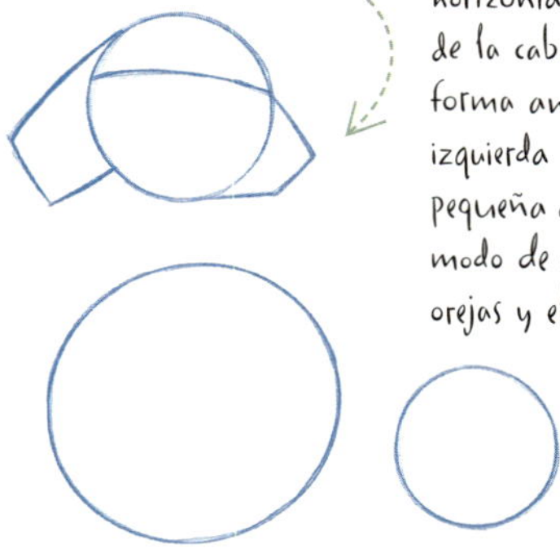

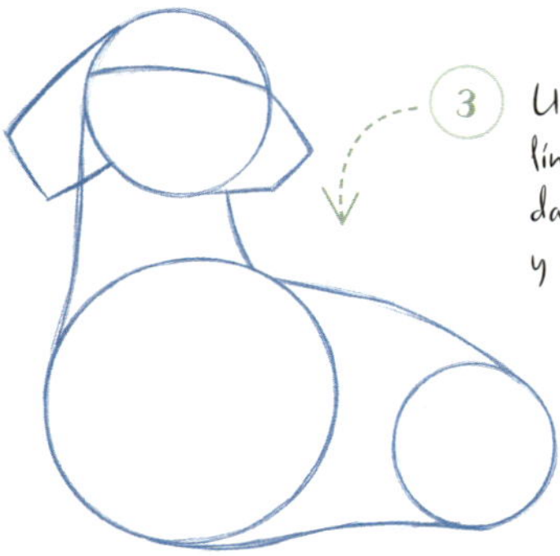

3 Una los círculos con líneas curvas para dar forma al cuello y al cuerpo.

4 Trace dos líneas cortas debajo del círculo principal y una línea doblada debajo del otro círculo para las patas.

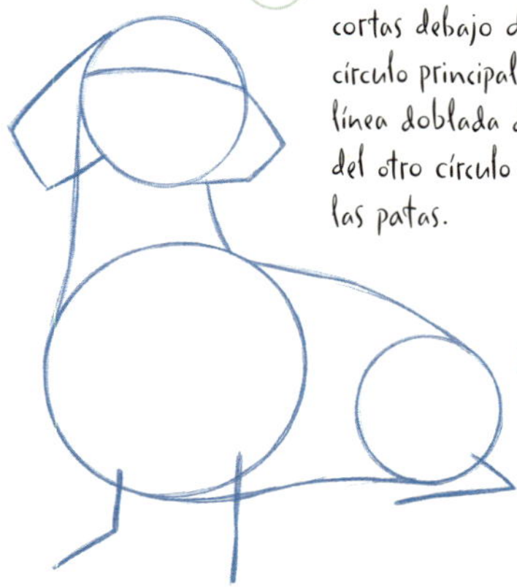

5 Dibuje los ojos. El izquierdo es redondo, mientras que el derecho es un óvalo minúsculo. Siga la guía del hocico para dibujar la nariz. Trace una línea sinuosa para la boca y otra línea debajo para la mandíbula inferior. Redondee la silueta de la oreja izquierda y dibuje la punta de la derecha.

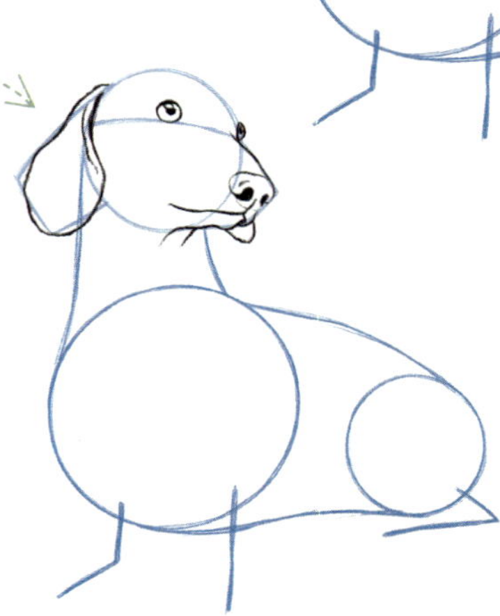

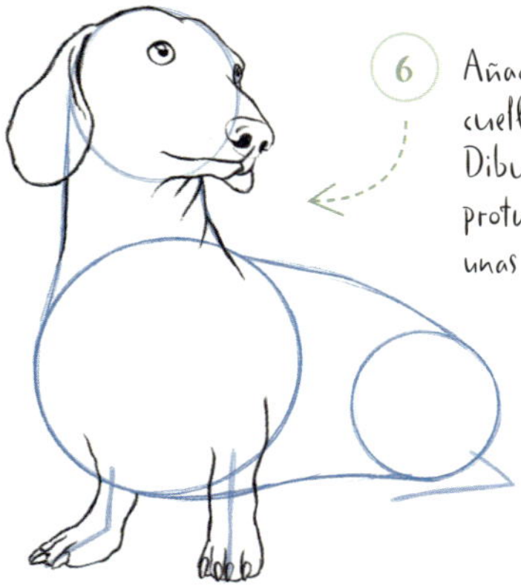

6 Añada pequeñas líneas curvas a lo largo del cuello para representar los pliegues de la piel. Dibuje las patas y los pies delanteros, con protuberancias para las articulaciones. Trace unas líneas para los dedos y las uñas.

7 Dibuje la pata trasera y la parte visible de la última.

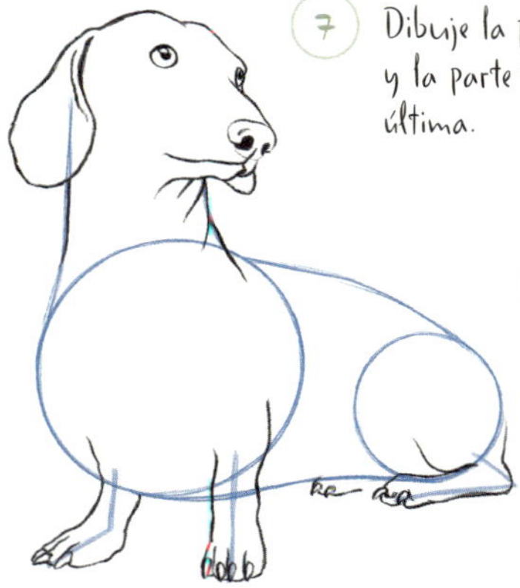

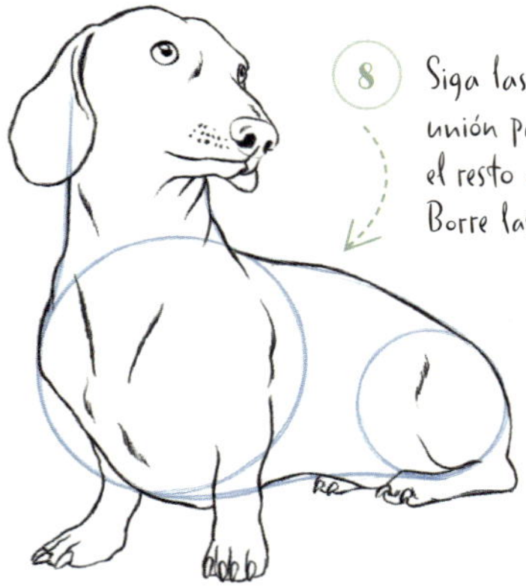

8 Siga las líneas de unión para dibujar el resto del cuerpo. Borre las guías.

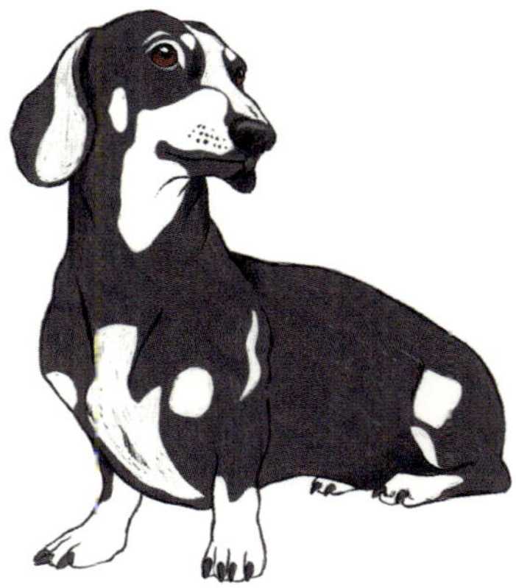

9 Pinte la base de gris oscuro, dejando algunas manchas en blanco. Pinte los ojos de marrón.

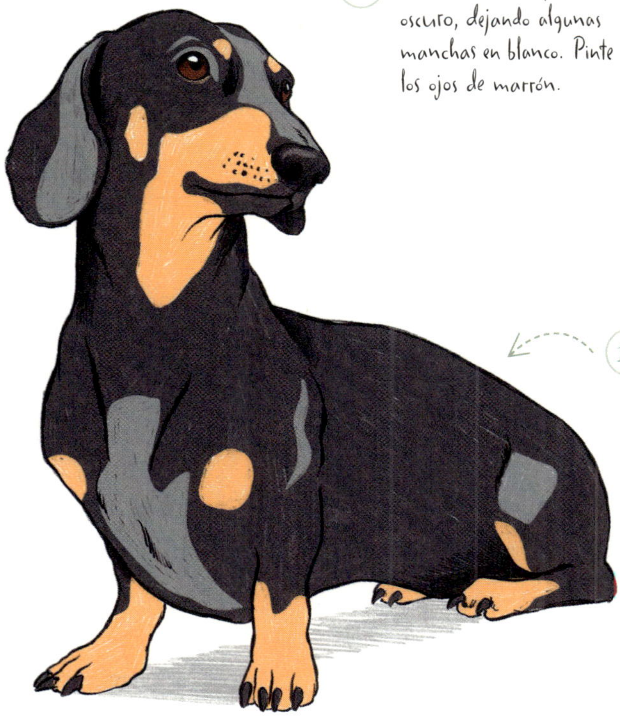

10 Termine con manchas definidas de gris y marrón, y añada un sombreado.

# Schnauzer miniatura

Con sus peculiares y tupidas barbas y cejas, el schnauzer miniatura tiene una singular expresión humana. Dotado de mucha personalidad, es un perro inteligente, inquisitivo y extrovertido.

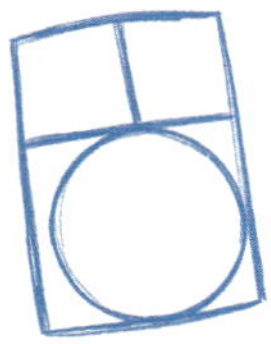

1 Dibuje una guía en forma de rectángulo para la cabeza. Trace una línea horizontal en el tercio superior, una línea vertical que la divida y un círculo para el hocico.

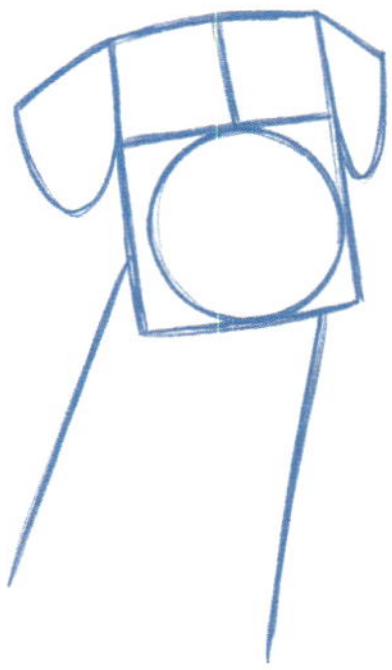

2 Dibuje dos figuras en forma de U a los lados para las orejas. Debajo de la cabeza, dibuje dos líneas paralelas inclinadas hacia la parte inferior izquierda.

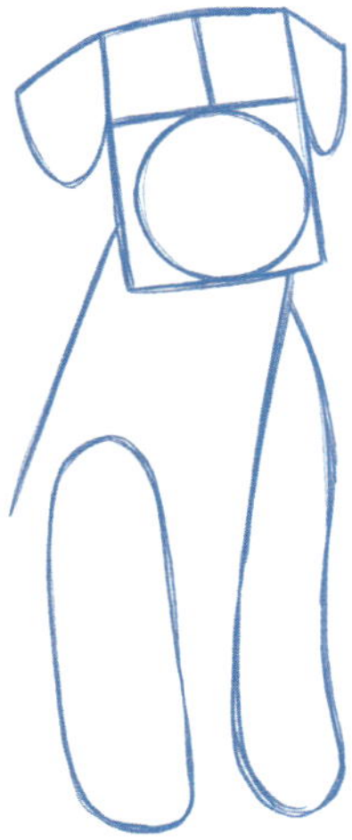

3 Dibuje dos guías en forma de salchicha para las patas delanteras.

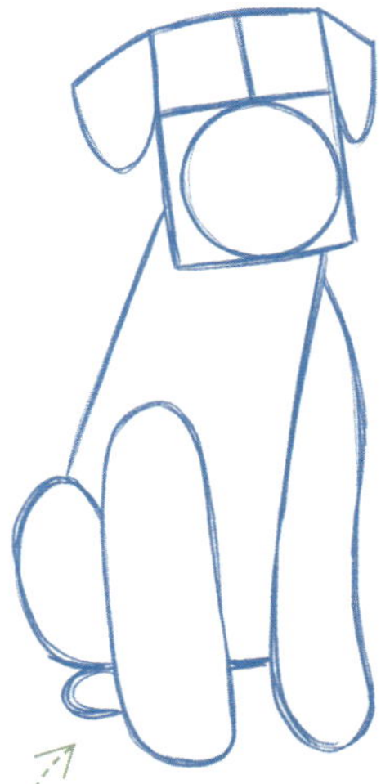

4 Añada dos figuras redondeadas junto a la pata izquierda para definir la pata trasera.

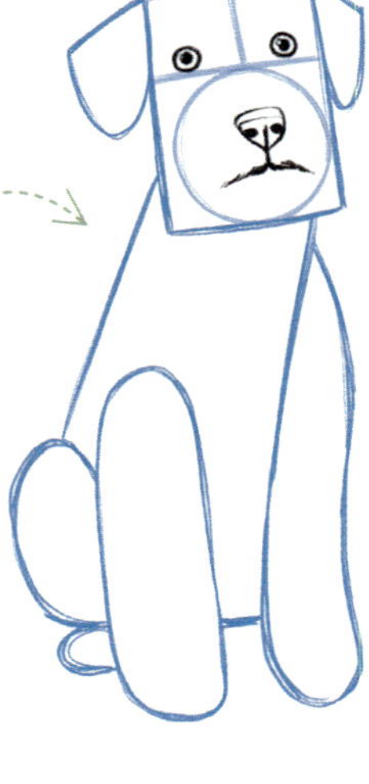

5 Dibuje los ojos redondos y pequeños a la altura de la guía horizontal. Dibuje la nariz y añada dos puntos negros para las fosas nasales. Trace una línea vertical corta para dividir la nariz por la mitad y añada dos líneas curvas a los lados para definir el labio superior.

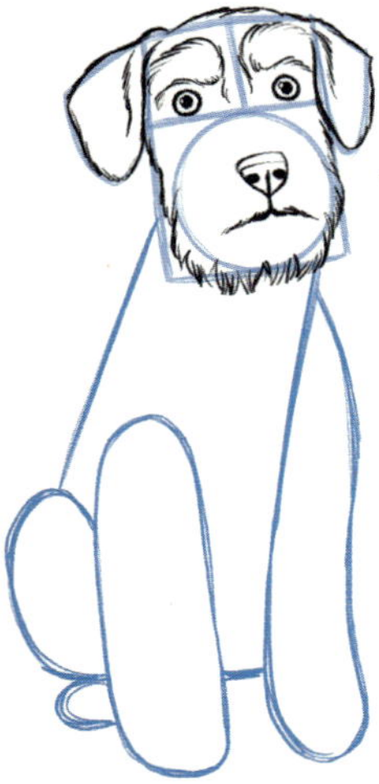

6 Con trazos cortos, dibuje dos figuras gruesas en forma de arco para las cejas pobladas. Alrededor de la cabeza y las orejas, aplique una serie de trazos cortos para representar el pelo. Haga trazos más largos en la parte inferior del rectángulo para dar forma a la barba.

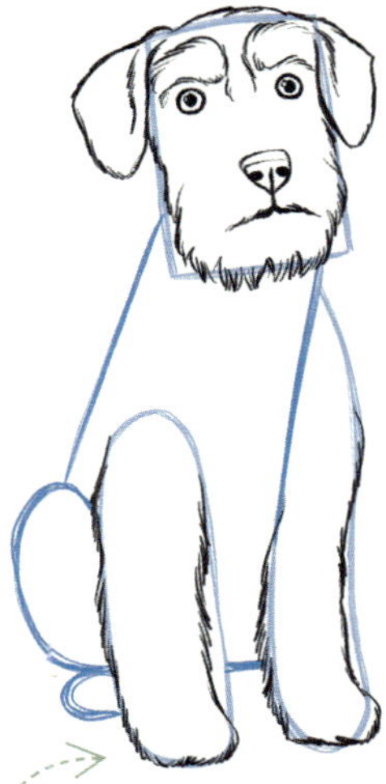

7 Siga las guías para dibujar las patas delanteras.

8 Dibuje el resto del cuerpo, con trazos cortos a lo largo del contorno externo de las guías para representar el pelo. Aplique trazos más largos en la parte inferior para los mechones sueltos.

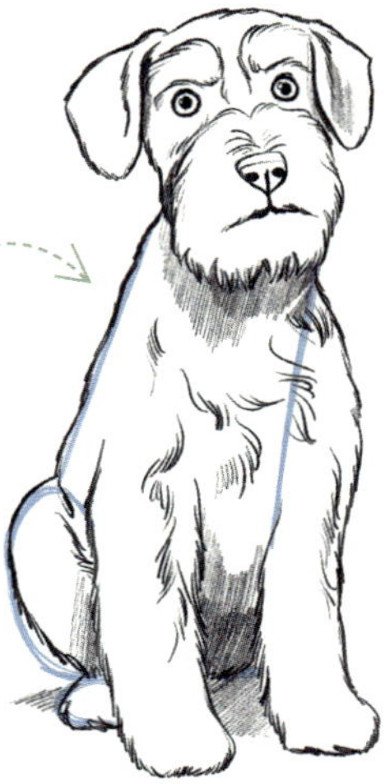

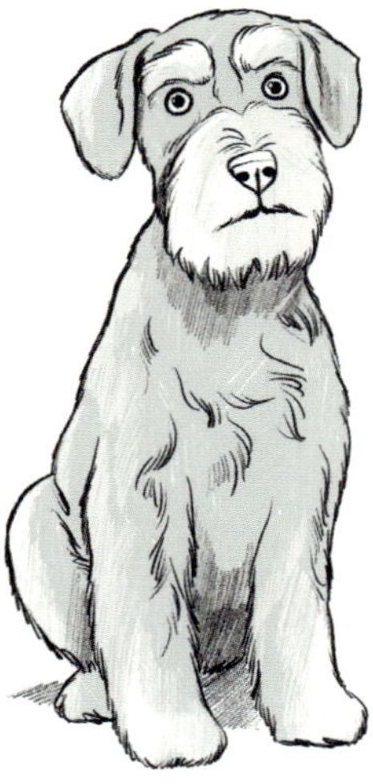

9 Borre las guías. Pinte el cuerpo de un tono claro de gris. Para las cejas, el bigote y la barba use un gris muy claro.

10 Sombree el dibujo. Pinte la nariz de gris oscuro, los ojos de gris y el contorno de los ojos de un tono medio de gris.

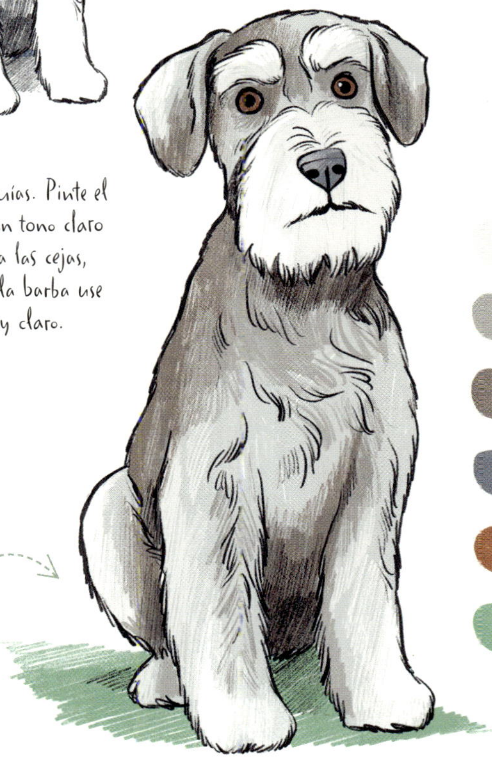

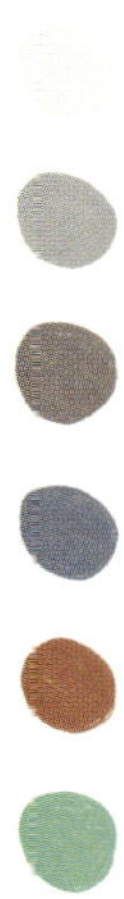

# Pomerania

El pomerania es muy vistoso por su abundante doble capa de pelo, y tiene una suntuosa gorguera alrededor del cuello y el pecho. Cuanto más largos sean sus trazos, más profusión de pelo conseguirá.

1 Dibuje un círculo a modo de guía y añada una línea horizontal en el centro y una línea vertical más corta que atraviese la parte superior.

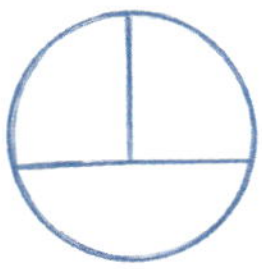

2 Dibuje un círculo pequeño a modo de guía para el hocico y dos pequeños semicírculos para las orejas.

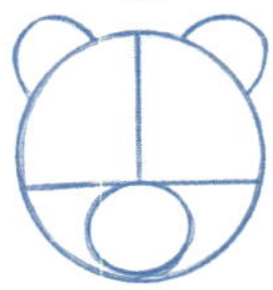

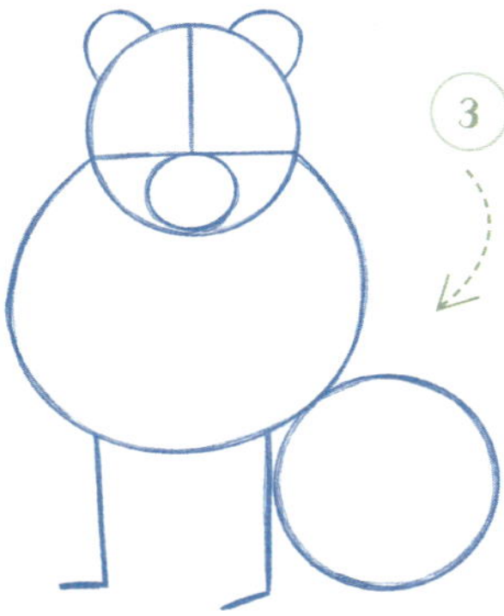

3 Haga un círculo más grande para la parte frontal del cuerpo de modo que quede por debajo de la cabeza. Dibuje un círculo más pequeño para la parte posterior del cuerpo. Trace dos líneas cortas dobladas para las patas delanteras.

4 Trace dos curvas que unan los dos círculos del cuerpo y otras dos alrededor de la cabeza que unan la parte superior de las orejas con la parte central del círculo más grande del cuerpo.

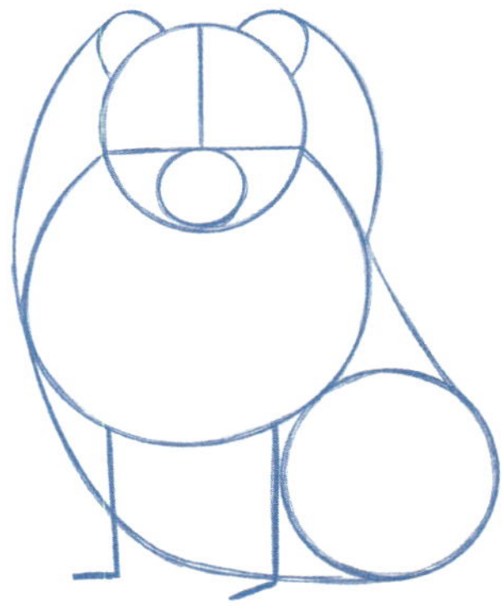

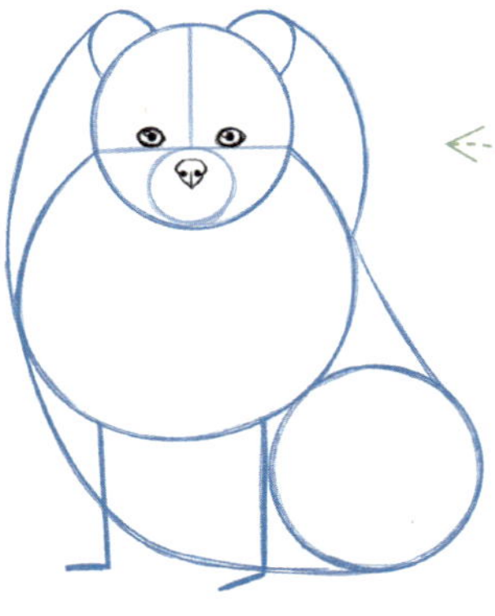

5 Dibuje los ojos a la altura de la guía horizontal. Dibuje la nariz dentro del hocico.

6 Termine de dibujar el resto del hocico y añada la barbilla curvada. Dibuje las orejas con trazos cortos.

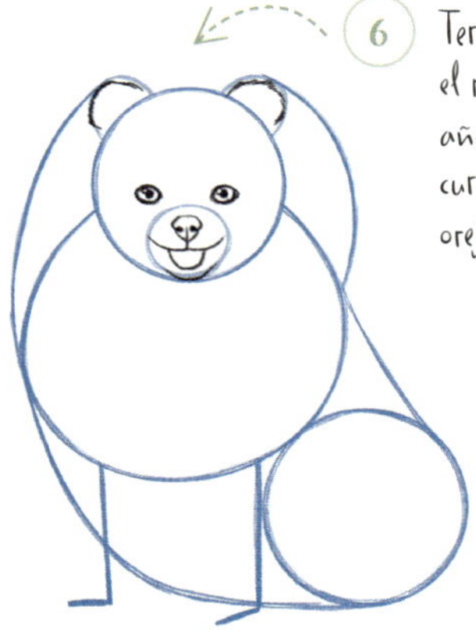

7 Dé forma a la cabeza y el pecho peludos con trazos largos. Aplique trazos cortos alrededor de los ojos y el hocico.

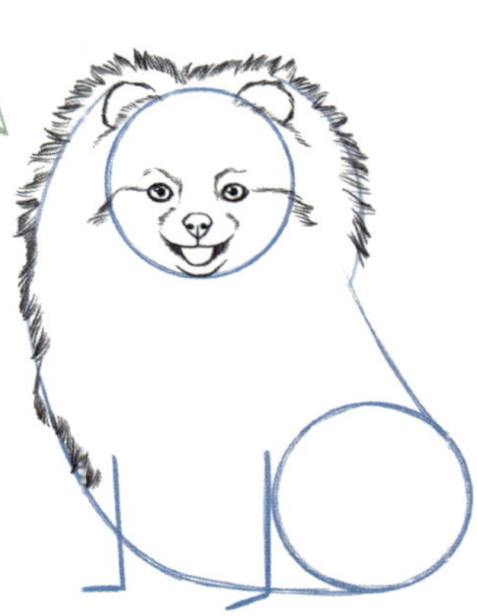

8 Dibuje el resto del cuerpo con trazos cortos y rápidos a lo largo del contorno externo de las guías. Añada las patas.

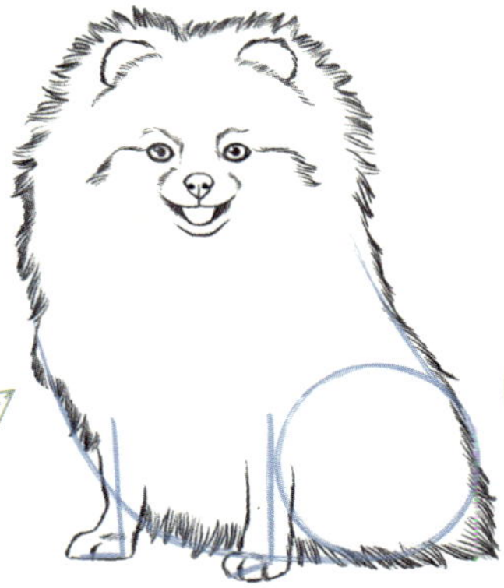

9 Borre las guías. Pinte el cuerpo de marrón arena, con un tono más oscuro alrededor del hocico y el lomo.

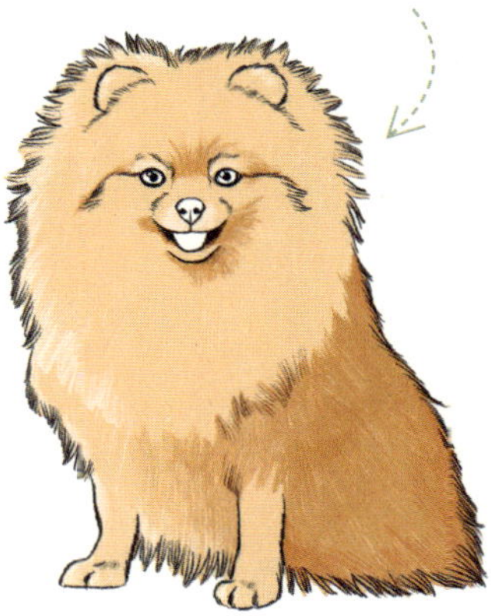

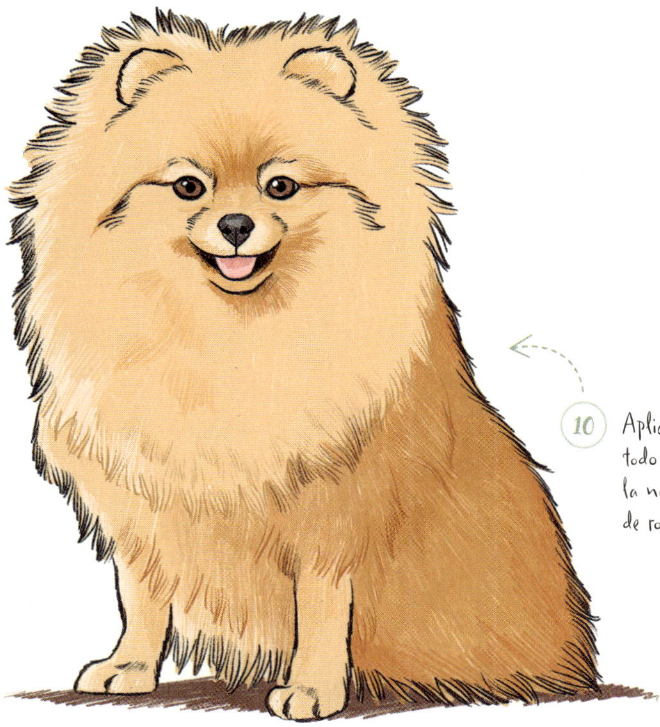

10 Aplique trazos más largos y oscuros en todo el cuerpo. Pinte los ojos de marrón, la nariz de gris oscuro, y la lengua de rosa.

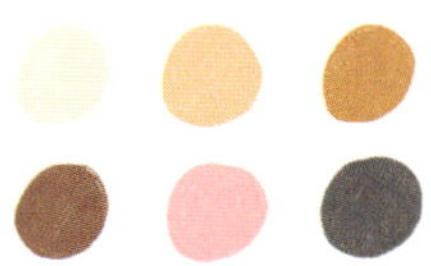

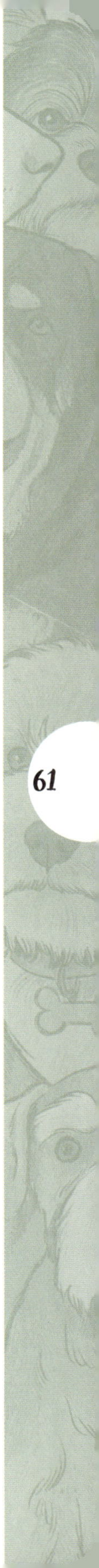

# Chihuahua

Un perro pequeño con una gran actitud. La seña de identidad del chihuahua es el pelo corto y brillante y la espesa gorguera de pelo más largo del cuello y las orejas.

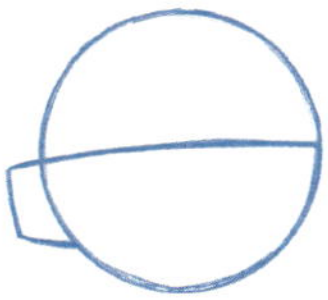

1 Dibuje un círculo a modo de guía. Trace una línea horizontal en el centro y una figura rectangular a la izquierda para el hocico.

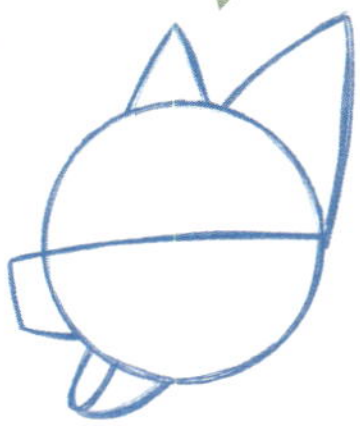

2 Dibuje una pequeña figura curvada para la parte inferior del hocico y dos triángulos para las orejas; la oreja derecha tiene que ser más grande que la izquierda.

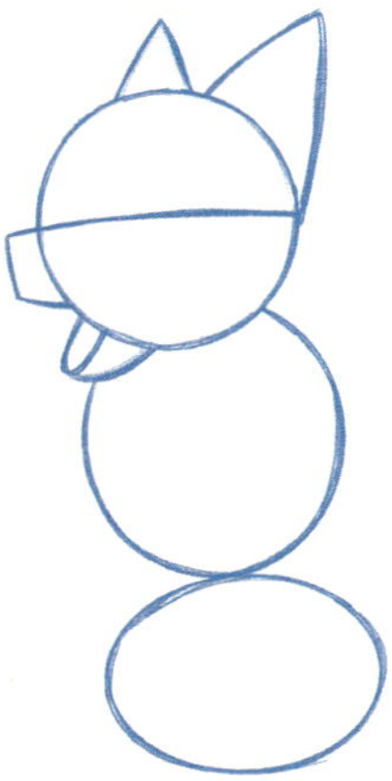

3 Haga un círculo similar para la parte frontal del cuerpo de modo que quede por debajo de la cabeza. Dibuje un óvalo horizontal más pequeño a continuación para la parte inferior del cuerpo.

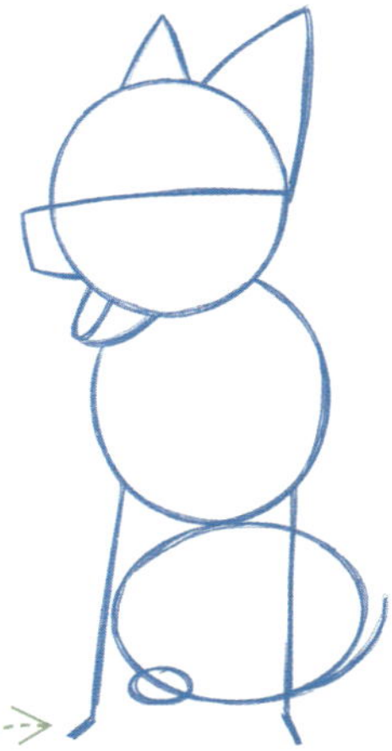

4 Trace dos líneas rectas para las patas delanteras. Dibuje una pequeña curva en el lado inferior derecho del óvalo para la cola, y un circulito junto a la pata delantera para la garra trasera.

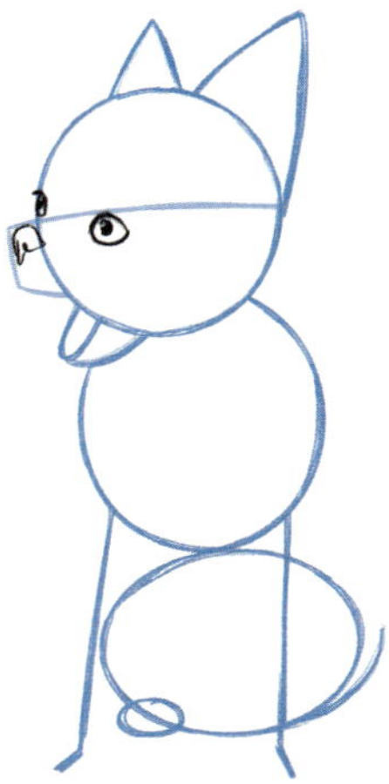

5 Dibuje los ojos de modo que el derecho quede por debajo de la guía y el izquierdo quede por encima y apenas se vea. Dibuje la nariz dentro de la guía del hocico.

6 Dibuje la boca y la barbilla.

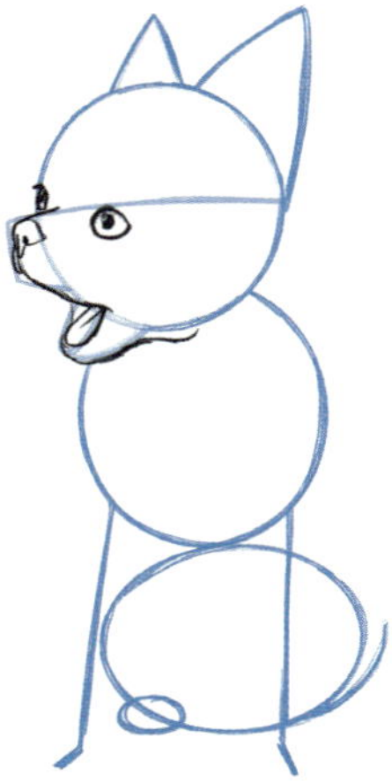

7 Aplique trazos cortos y rápidos alrededor de la cabeza y dibuje las orejas. Dé forma a las patas delanteras con trazos cortos, y al pelo de la parte posterior de la cabeza con trazos más largos.

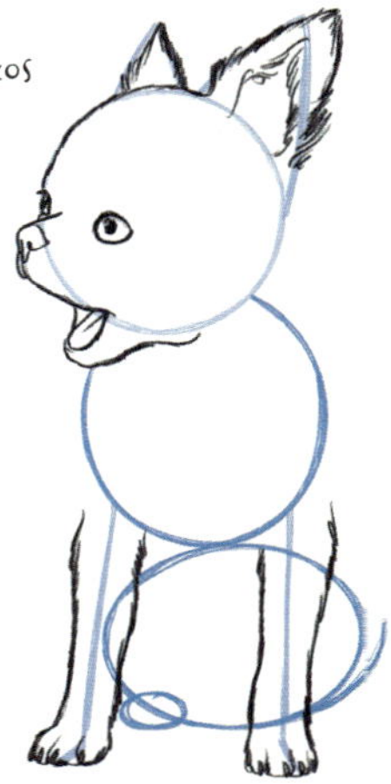

8 Dibuje el resto del cuerpo con trazos rápidos y cortos. Añada líneas más finas para las manchas del pelaje. Dibuje las dos cejas y trace unas líneas alrededor del hocico, en el pecho y en el vientre.

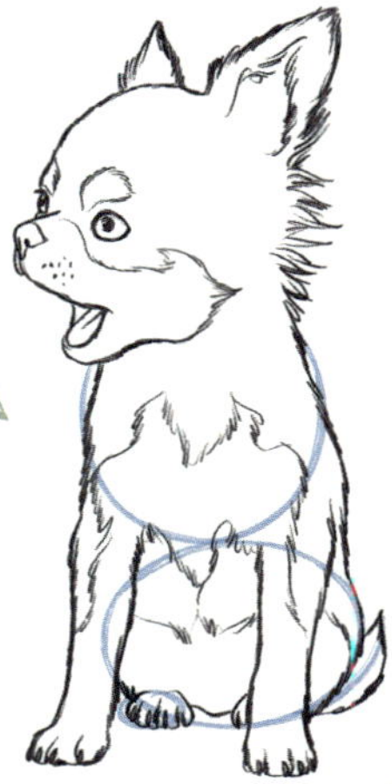

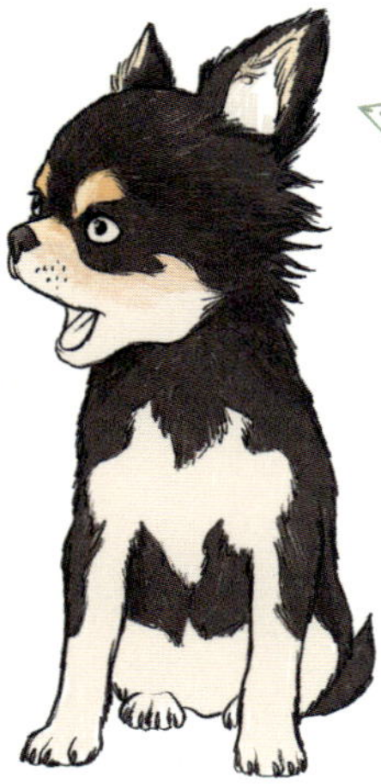

9 Borre las guías. Pinte la base de gris oscuro, con matices de marrón claro y blanco.

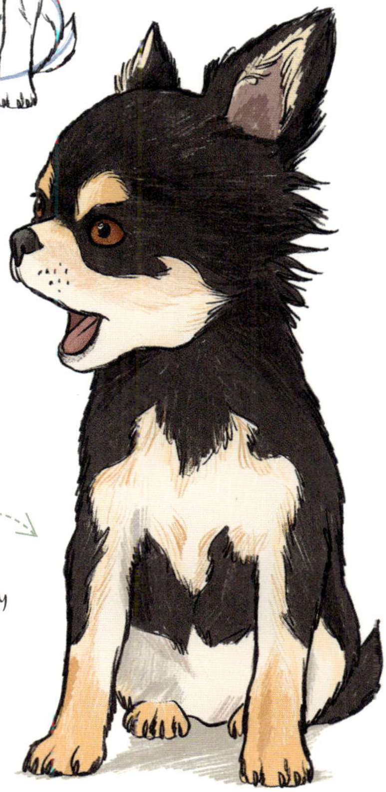

10 Pinte los ojos de marrón, y el interior de las orejas y la lengua de rosa oscuro.

# Boyero de montaña bernés

Con su largo pelaje tricolor, el boyero bernés es un perro de trabajo sumamente versátil, criado para pastorear ganado en las tierras de cultivo de Suiza.

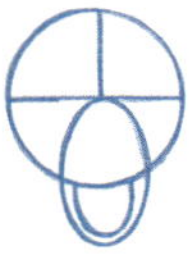

1 Dibuje un círculo a modo de guía y añada una línea horizontal en el centro y una línea vertical más corta que atraviese la parte superior. Dibuje un óvalo superpuesto al círculo de la cabeza para el hocico, y esboce la lengua en forma de U.

2 Añada dos triángulos alargados para las orejas.

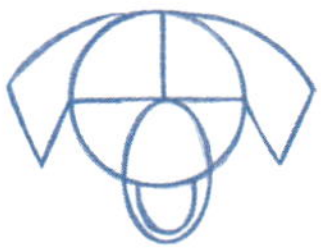

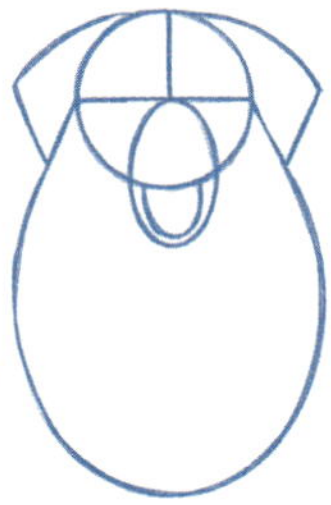

3 Añada una figura en forma de U para la parte superior del cuerpo.

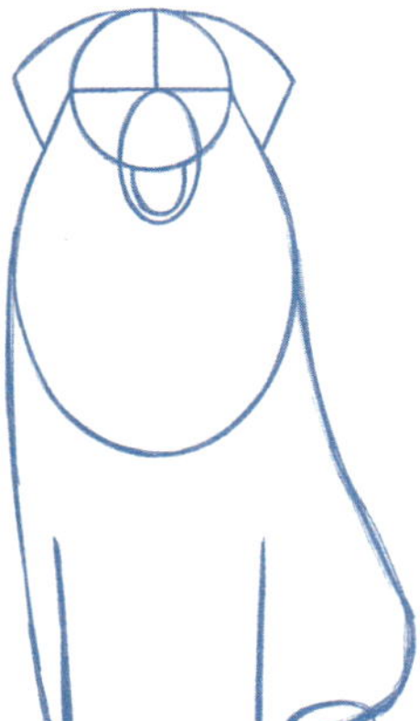

4 Dibuje otra figura para la parte inferior del cuerpo. Añada una garra ovalada en la parte inferior derecha y trace dos líneas para las patas que empiecen por la mitad del cuerpo.

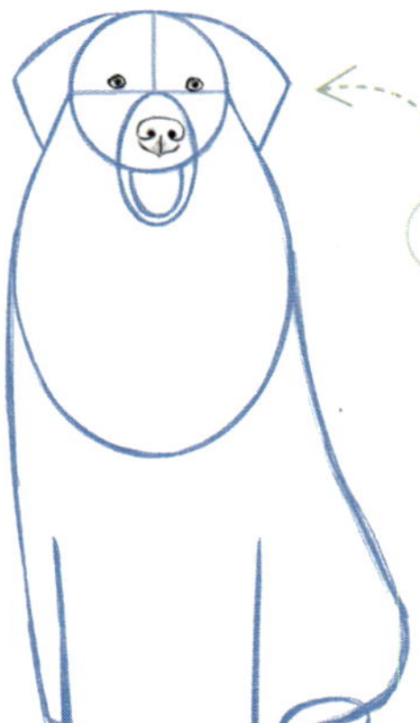

5 Dibuje los ojos a la altura de la guía horizontal. Añada un reflejo minúsculo dentro de cada ojo y un círculo algo más grande para cada pupila. Dibuje la nariz dentro del hocico.

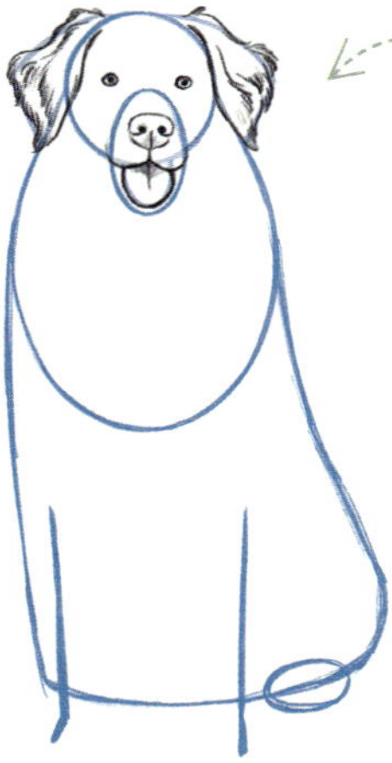

6 Trace dos curvas debajo de la nariz para los labios superiores y haga la lengua en forma de U. Dibuje las orejas con un contorno sinuoso y trazos largos para el pelo.

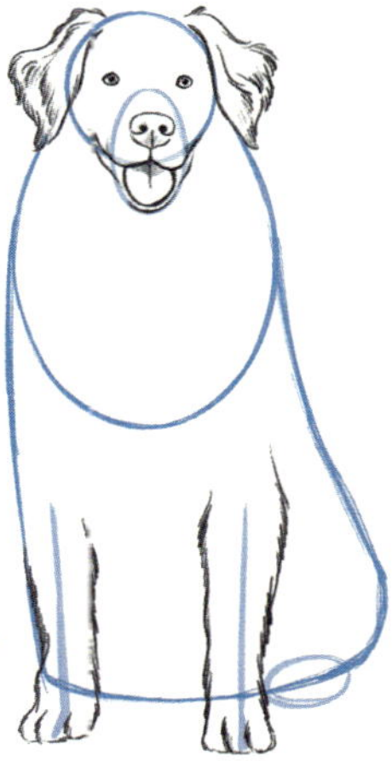

7 Trace unas líneas alrededor del hocico para hacer la mandíbula inferior. Dé forma a las patas delanteras y añada unas líneas curvas para los dedos.

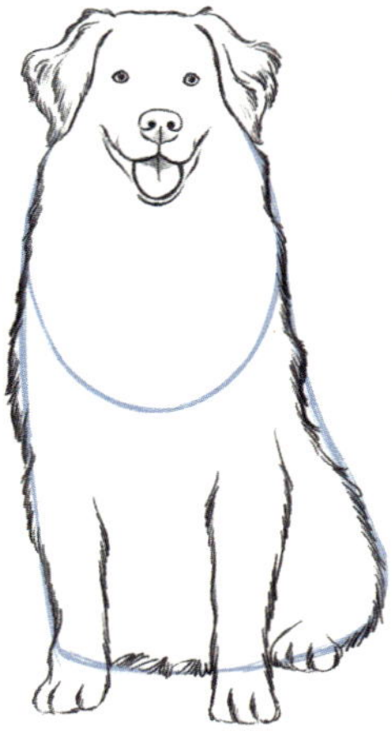

8 Siga las guías con trazos rápidos para dibujar el resto del cuerpo peludo.

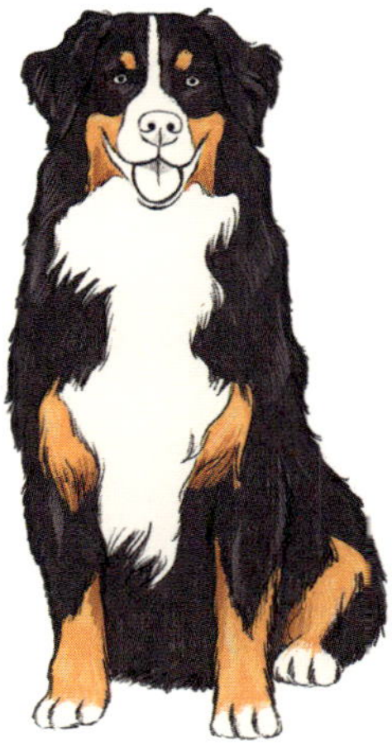

9 Borre las guías. Aplique pequeños trazos para delimitar las manchas. Pinte el cuerpo de negro azabache, con manchas marrones y blancas en el pecho, entre los ojos y en los pies.

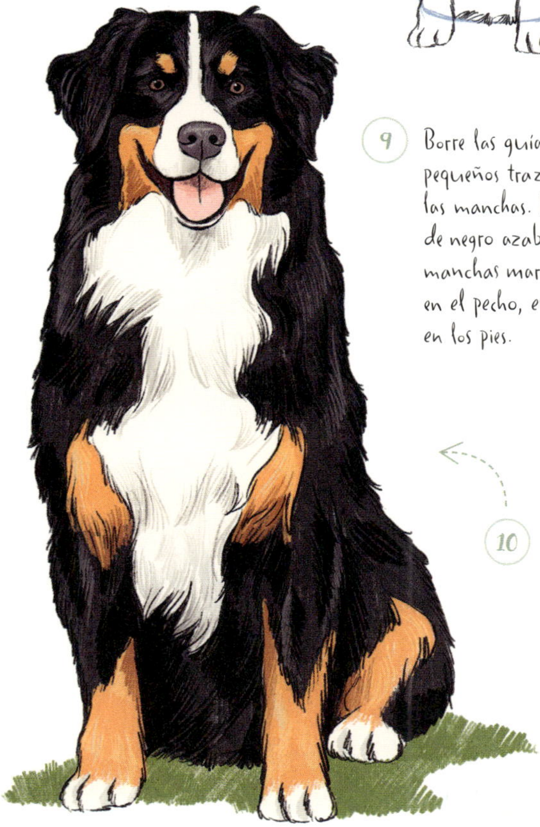

10 Sombree el dibujo en un tono más oscuro para dar un acabado brillante al pelaje. Pinte la lengua de rosa, y los ojos y la boca de marrón.

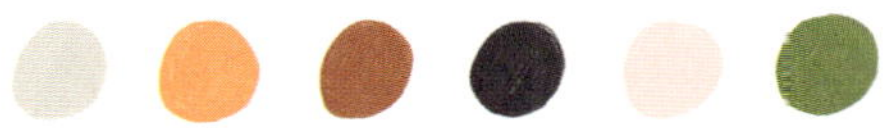

# Doguillo

Estos perritos graciosos y adorables tienen pliegues rollizos de piel y el cuerpo achaparrado y fornido. Además, su carácter es terco y juguetón.

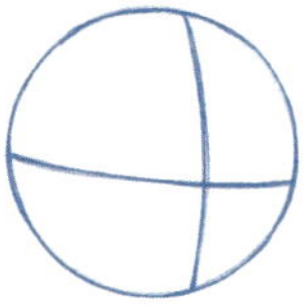

1 Dibuje un círculo a modo de guía con dos líneas curvas entrecruzadas en su interior.

2 Dibuje un cuadrado para el hocico y dos triángulos para las orejas.

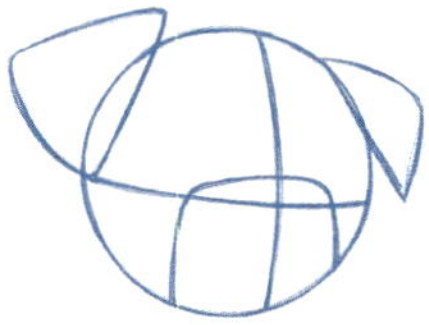

3 Dibuje una figura triangular para el cuerpo.

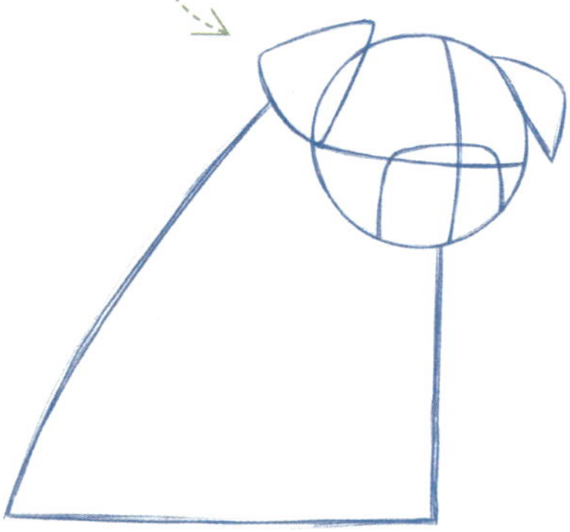

4 Añada guías en la figura triangular para las patas y un pequeño círculo para la cola.

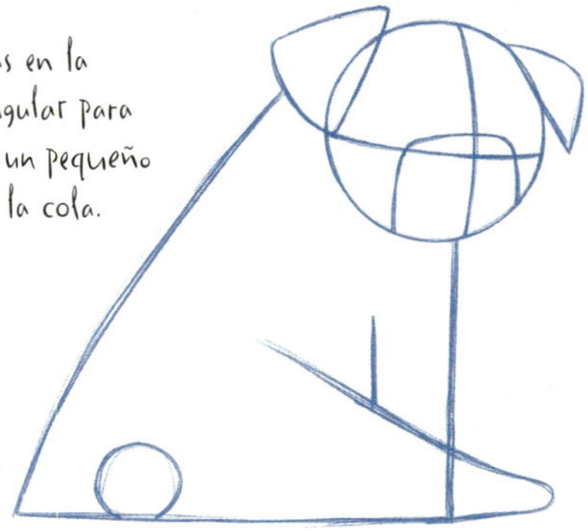

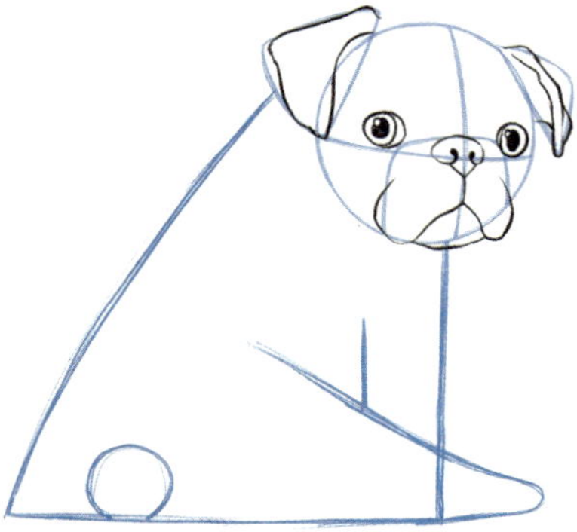

5 Dibuje los ojos. En la confluencia de las dos guías, dibuje un óvalo para la nariz con líneas que se curven hacia dentro para las fosas nasales. Añada la boca, que baja desde la nariz, se divide en dos y se curva hacia arriba. Añada los labios y la barbilla. Redondee los triángulos de las orejas para darles forma.

6 Dibuje el resto de la cabeza y el lomo con trazos cortos y rápidos para representar el pelo. Añada curvas alrededor del cuello y el lomo para representar los pliegues sueltos de piel.

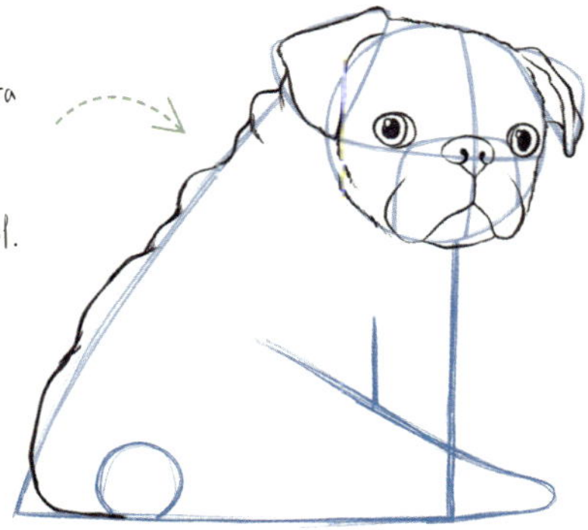

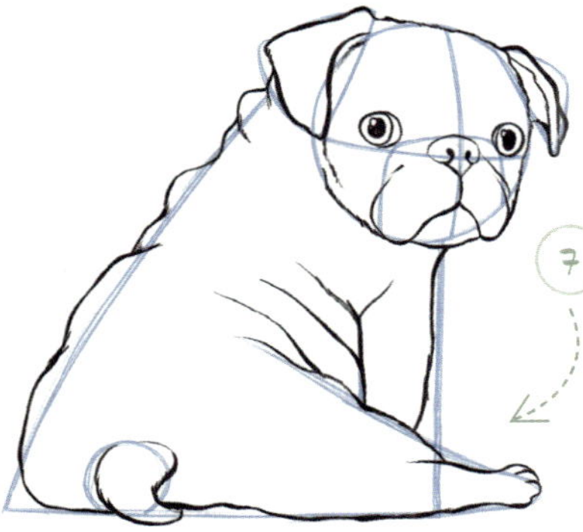

7 Termine de dibujar el cuerpo y las patas con trazos cortos y rápidos, con líneas curvas para los dedos.

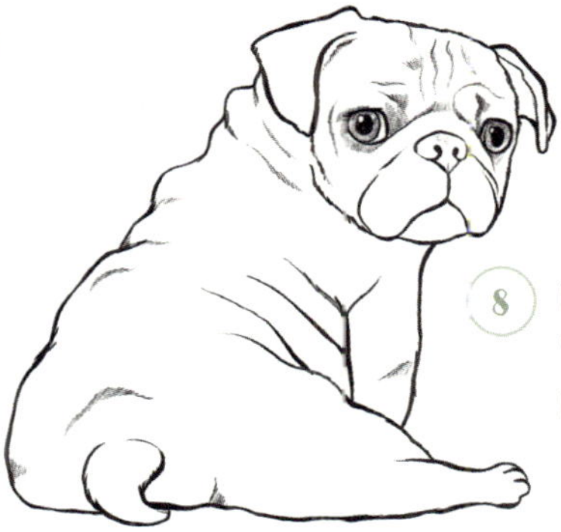

8 Borre las guías. Sombree el dibujo para darle dimensión.



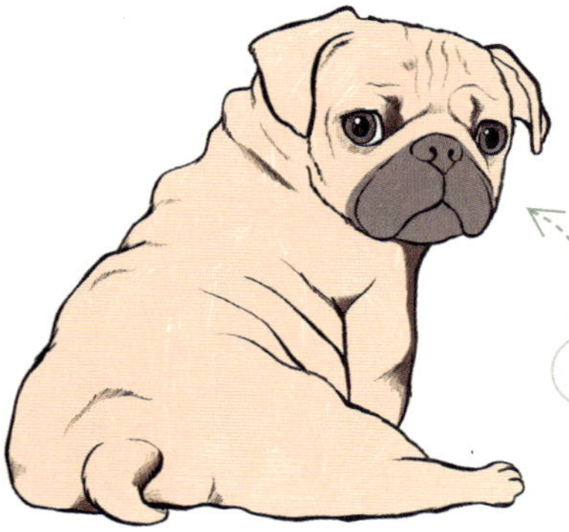

9 Pinte la base de beis. Oscurezca el contorno interior de los ojos y el hocico.

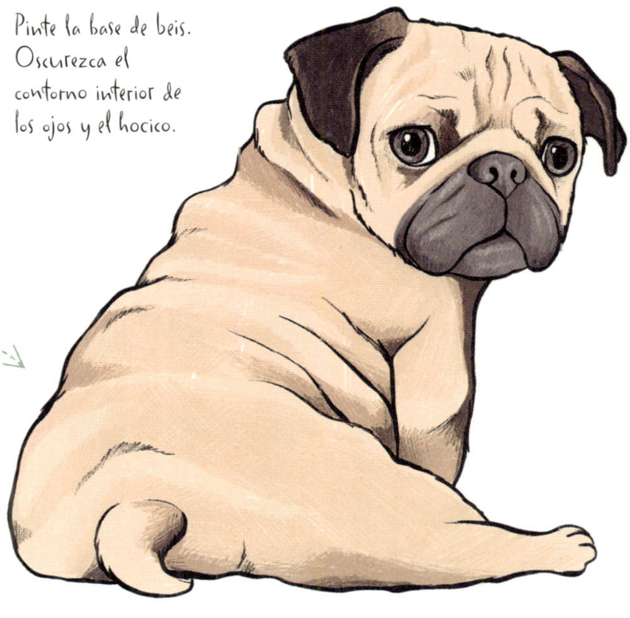

10 Pinte las orejas de marrón oscuro, y sombree los pliegues de piel y la cola.

# San Bernardo

Estos perros enormes son fuertes y musculosos, con una cabeza imponente y una expresión inteligente. Son grandes compañeros, siempre y cuando no le importe que babeen un poco.

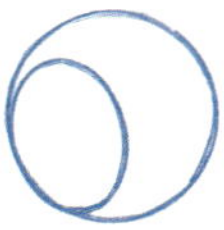

1 Dibuje un círculo a modo de guía. Añada un óvalo para el hocico.

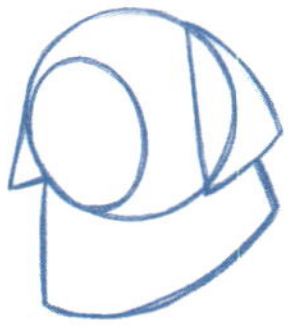

2 Dibuje dos triángulos para las orejas (solo es visible la punta de la izquierda). Esboce el cuello.

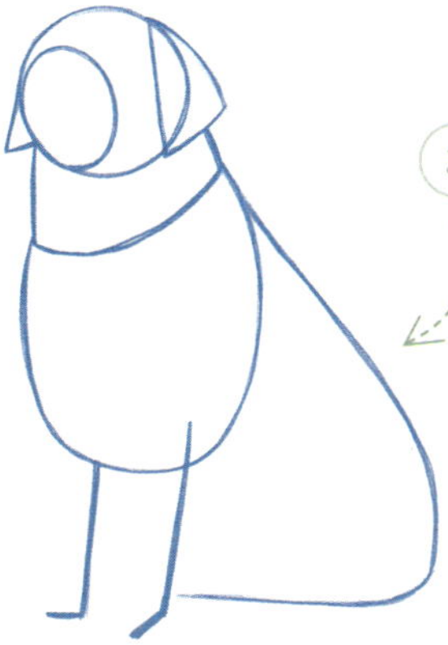

3 Añada una figura en forma de U para la parte superior del cuerpo. Dibuje una L al revés en el lado derecho para la parte inferior del cuerpo y dos líneas para las patas delanteras. Añada guías en la cara para esbozar los rasgos.

4 Dibuje dos óvalos para la pata trasera y la cola. En el hocico, dibuje una Y invertida. Debajo del círculo de la cabeza, añada una figura en forma de U para la mandíbula inferior.

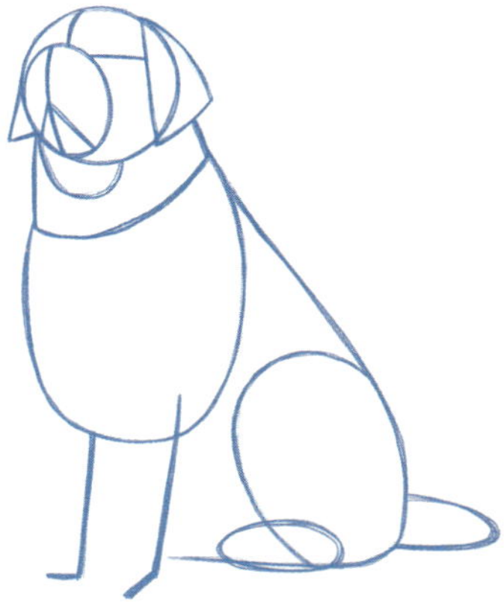

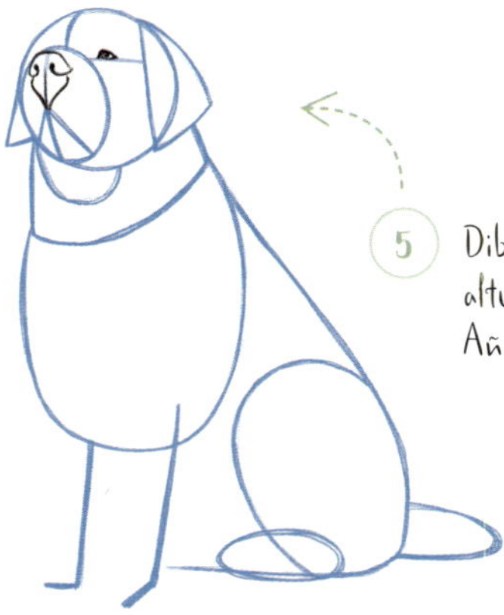

5 Dibuje el ojo derecho a la altura de la guía horizontal. Añada la nariz.

6 A partir de la base de la nariz, trace dos líneas al bies hasta el borde del óvalo del hocico. Dibuje la barbilla en la forma de U. Haga las orejas con trazo cortos y rápidos para representar el pelo. Siga las guías para dibujar las patas delanteras y la pata trasera, y añada curvas para los dedos.

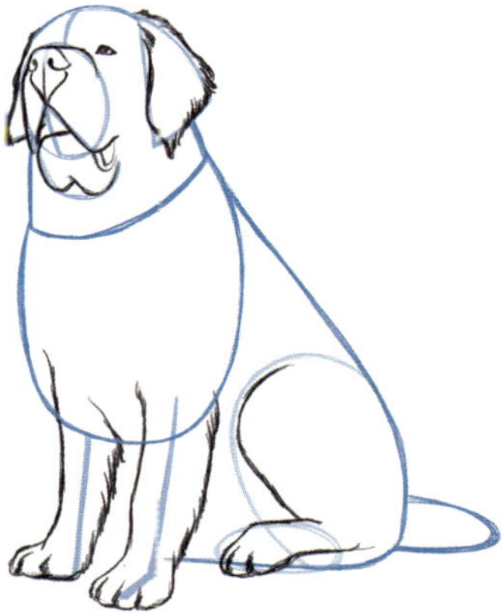

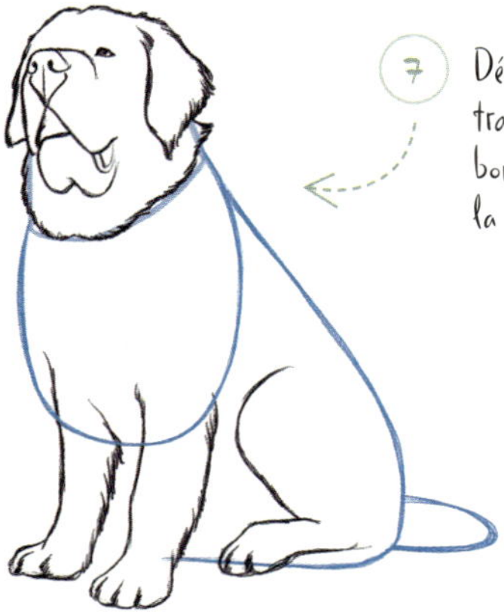

7 Dé forma al cuello con trazos cortos, con un borde peludo debajo de la oreja derecha.

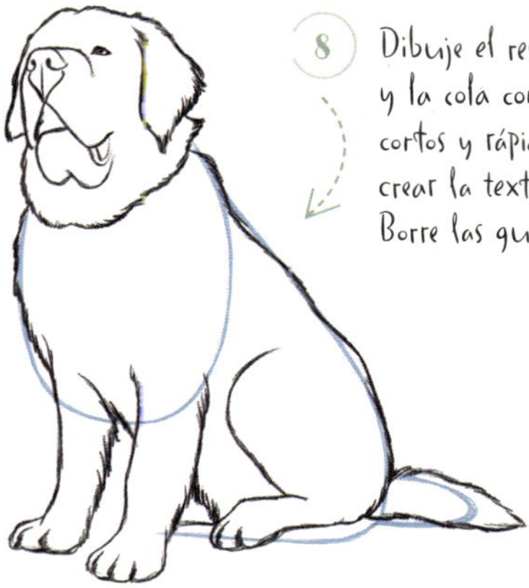

8 Dibuje el resto del cuerpo y la cola con trazos cortos y rápidos para crear la textura del pelo. Borre las guías.

9 Pinte de beis claro el pecho, el cuello, el contorno del hocico, las patas y la cola. Pinte el resto del cuerpo de marrón claro.

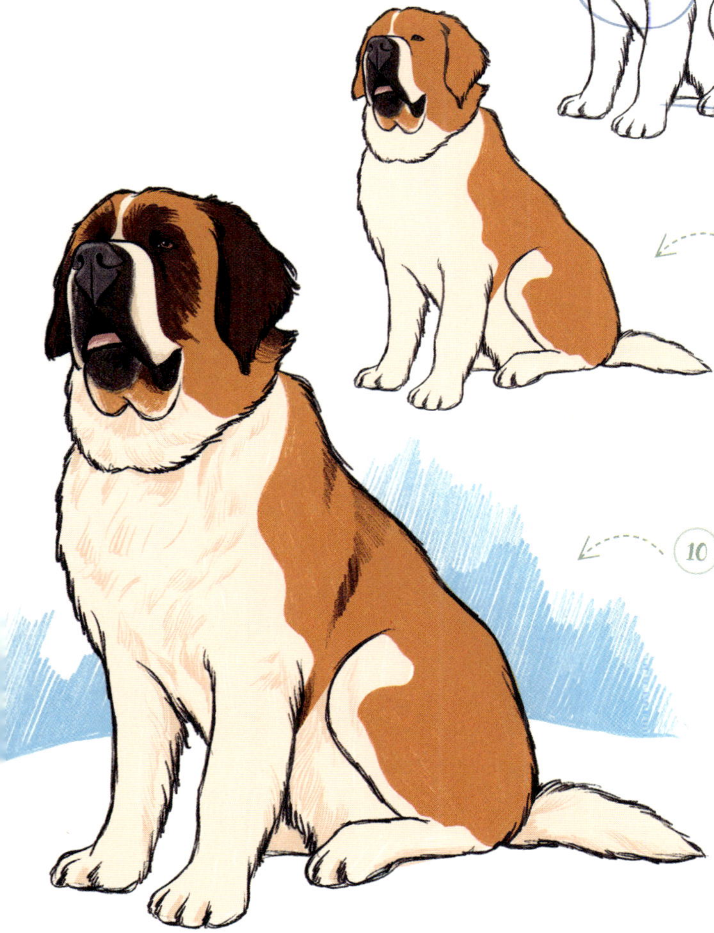

10 Sombree el dibujo con tonos más oscuros. Pinte los ojos de marrón y la lengua de rosa.

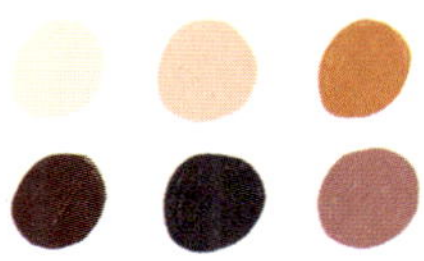

# Perro pastor australiano

Experimente con el color cuando dibuje estos maravillosos perros cuyo pelaje puede ser azul mirlo, rojo mirlo, rojo, tricolor y negro.

1 Dibuje un círculo a modo de guía. Trace una línea recta en el tercio superior y un óvalo en la mitad inferior para el hocico.

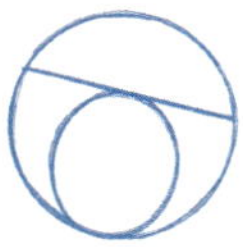

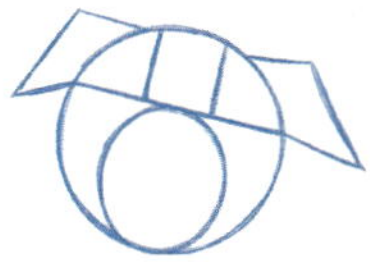

2 Añada dos figuras puntiagudas para las orejas. Trace dos pequeñas líneas verticales a partir de la línea horizontal para dibujar los ojos.

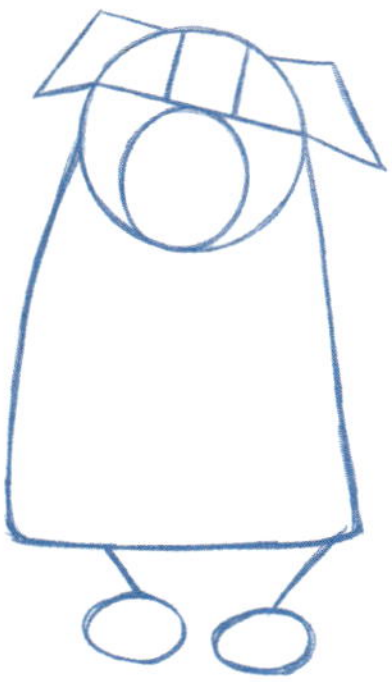

3 Dibuje una especie de rectángulo para el cuerpo. Añada dos líneas con círculos para las patas delanteras y las garras.

4 A la izquierda del cuerpo, esboce una figura en forma de C para el lomo. Añada una cola ovalada.

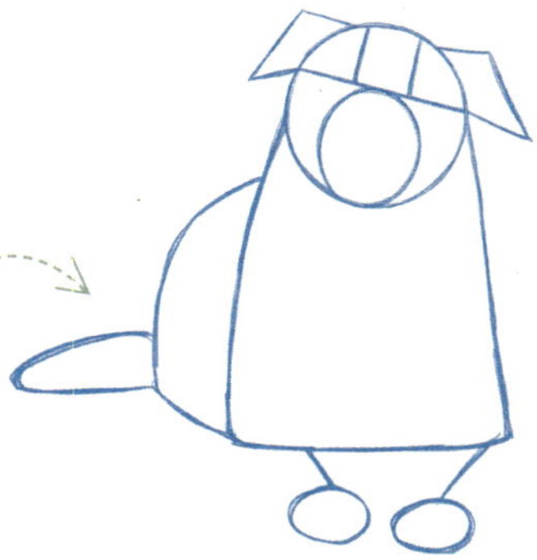

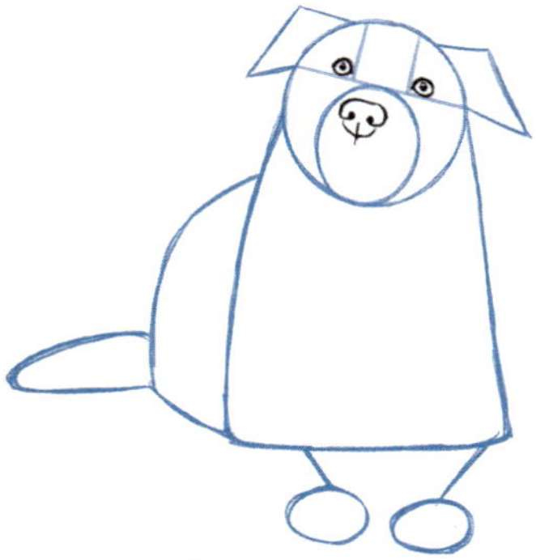

5 Dibuje los ojos y añada dos círculos minúsculos que reflejen la luz y dos puntos centrales más grandes para las pupilas. Añada la nariz en la parte superior izquierda de la guía del hocico. Añada dos circulitos para las fosas nasales, y una pequeña línea que divida la parte inferior de la nariz.

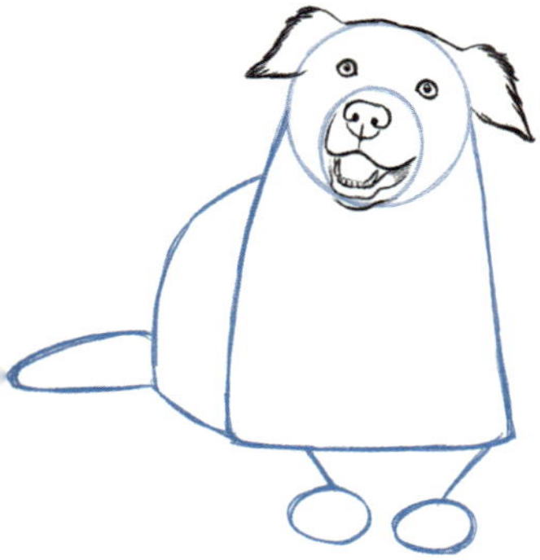

6 Para la boca, separe la línea de la base de la nariz en dos curvas. Siga la línea circular para dibujar la mandíbula inferior y la barbilla. Añada los dientes. Dibuje las orejas peludas con trazos cortos.

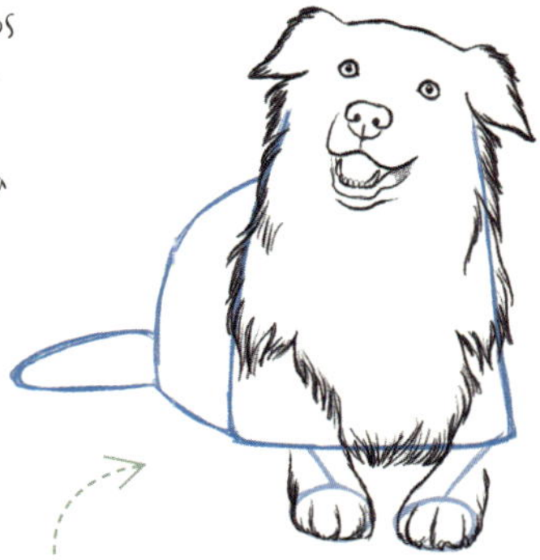

7 Dé forma a la figura en forma de U del cuerpo con trazos cortos y rápidos. Dibuje las patas delanteras con trazos cortos.

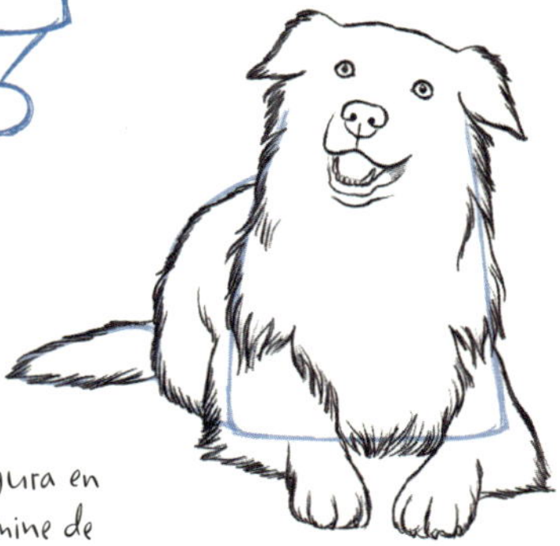

8 A partir de la figura en forma de C, termine de dibujar el lomo y la cola.

9 Borre las guías. Trace líneas más finas para las manchas. Pinte la base de gris claro, y las manchas de gris más oscuro y naranja.

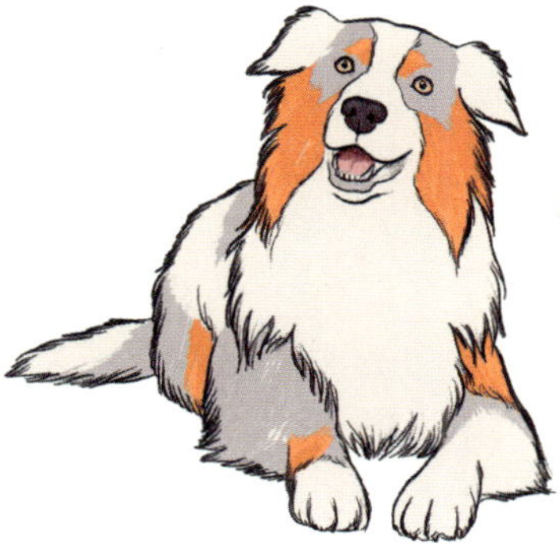

10 Termine el dibujo con tonos más oscuros para la capa superior del pelaje. Como es algo desaliñado, pueden notarse los trazos del lápiz.

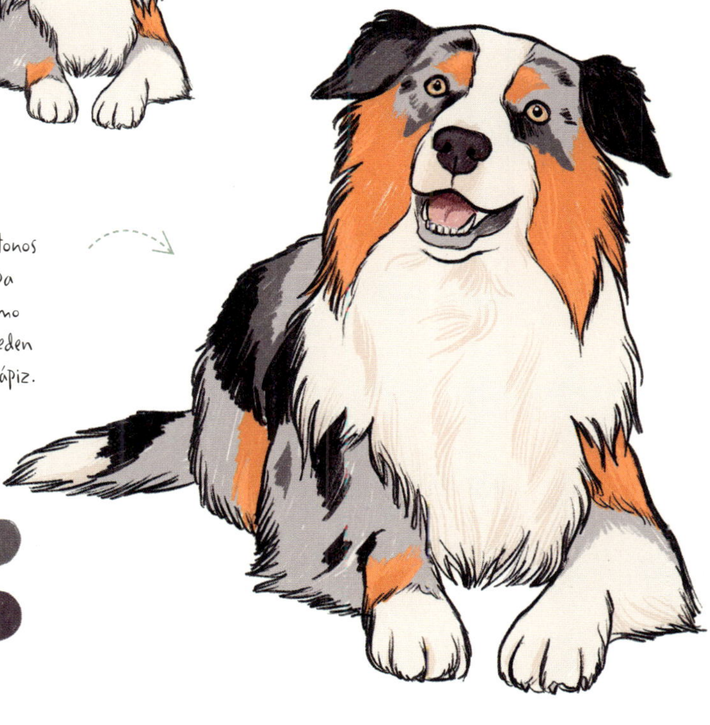

# Braco alemán de pelo corto

El enérgico braco alemán de pelo corto es una de las razas más dotadas para la caza y la competición, además de ser un excelente compañero.

1 Dibuje tres círculos algo espaciados a modo de guía para la cabeza y el cuerpo. Trace una línea horizontal en el círculo superior.

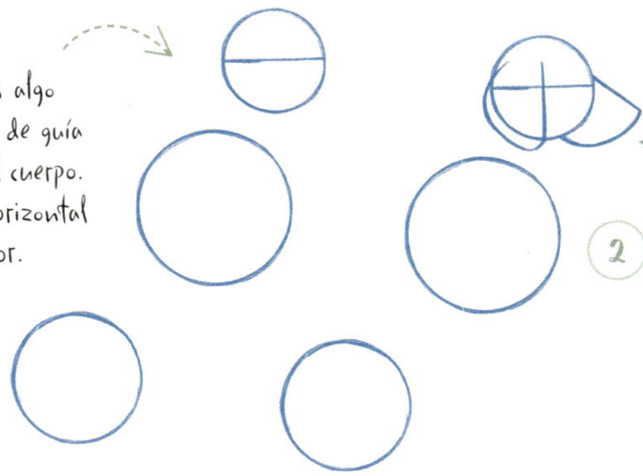

2 Esboce el hocico en el lado derecho de la cabeza y una figura en forma de U en el lado izquierdo para la oreja.

3 Trace dos líneas debajo del círculo central y tres debajo del inferior para las patas y la cola.

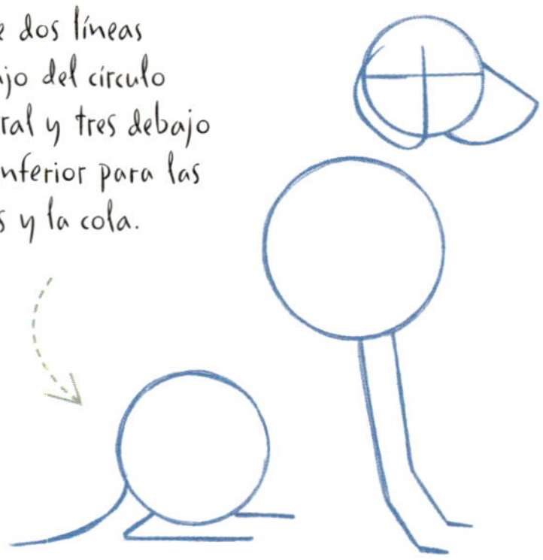

4 Termine de esbozar el dibujo con unas líneas que unan los círculos.

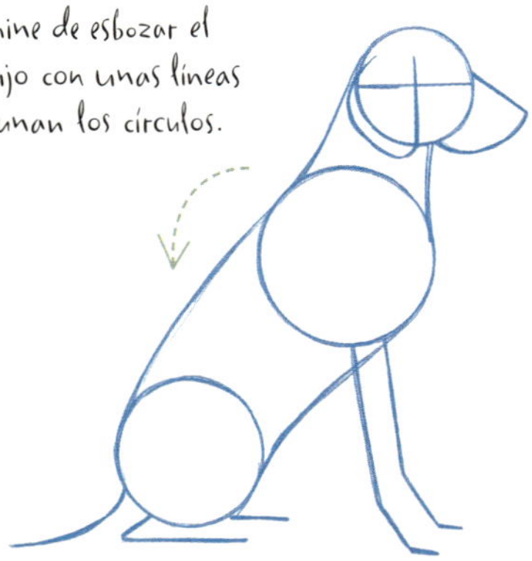

5 Dibuje el ojo sobre la guía horizontal. Añada un círculo para la pupila y otro más pequeño para el reflejo. Dibuje la nariz en la punta del hocico.

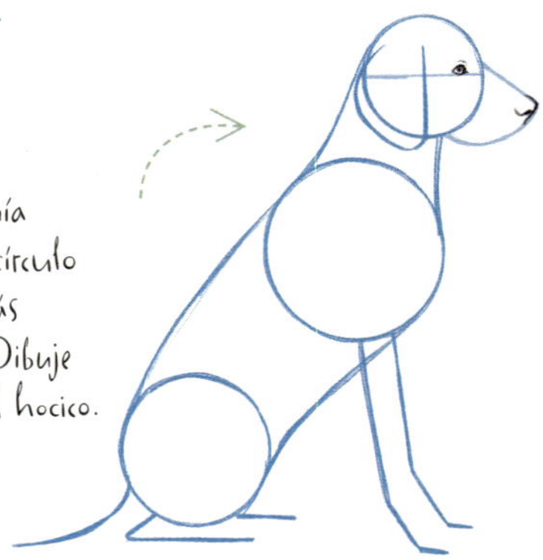

6 Dé forma a la oreja con trazos sinuosos. Siga las líneas para terminar de dibujar el hocico y la cabeza.

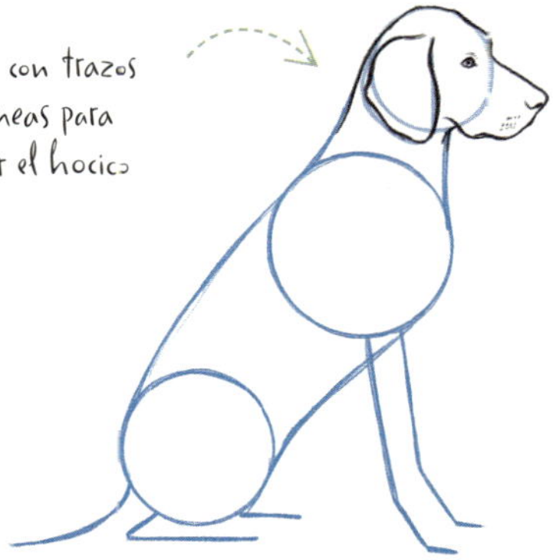

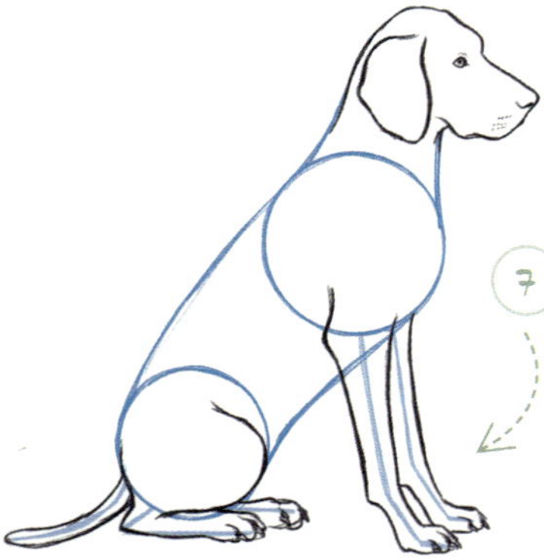

7 Dé forma a las patas delanteras y añada líneas curvas para los dedos. Haga lo mismo con las patas traseras y la cola.

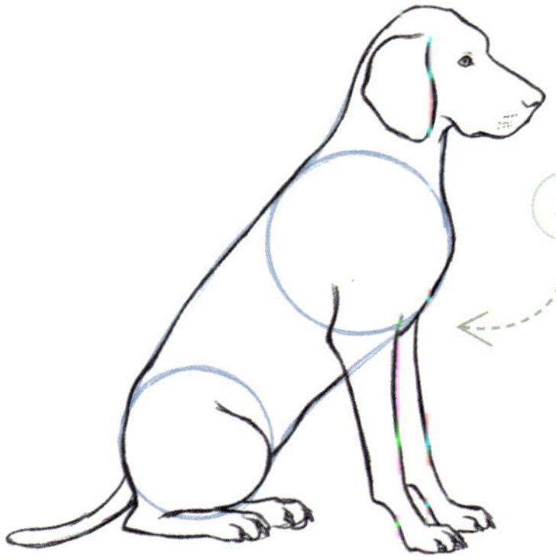

8 Dibuje el resto del cuerpo con trazos suaves para representar el pelo liso. Borre las guías.

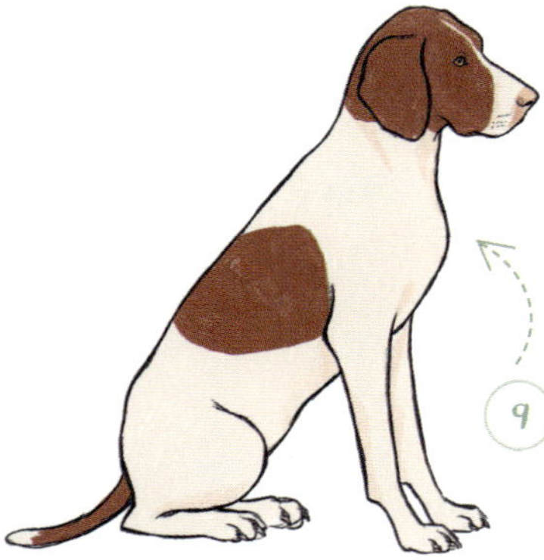

9 Pinte la base de beis claro, y las manchas de la cabeza, el lomo y la cola de un tono medio de marrón.

10 Añada puntitos marrones en todo el cuerpo, principalmente en el lomo y las patas delanteras, para representar el pelaje moteado.

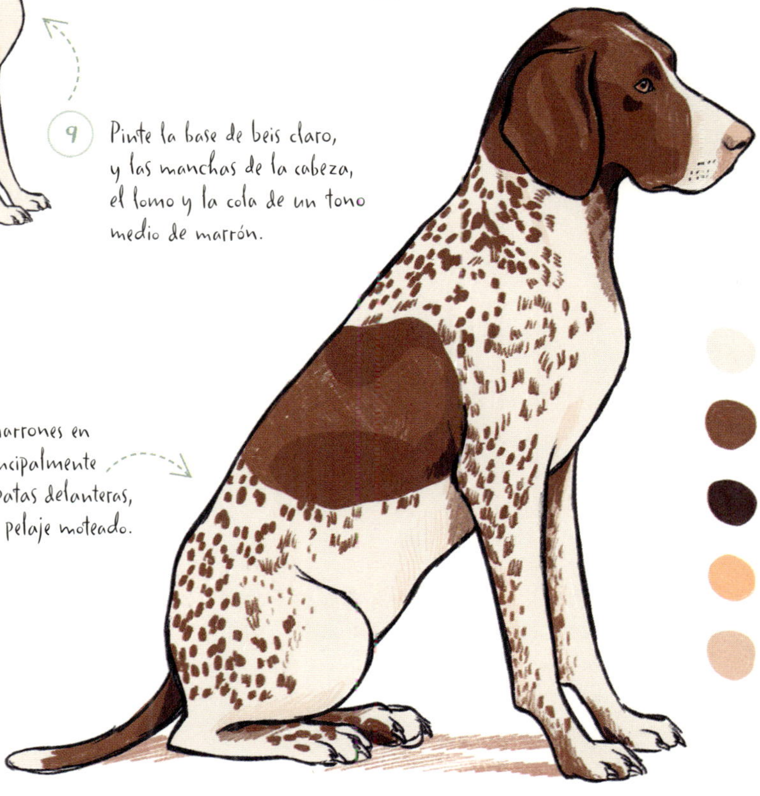

# Shar pei

El shar pei se caracteriza por el pelaje corto e hirsuto, la piel suelta y arrugada, y la expresión ceñuda. Son perros muy fieles.

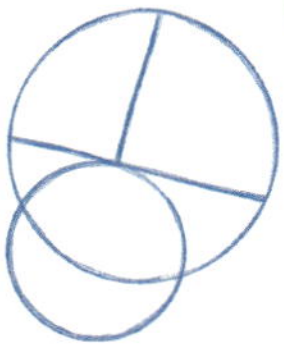

1 Dibuje un círculo a modo de guía y añada una línea horizontal en el centro y una línea vertical más corta que atraviese la parte superior. Añada un óvalo superpuesto al círculo de la cabeza para el hocico.

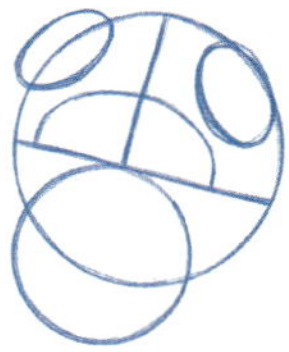

2 Dibuje dos óvalos pequeños para las orejas, uno que cruce el círculo de la cabeza y otro en su interior. Trace un semicírculo a lo largo de la línea horizontal para dibujar los ojos.

3 Dibuje una figura triangular para el cuerpo.

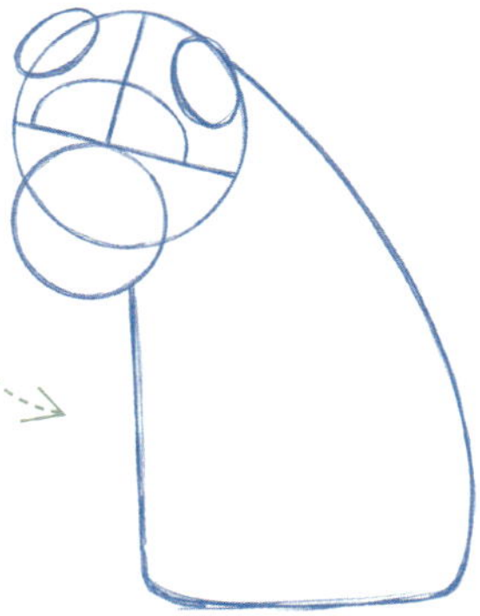

4 Añada guías para la pata delantera, empezando por la esquina superior izquierda del triángulo, y la pata trasera, empezando por la esquina inferior izquierda. Haga una pequeña curva para la cola.

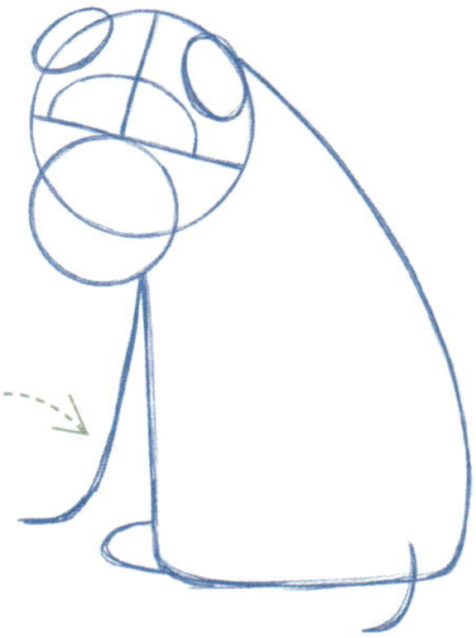

5 Dibuje los ojos a la altura de la guía horizontal y dentro del semicírculo. Dibuje la nariz dentro de la guía del hocico, con las fosas nasales muy pequeñas.

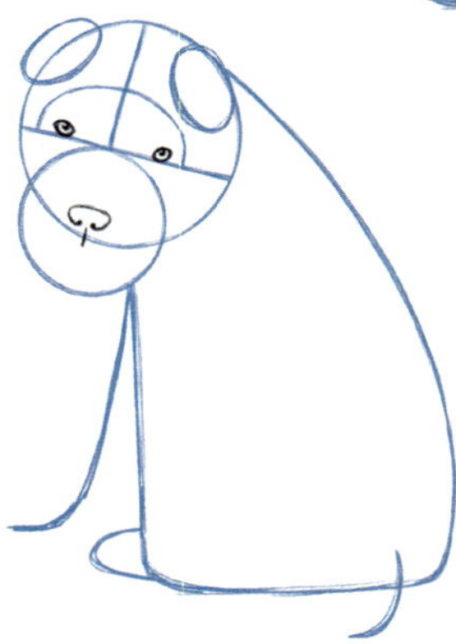

6 Dibuje el hocico. Añada una línea para la boca que baje desde la nariz, se divida en dos y se curve hacia arriba. Trace otra pequeña línea para el labio inferior. Dibuje las orejas.

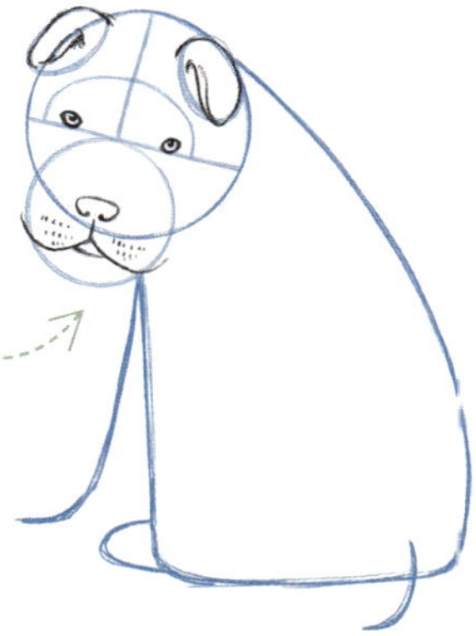

7 Dé forma al resto de la cabeza con trazos fluidos. Añada líneas curvas encima de los ojos y alrededor del hocico para los pliegues de piel.

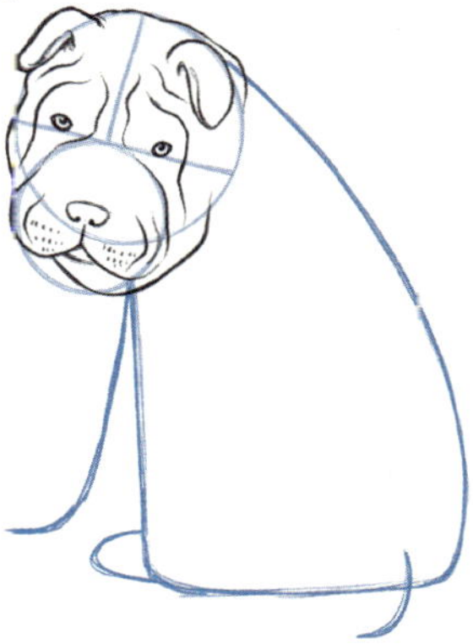

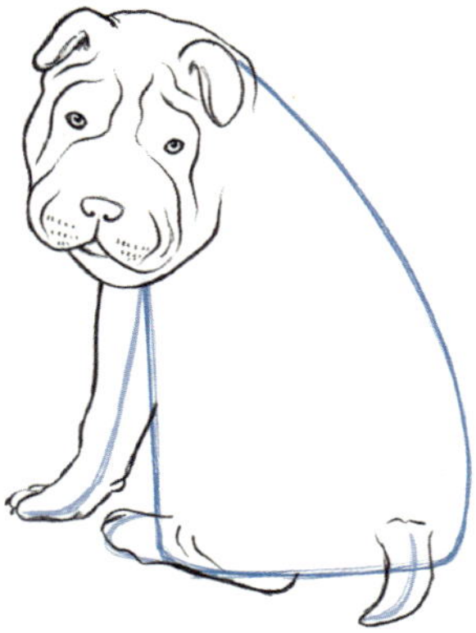

8 Dé forma a las patas con trazos fluidos y rápidos. Añada una sencilla cola curvada.

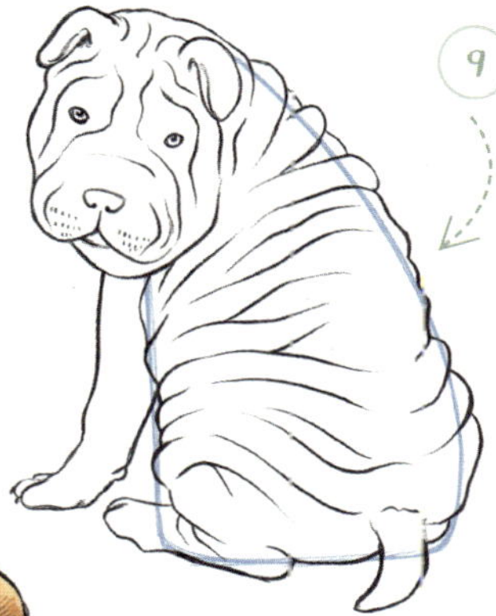

9 Trace numerosas líneas en todo el cuerpo para crear un efecto arrugado. Borre las guías.

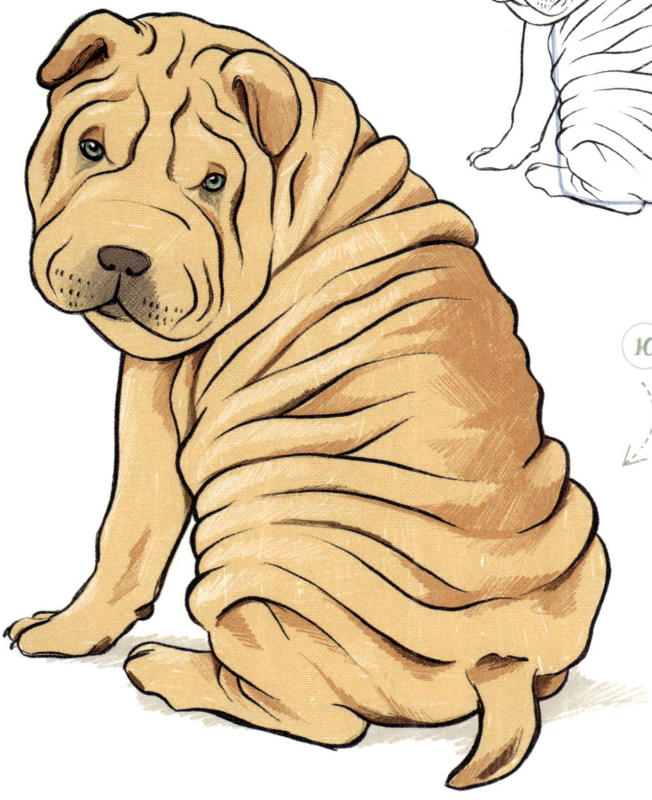

10 Coloree la base de marrón claro. Pinte de un tono más oscuro las orejas, el lomo y los pliegues de piel.

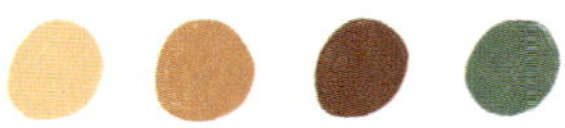

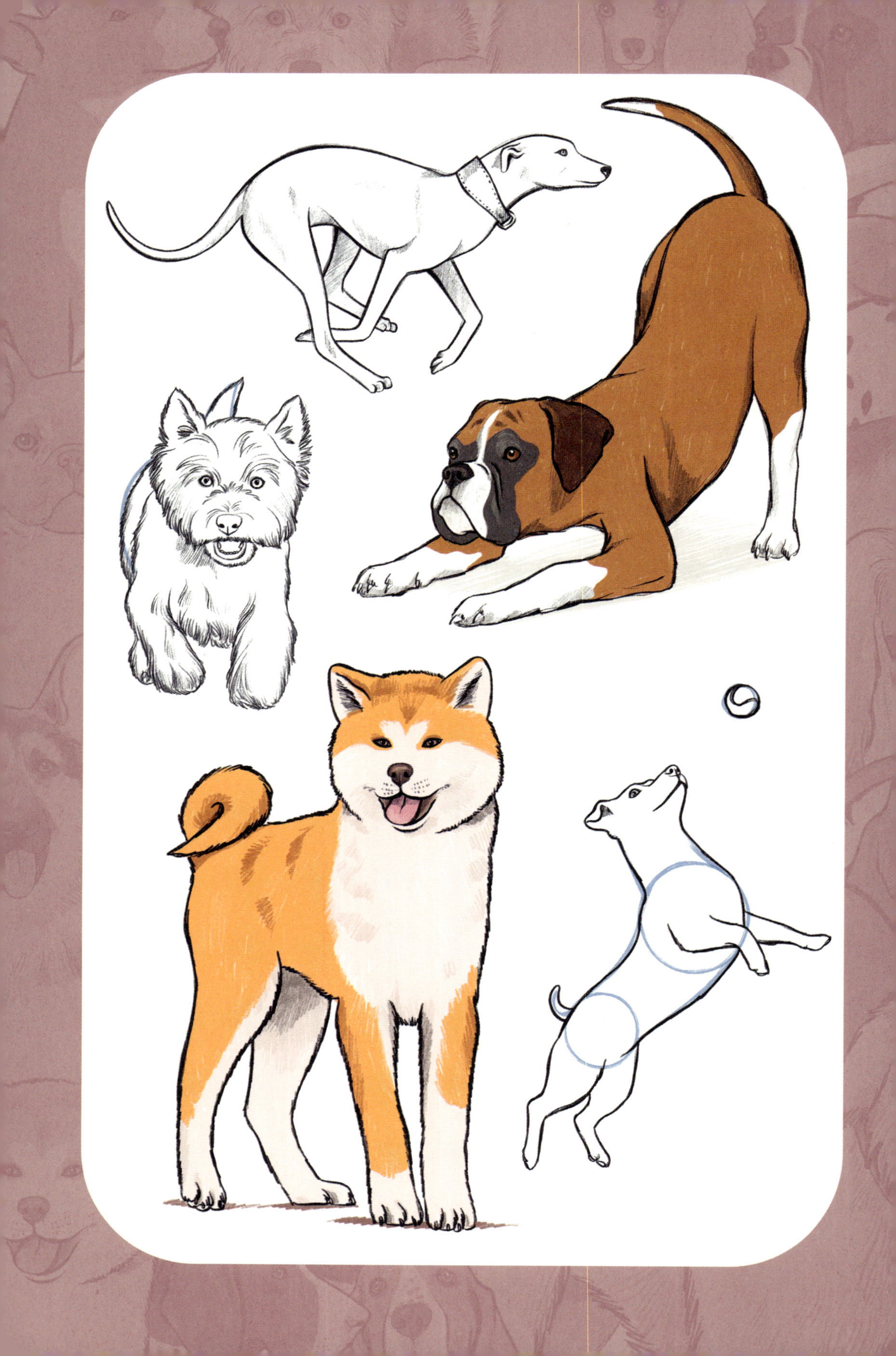

# Perros en movimiento

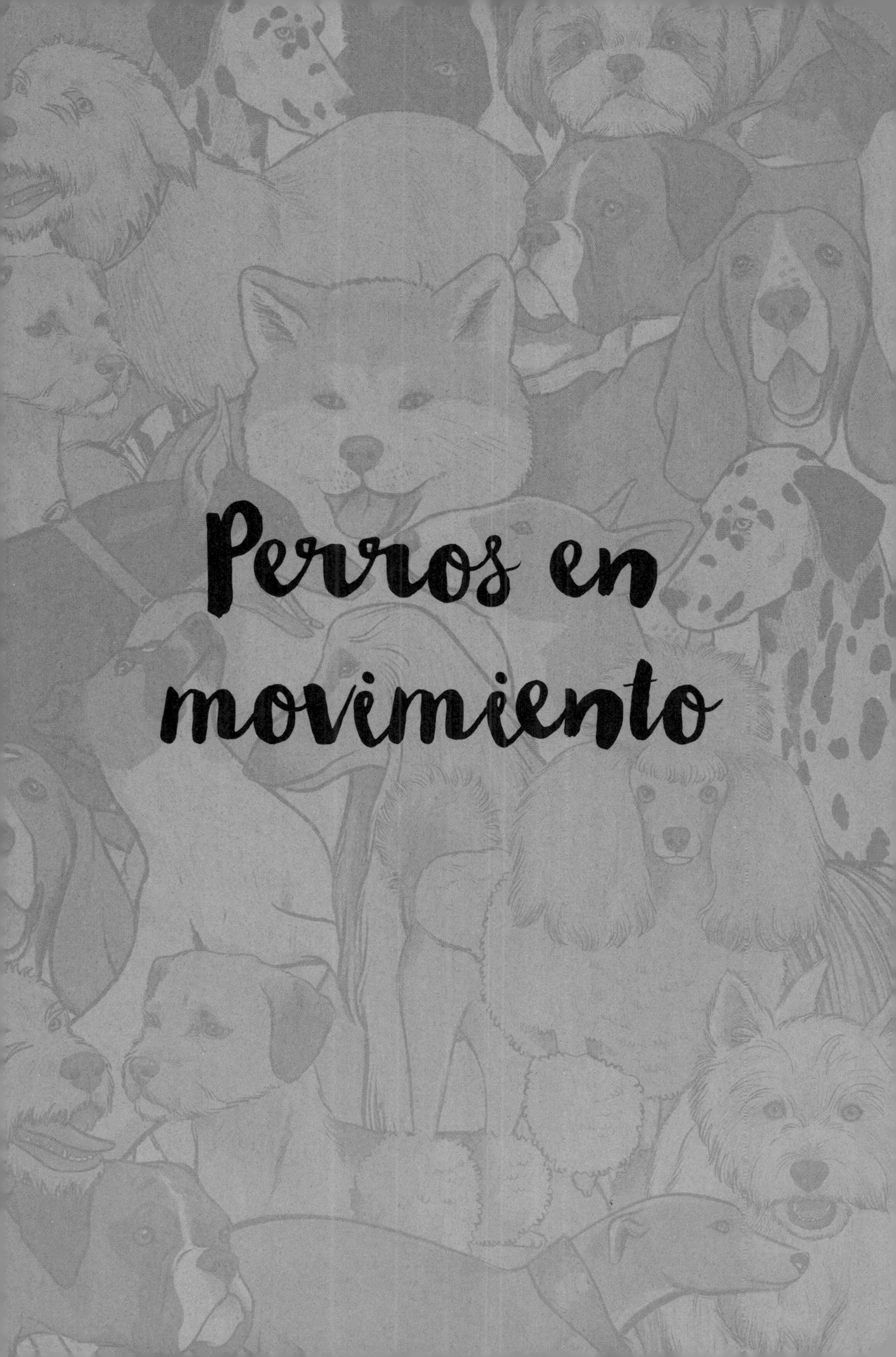

# Dóberman

Los dóberman se criaban originalmente como perros guardianes, pero esta raza inteligente de pelo corto es muy eficaz como perro policía y guardián de la familia, además de dar buenos resultados en competiciones caninas.

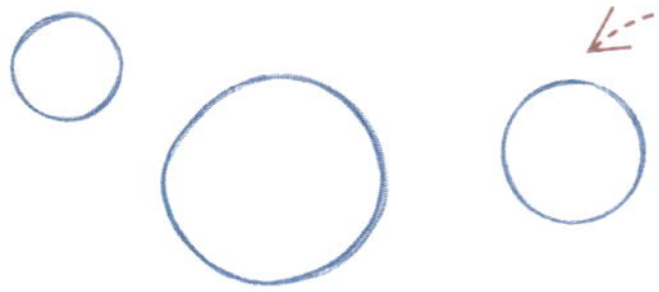

1 Dibuje tres círculos a modo de guía para la cabeza y el cuerpo.

2 Dibuje una línea horizontal dentro de la cabeza y un pequeño rectángulo para el hocico. Añada un triángulo para la oreja.

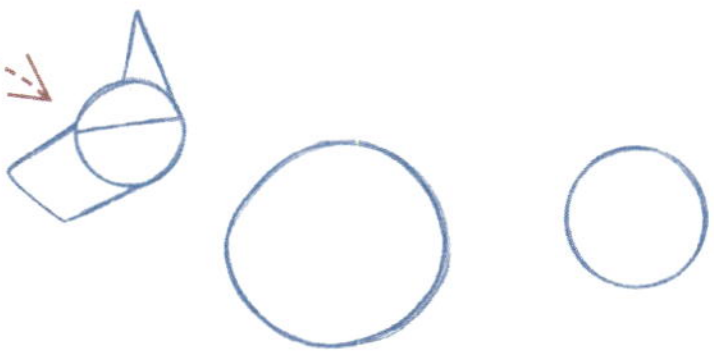

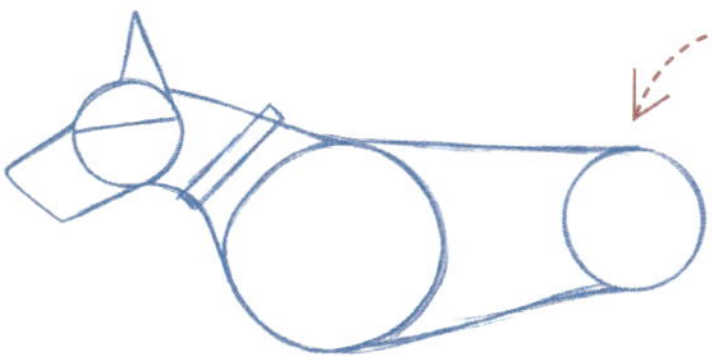

3 Dibuje una serie de líneas para unir los círculos que forman el cuerpo. Añada un collar rectangular.

4 Trace una línea debajo de cada círculo para las patas, dobladas para indicar las articulaciones.

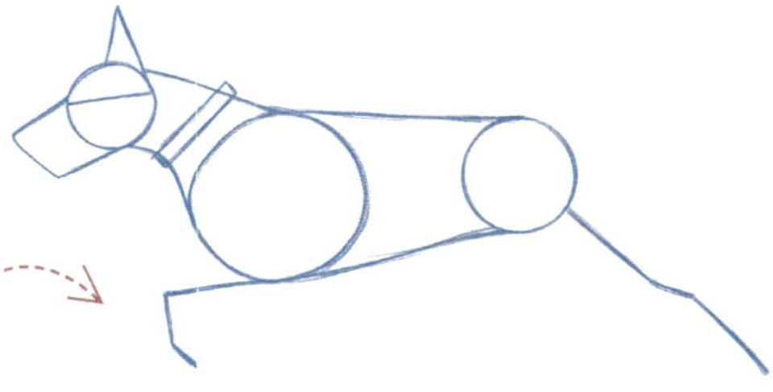

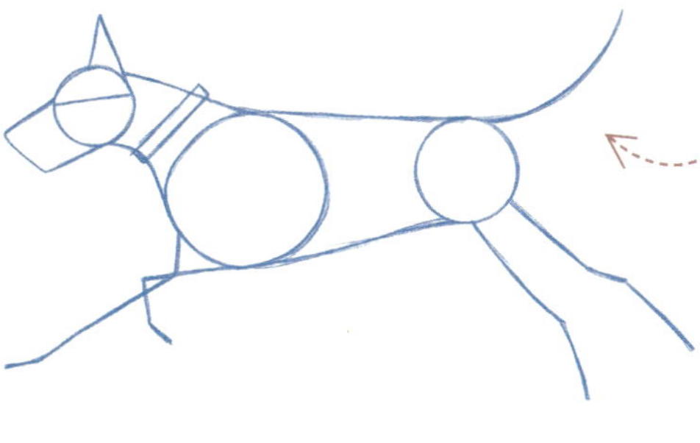

5 Añada las otras patas y una línea curva para la cola.

6 Dibuje el ojo a la izquierda del círculo de la cabeza y añada un punto para la pupila. Añada la nariz en la punta del hocico.

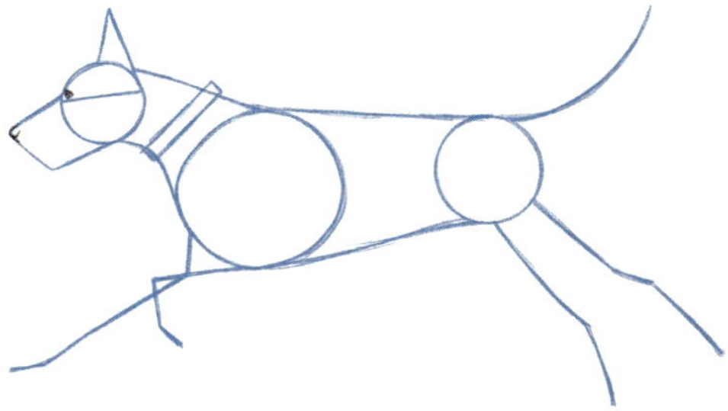

7 Para la boca, trace un par de líneas debajo de la nariz que se adentren en el círculo. Añada la barbilla, la lengua y los dientes. Dé forma a la oreja y añada unas líneas en su interior para definir la estructura.

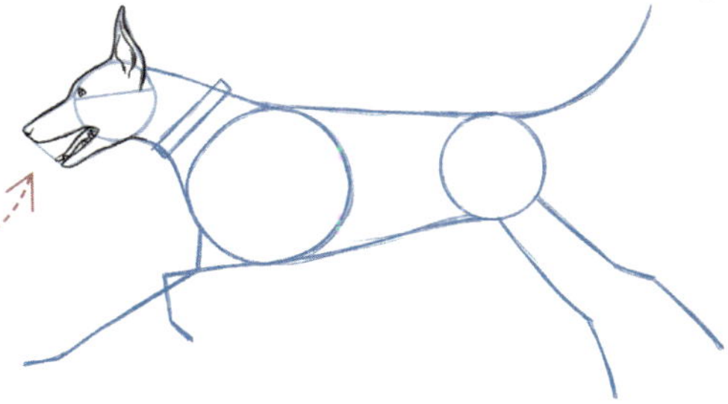

8 A partir de las guías, dibuje las patas delanteras, empezando por la derecha. Dóblela cerca del centro para la articulación y cerca de la base para el pie. Añada las líneas de los dedos.

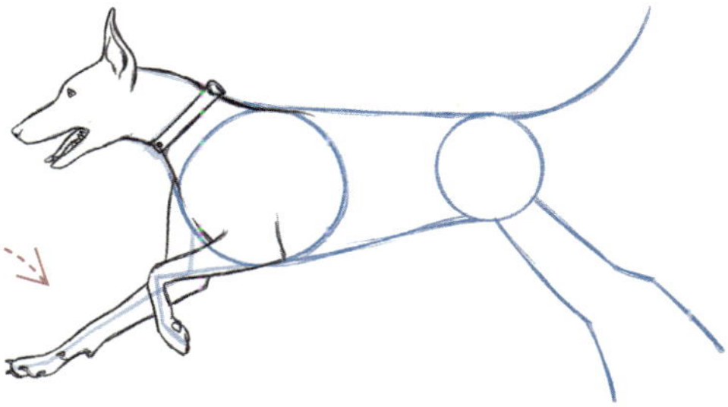

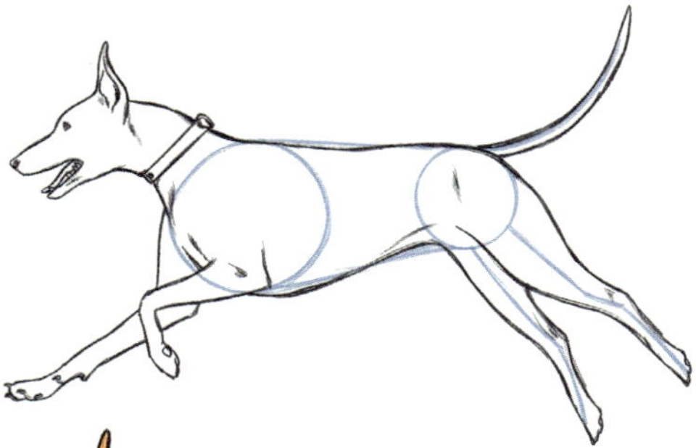

9 Dibuje las patas traseras de modo que queden más gruesas por arriba y dobladas para indicar las articulaciones. Termine de dibujar el cuerpo y la cola. Borre las guías.

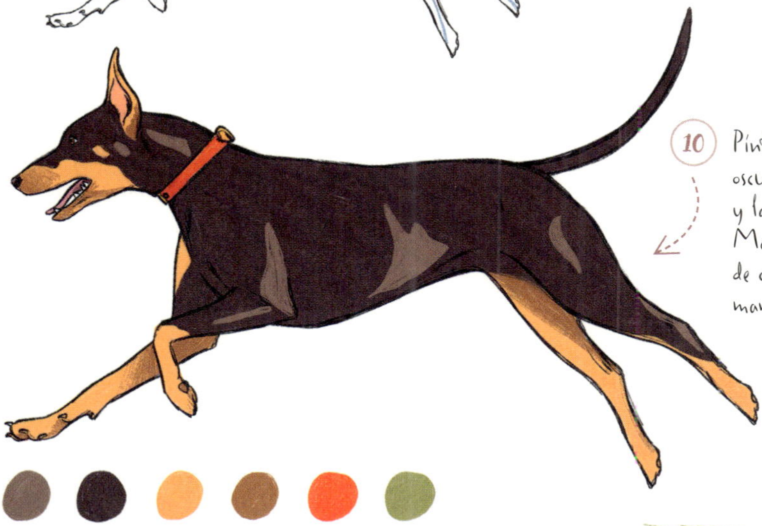

10 Píntelo de negro o marrón oscuro, con el hocico, las orejas y las patas de marrón claro. Marque bien las separaciones de colores para representar el manto de pelo corto.

# Bóxer

Musculosos y de mandíbula cuadrada, los bóxers tienen el pelaje liso y brillante, que podrá representar con trazos fluidos.

1 Dibuje tres círculos a modo de guía para la cabeza y el cuerpo. En el de la izquierda, trace una línea horizontal en el centro y una línea vertical más corta que atraviese la parte superior.

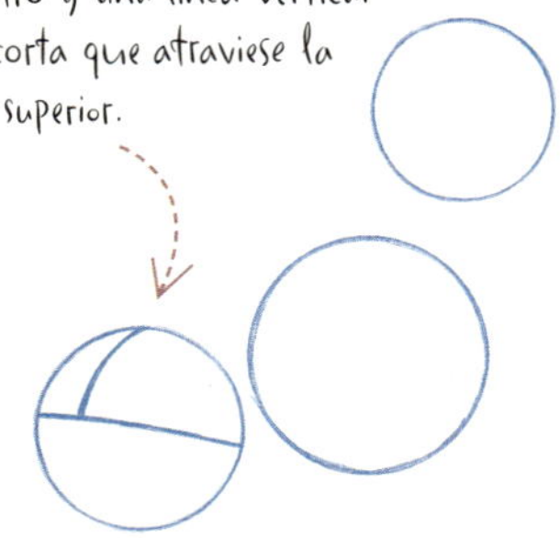

2 Dibuje un círculo pequeño para el hocico y un triángulo grande para la oreja. Una los tres círculos con líneas curvas.

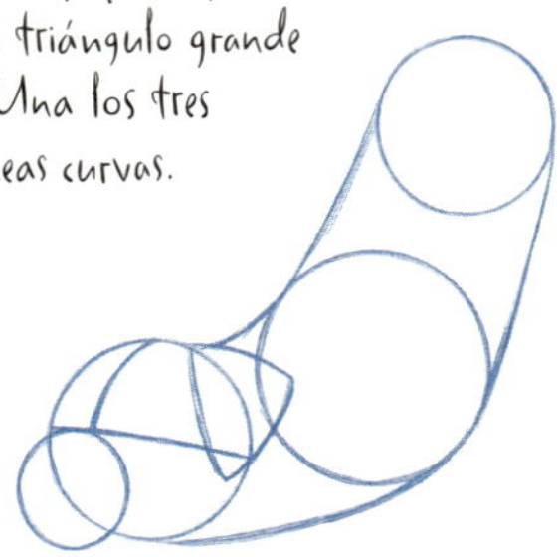

3 Añada las patas delanteras, la pata trasera y una cola curvada.

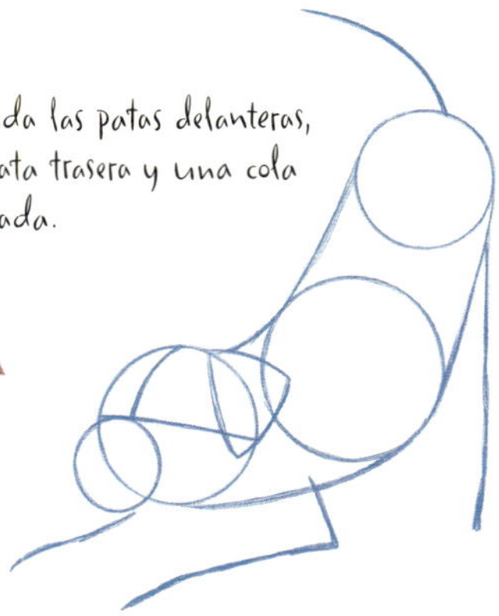

4 Dibuje los ojos ovalados. Añada un reflejo minúsculo dentro de cada ojo y un círculo algo más grande para cada pupila. Dibuje la nariz ovalada, trace una línea corta en la base y oscurezca las fosas nasales.

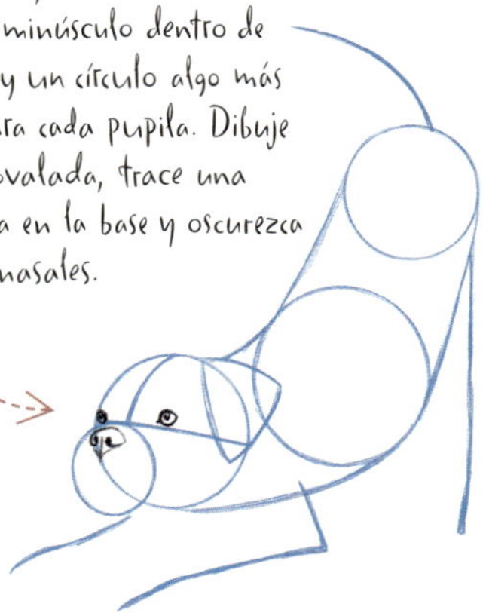

5 Trace una línea a partir de la base de la nariz que se curve a la derecha y termine en la parte inferior del círculo inicial. Complete el otro lado del labio superior caído. Añada una curva debajo de la boca y unas líneas encima de la nariz para los pliegues de piel.

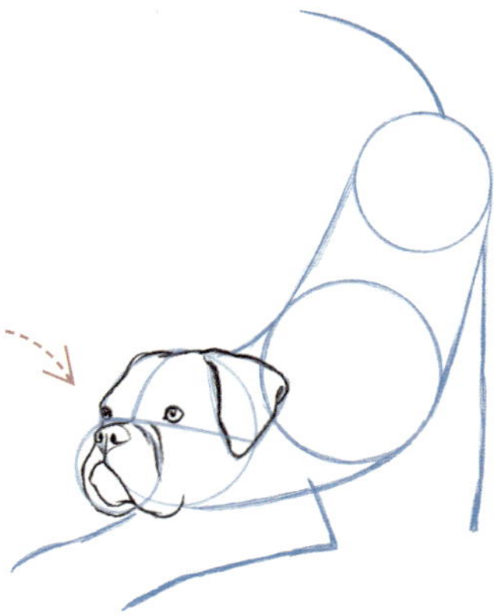

6 Dibuje la oreja con trazos rápidos y cortos. Termine de dibujar la cabeza, con la parte superior más plana y el lado izquierdo más estrecho. Dibuje las patas delanteras dobladas para marcar las articulaciones. Añada unos triangulitos para las uñas.

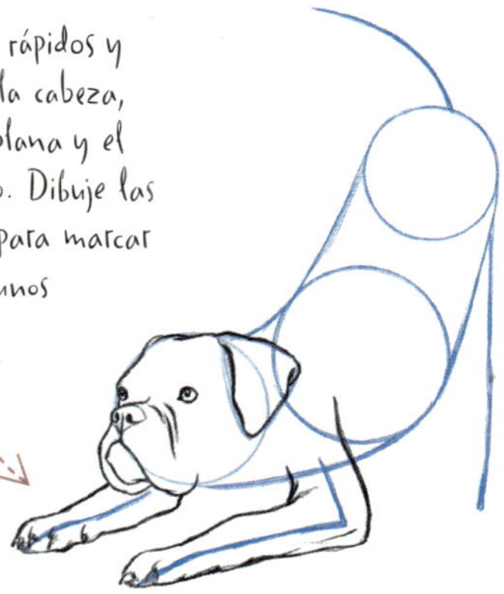

7 Dibuje la pata trasera más ancha por arriba. Curve la parte central para mostra-la estructura muscular y añada las líneas de los dedos y las uñas.

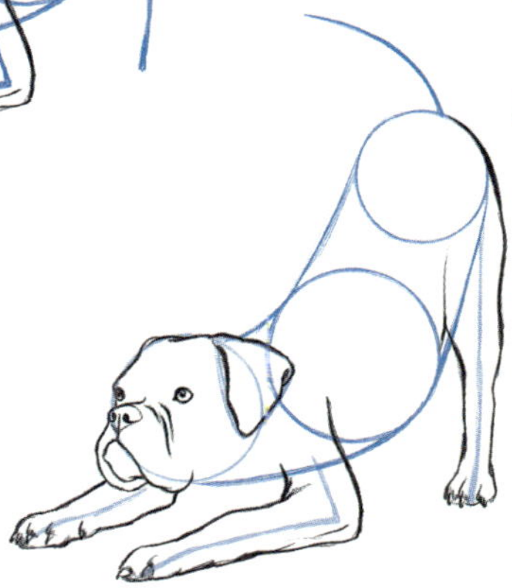

8 Oscurezca las guías iniciales para dibujar el cuerpo y añada unas líneas para indicar la pata trasera izquierda. Rellene la cola puntiaguda. Borre las guías.

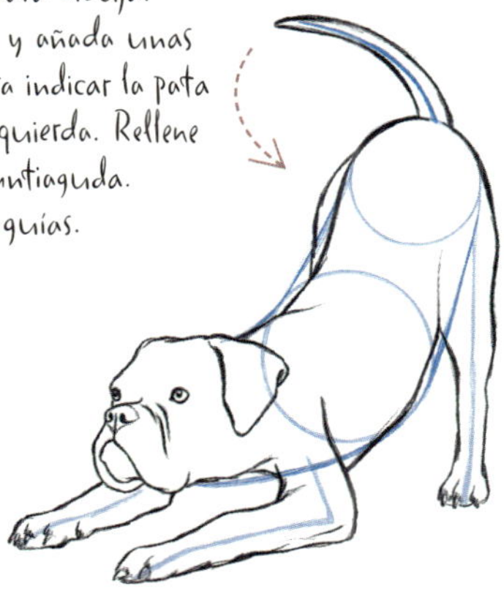

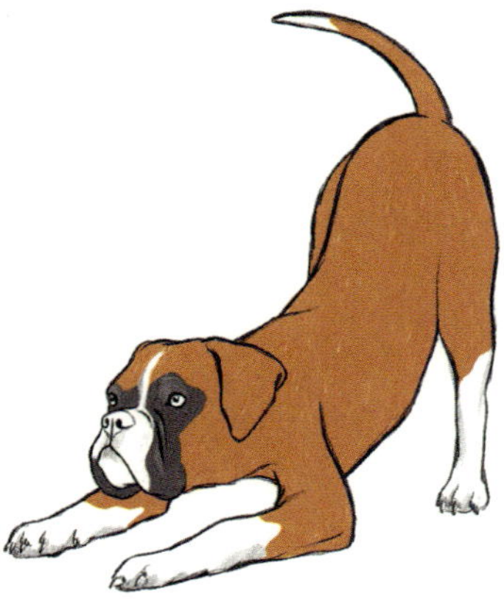

9 Pinte el hocico y el contorno de los ojos de gris oscuro. Pinte el resto del cuerpo de un tono medio de marrón, dejando en blanco una parte del hocico y la parte inferior de las patas.

10 Pinte la nariz de negro, las orejas de marrón oscuro y los ojos de marrón claro. Sombree debajo de la oreja y en la garganta, el pecho y el suelo.

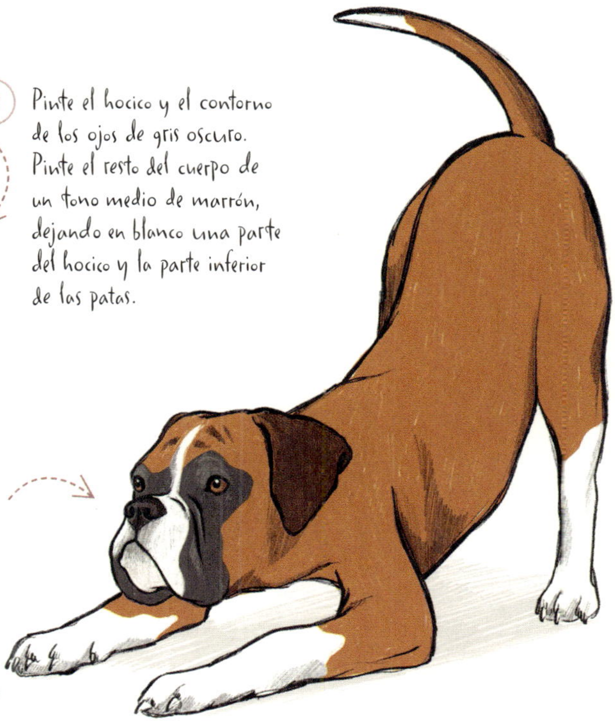

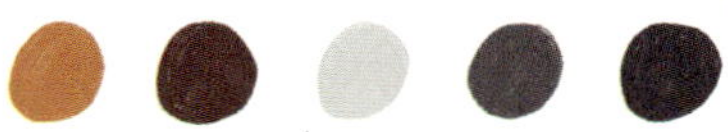

# Shih tzu

Shih tzu significa «pequeño león» en chino, pero esta adorable bolita de pelo es la mar de dócil.

1 Dibuje un círculo a modo de guía. Trace una línea horizontal y una curva superpuesta.

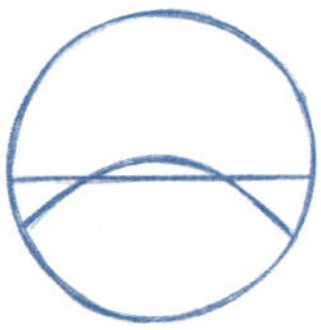

2 Dibuje dos rectángulos para las orejas. Dibuje un círculo de tamaño similar para el cuerpo que quede por debajo de la cabeza.

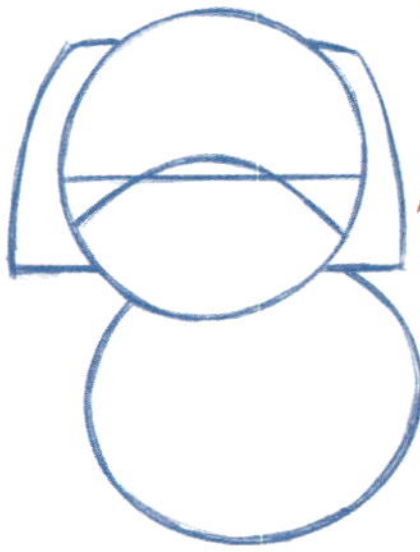

3 Dibuje una figura en forma de C invertida para la parte posterior del cuerpo.

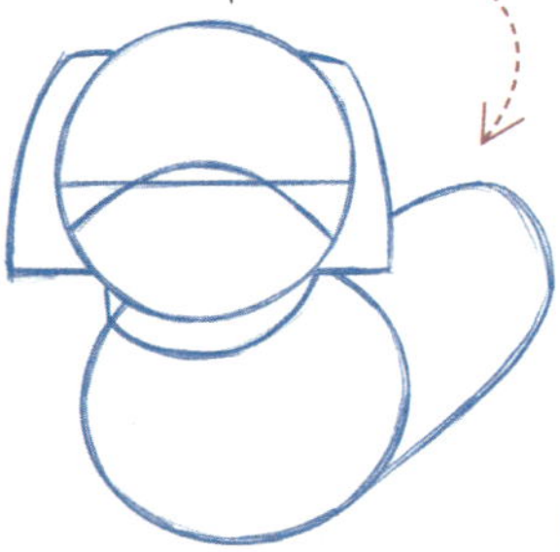

4 Trace líneas verticales para las patas delanteras y una pata trasera, y pies circulares. Añada una línea curva entre el lomo y la cabeza para la cola.

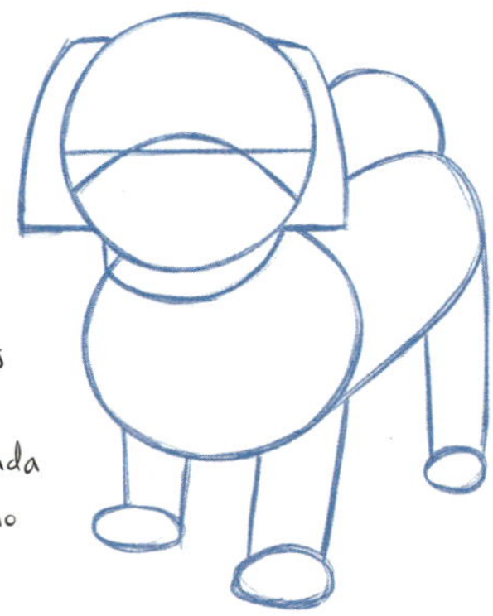

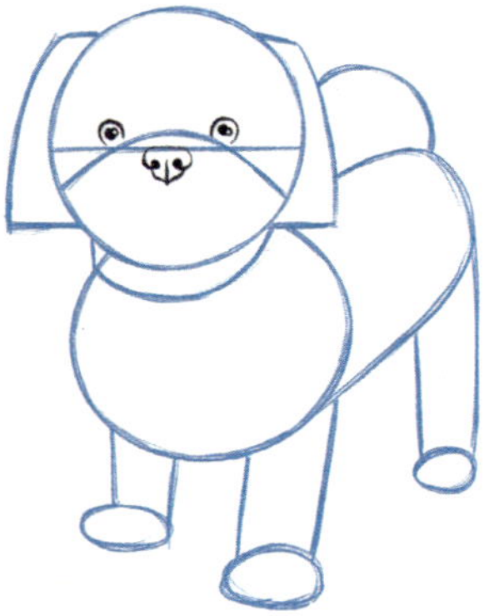

5 Dibuje una pequeña nariz ovalada a la altura de la guía horizontal, curvando los lados hacia dentro para hacer las fosas nasales. Añada una pequeña línea divisoria entre ellas. Esboce los ojos como dos pequeños círculos, sin cerrarlos por la base.

6 Para hacer el pelo, aplique trazos cortos encima de la nariz y trazos más largos a los lados de la cara.

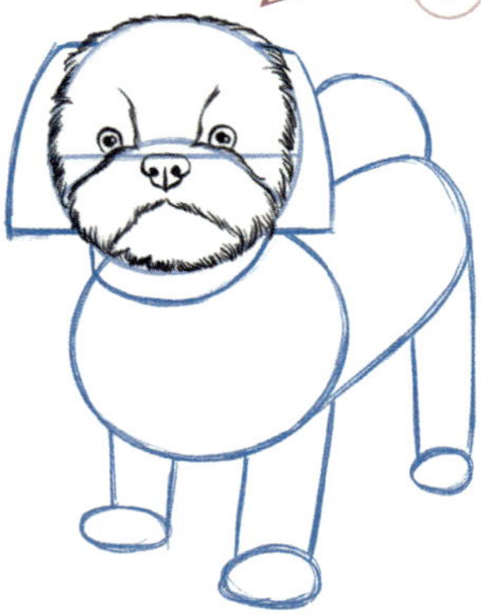

7 Siga las guías para dibujar las orejas peludas con trazos largos. Dé forma a las patas delanteras y la pata trasera con trazos más cortos.

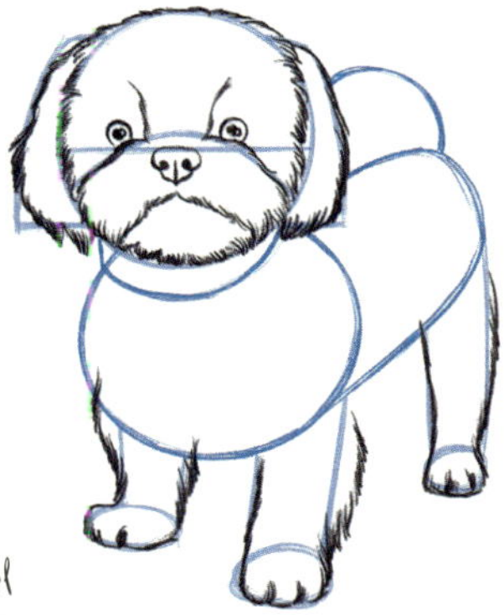

8 Dibuje el resto del cuerpo con trazos rápidos y cortos. Termine con trazos más largos en la mullida cola.

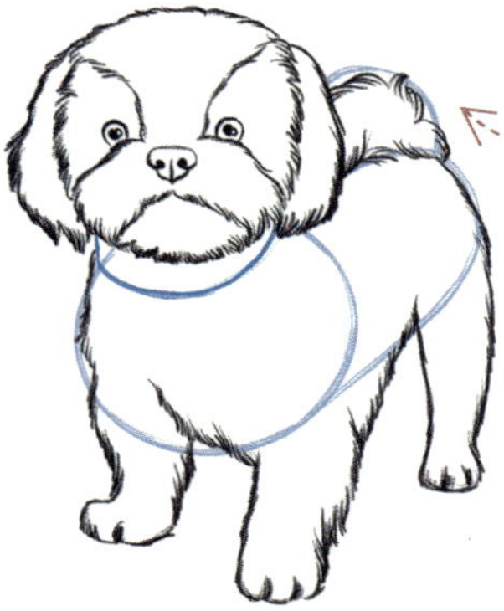

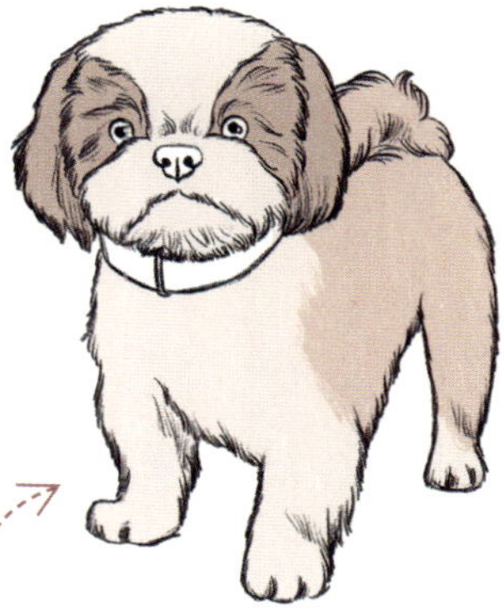

9 Borre las guías y añada líneas alrededor de los ojos, la barbilla y las patas para representar el pelo. Pinte el cuerpo de beis y tonos marrones claros.

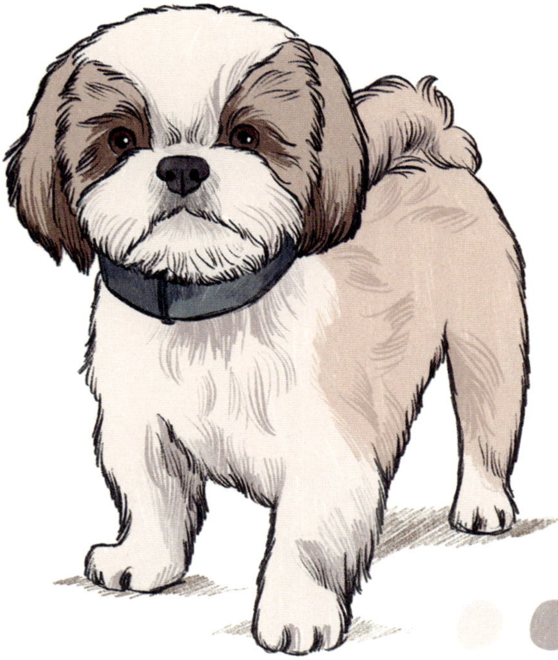

10 Aplique un tono oscuro alrededor de los ojos y en las orejas, pero deje la frente y el hocico claros. El pelo irradia alrededor de los ojos, pero es vertical en las orejas. Proyecte la sombra.

# Weimaraner

El pelaje del weimaraner es corto, liso y de color uniforme, entre gris ratón y gris plateado. Dibújelo con líneas muy fluidas para lograr una apariencia pulcra.

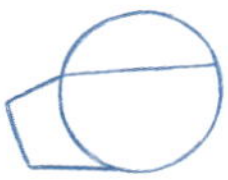

1 Dibuje un círculo a modo de guía. Trace una línea horizontal en el tercio superior y dibuje la forma del hocico a la izquierda.

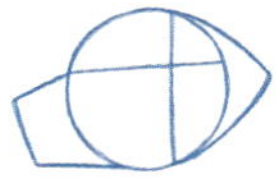

2 Dibuje un triángulo para la oreja.

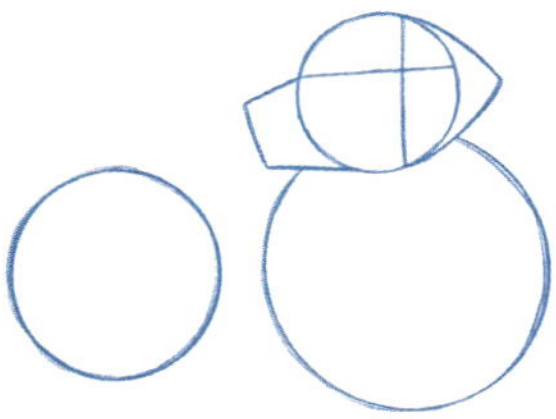

3 Dibuje dos círculos para el cuerpo. El de la izquierda tiene que ser algo más pequeño.

4 Trace dos líneas verticales largas debajo de cada círculo para las patas. Doble las líneas cerca de la base de las patas traseras para indicar las articulaciones y las garras.

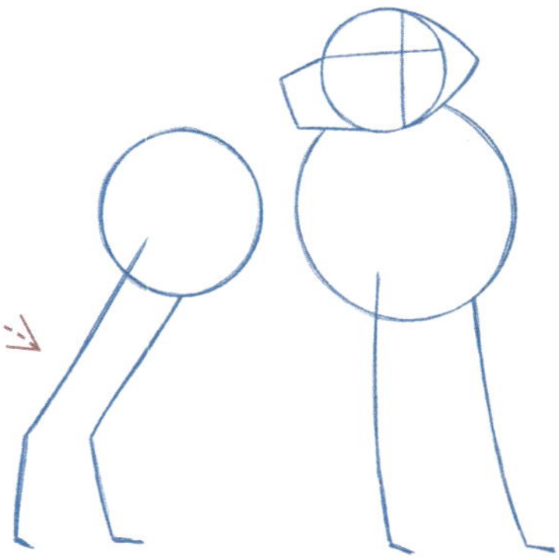

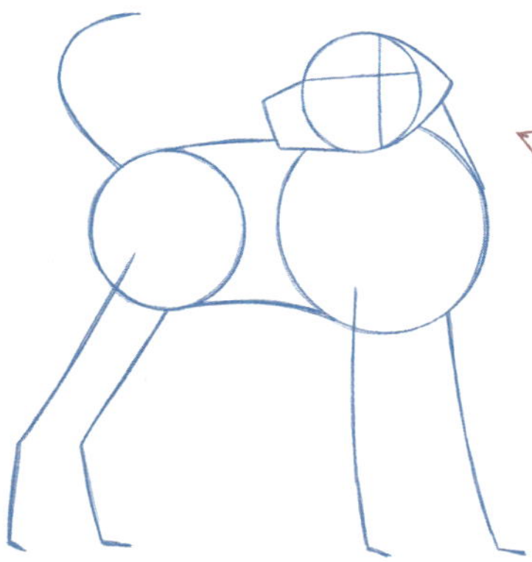

5 Una los dos círculos del cuerpo con líneas. Añada una pequeña línea debajo de la oreja para el cuello. Dibuje la cola larga y curvada.

6 Dibuje dos circulitos para los ojos. El izquierdo debe ser más fino y pequeño por la forma en que está girada la cabeza. Dibuje la nariz en la punta del hocico, y trace la oreja.

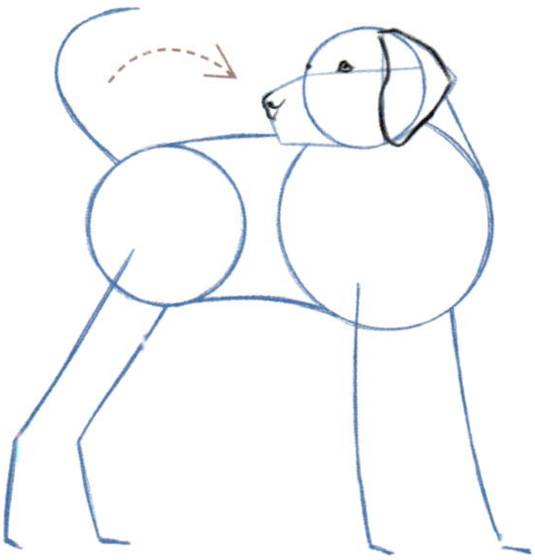

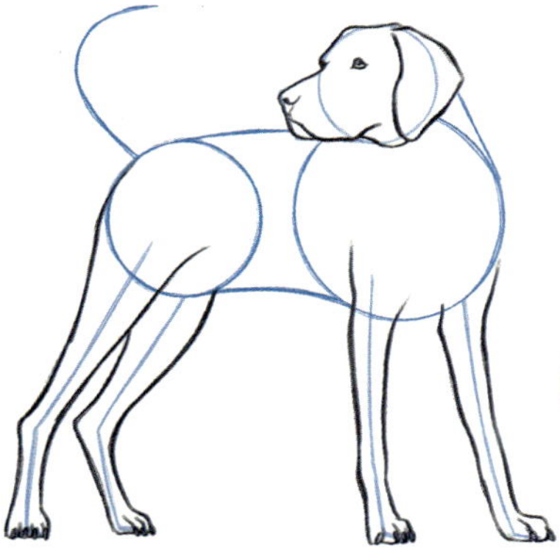

7 Siga las guías para dibujar el resto de la cabeza, de modo que la forma quede más en forma de bloque. Dé forma a las patas, y añada los dedos y las uñas.

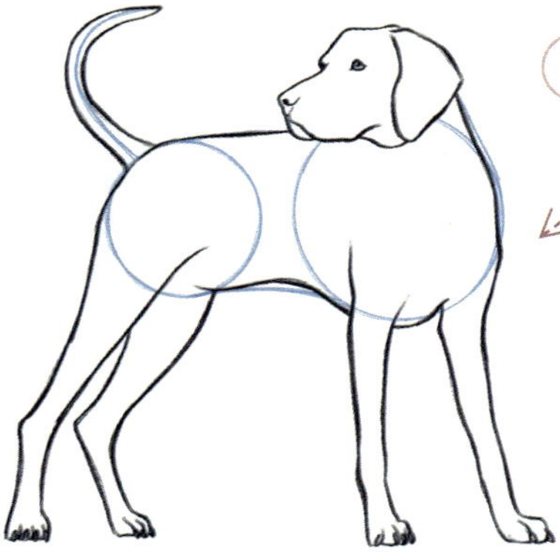

8 Oscurezca las otras guías para dibujar el resto del cuerpo, curvándolas para que queden más naturales. Rellene la cola puntiaguda.

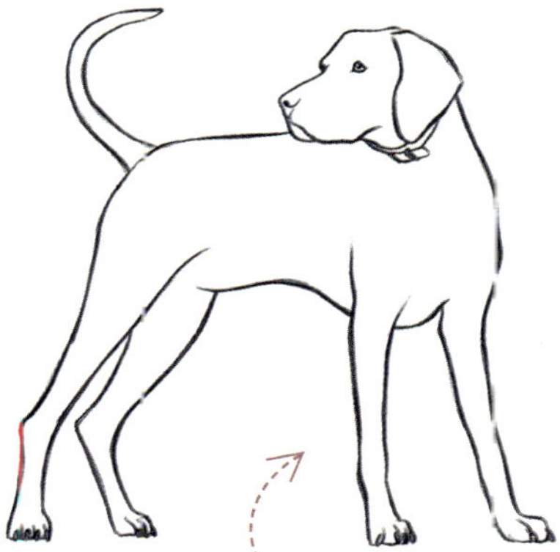

9 Borre las guías y dibuje un collar.

10 Pinte la base de beis claro y añada matices en marrón claro. Trace unas líneas verdes alrededor de las garras, como si el perro estuviera pisando una zona de hierba.

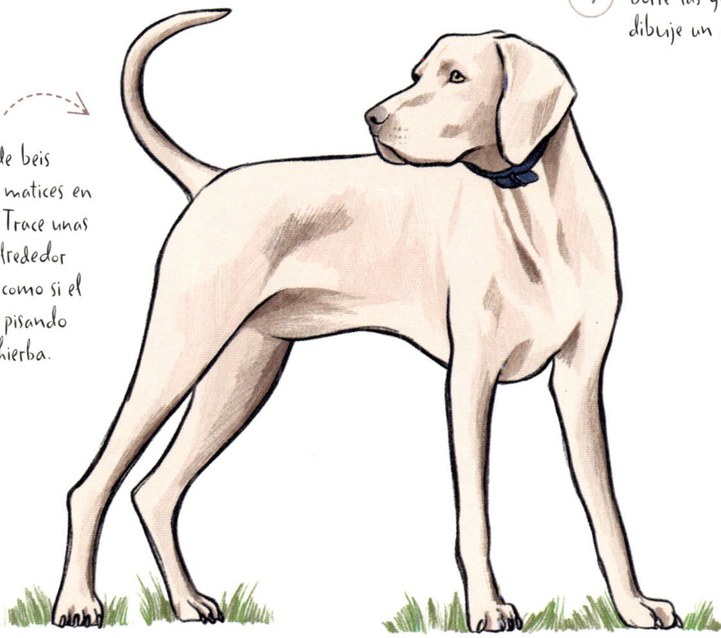

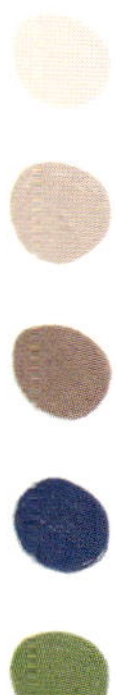

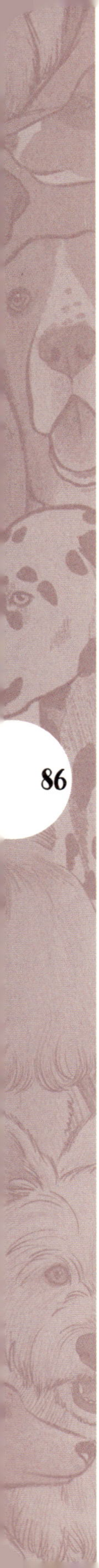

# Whippet

Elegante, aerodinámico y de cara dulce, el whippet es rápido como un rayo. No hay nada que le guste más que dar saltos por el parque; es pura energía.

1 Dibuje tres círculos a modo de guía para la cabeza y el cuerpo. El de la cabeza (a) tiene que ser una cuarta parte del círculo central del cuerpo (b). Deje espacio para el largo cuello.

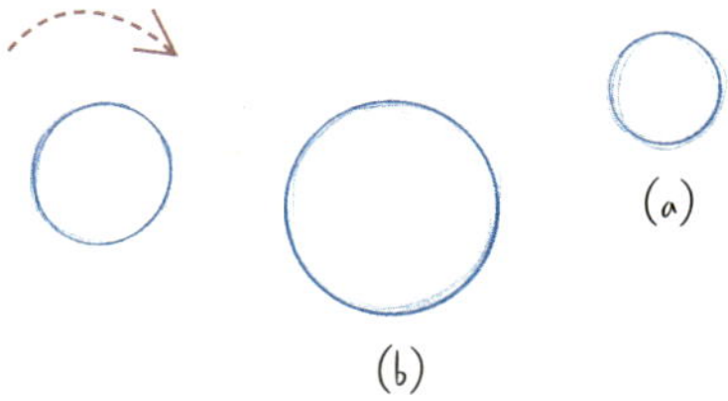


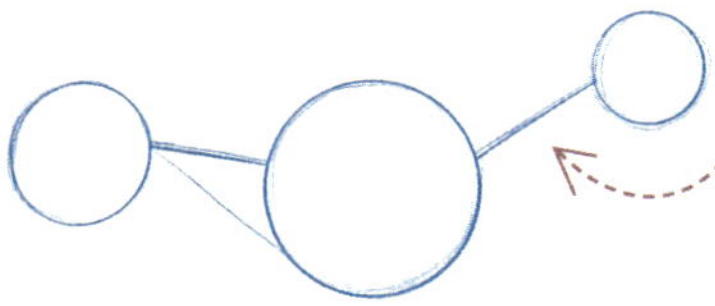

2 Una los tres círculos con líneas rectas.

3 Debajo de los círculos izquierdo y central, dibuje dos largas líneas para las patas. Dóblelas por el centro y añada unos circulitos para indicar las articulaciones.

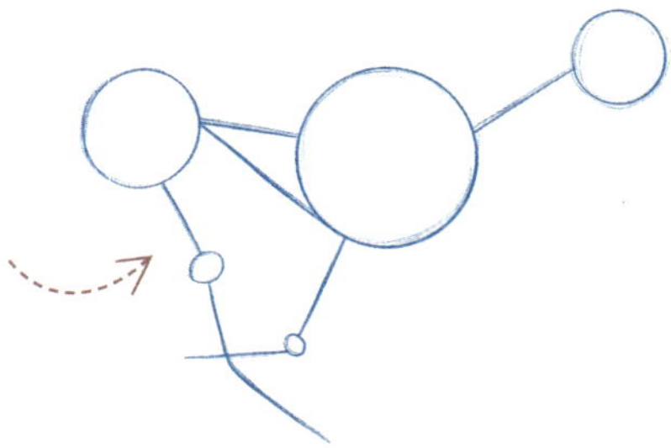

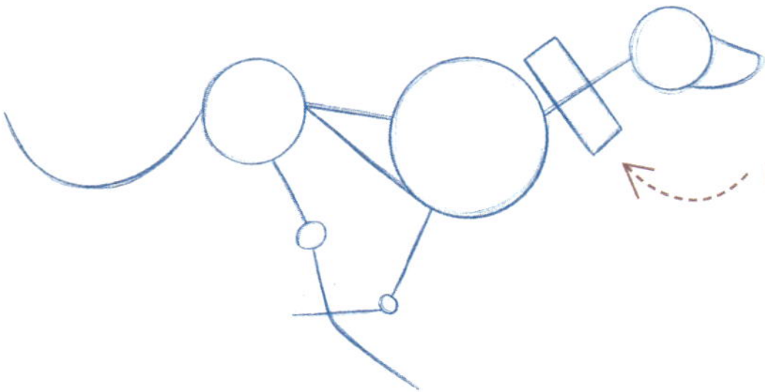

4 Dibuje un pequeño arco para el hocico de una anchura similar a la de la cabeza. Añada un rectángulo en la base del cuello y una cola curvada.

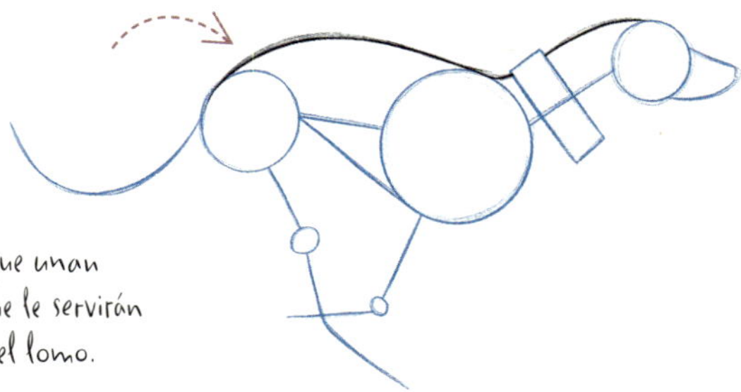

5 Trace dos líneas curvas que unan la cabeza y el cuerpo, que le servirán de guía para el cuello y el lomo.

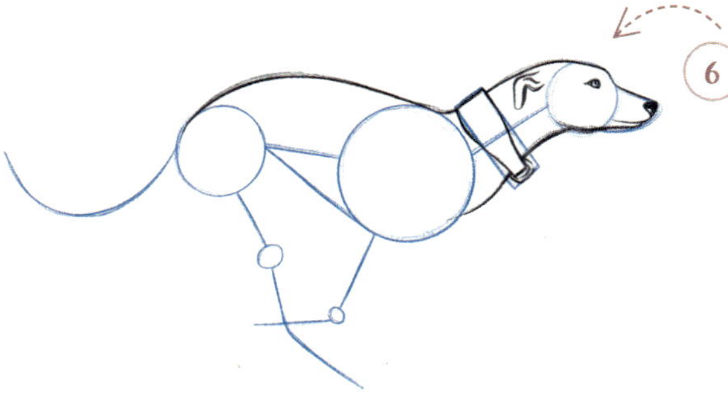

6 Dibuje un pequeño círculo rematado en punta para el ojo y un punto para la pupila. Esboce una nariz triangular oscura en la punta del hocico, dejando una minúscula línea al bies para la fosa nasal. Dibuje el resto del hocico. Añada una pequeña línea dentro de la oreja para los pliegues de piel. Dibuje el collar.

7 Dibuje la primera pata trasera alrededor de las guías. Tiene que ser más ancha por arriba. Trace la garra, con líneas curvas cortas para los dedos. Añada guías para las otras tres patas y rellene la cola.

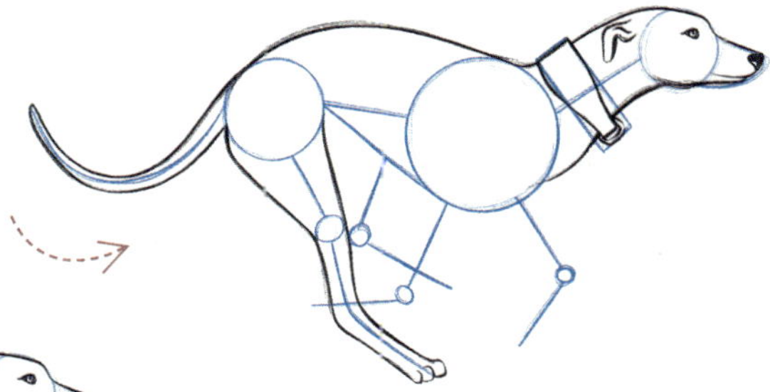

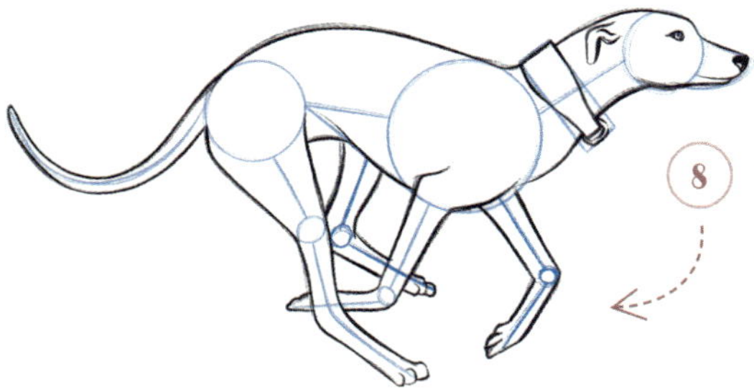

8 Dibuje las otras patas del mismo modo, con líneas curvas cortas para los dedos. Siga las guías para completar el pecho y el vientre.

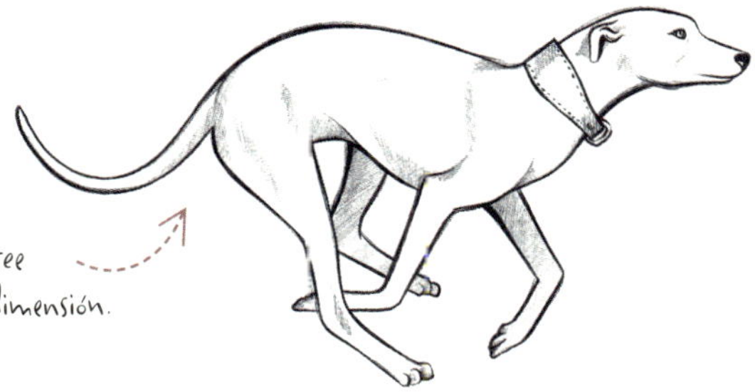

9 Borre las guías. Sombree el dibujo para darle dimensión.

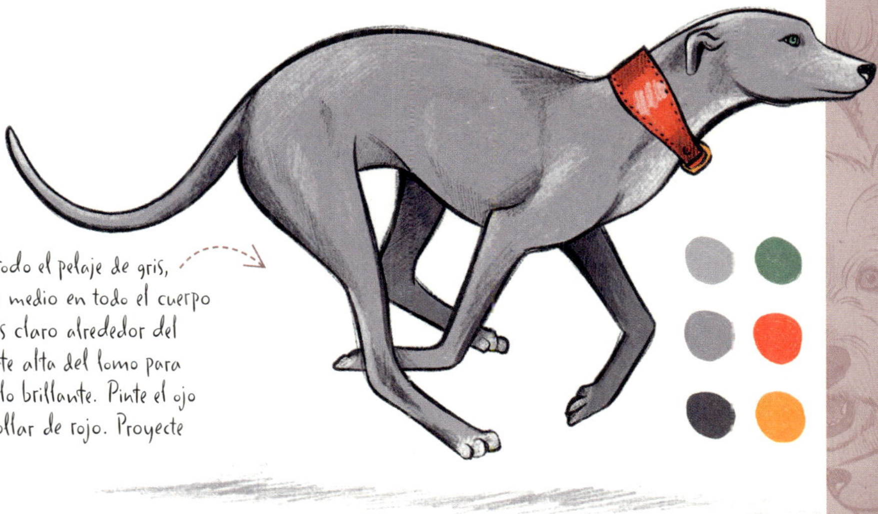

10 Si va a pintar todo el pelaje de gris, aplique un tono medio en todo el cuerpo y otro algo más claro alrededor del cuello y la parte alta del lomo para representar el pelo brillante. Pinte el ojo de verde y el collar de rojo. Proyecte la sombra.

# Caniche

Con sus largas orejas, la cola en forma de pompón y el característico pelaje rizado, este caniche elegante, orgulloso e inteligente ha nacido para ser el mejor de la exposición.

1 Dibuje dos círculos a modo de guía para la cabeza y el cuerpo.

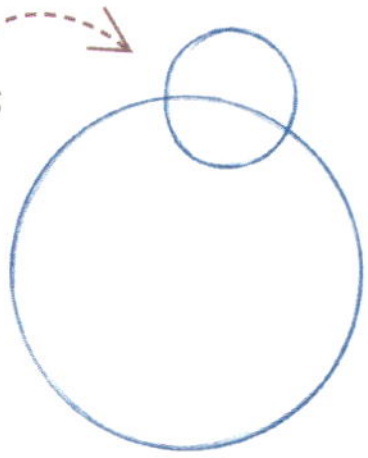

2 Dibuje un pequeño rectángulo para la parte posterior del cuerpo y cuatro líneas rectas para las patas.

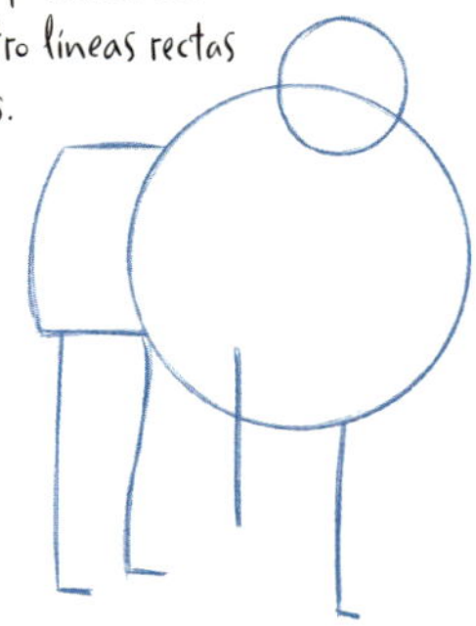

3 Dibuje un óvalo horizontal entrecruzado con la parte superior del círculo de la cabeza y dos líneas largas y curvas a cada lado para las orejas.

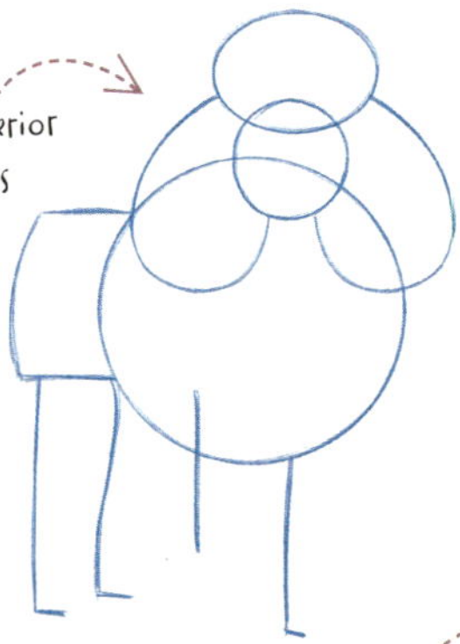

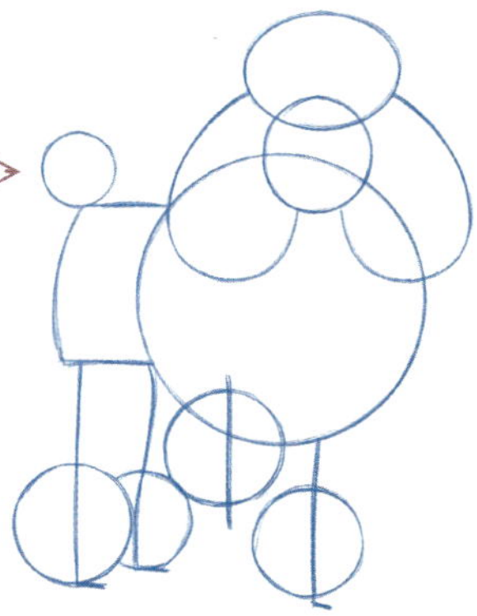

4 Dibuje un pequeño círculo para la cola y otros cuatro en la base de las patas.

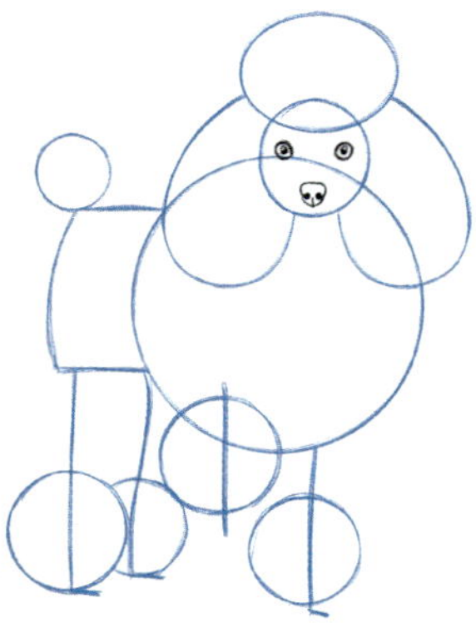

5 Dibuje un pequeño círculo para cada ojo y añada otros dos círculos minúsculos para el reflejo. Dibuje la nariz y marque las fosas nasales.

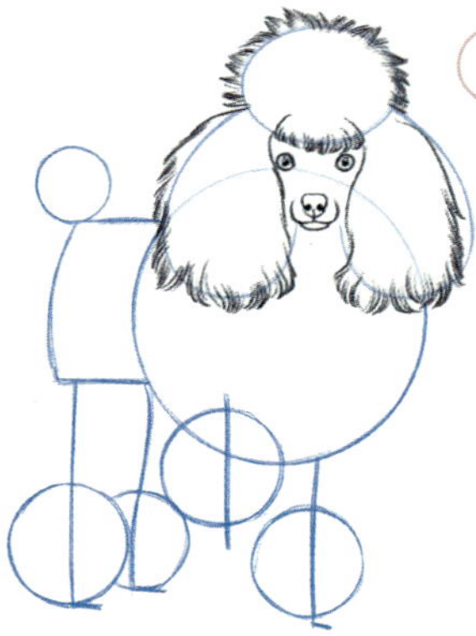

6 Siga el contorno del óvalo horizontal de la cabeza con trazos cortos y curvos por arriba y encima de los ojos para representar el pelaje rizado. Haga lo mismo con las orejas.

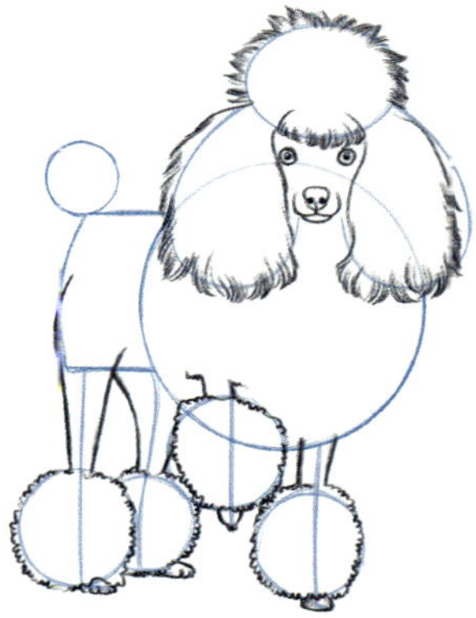

7 Trace líneas cortas y curvas alrededor de los cuatro círculos de los tobillos, ensanchando las formas. Dé forma a las patas a partir de las líneas rectas. Añada los dedos y las uñas.

8 Emplume la cola con trazos cortos. Con el círculo más grande a modo de guía, añada pelo al pecho para terminar de dibujar el cuerpo. Borre las guías.

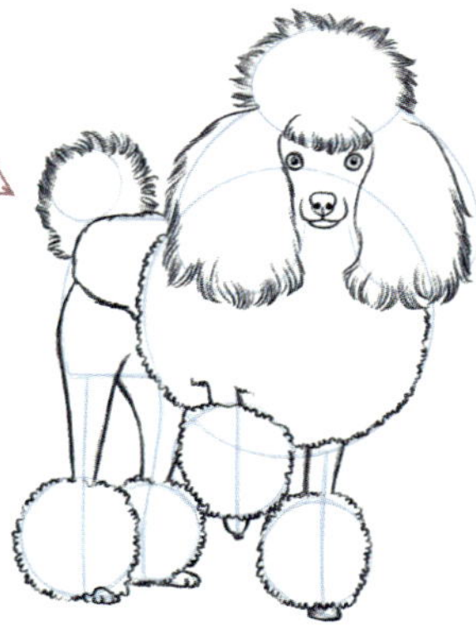

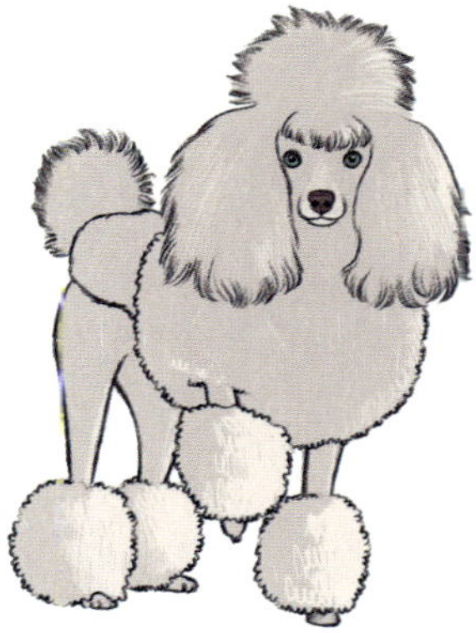

9 Pinte la base de beis claro, los ojos de verde y la nariz marrón.

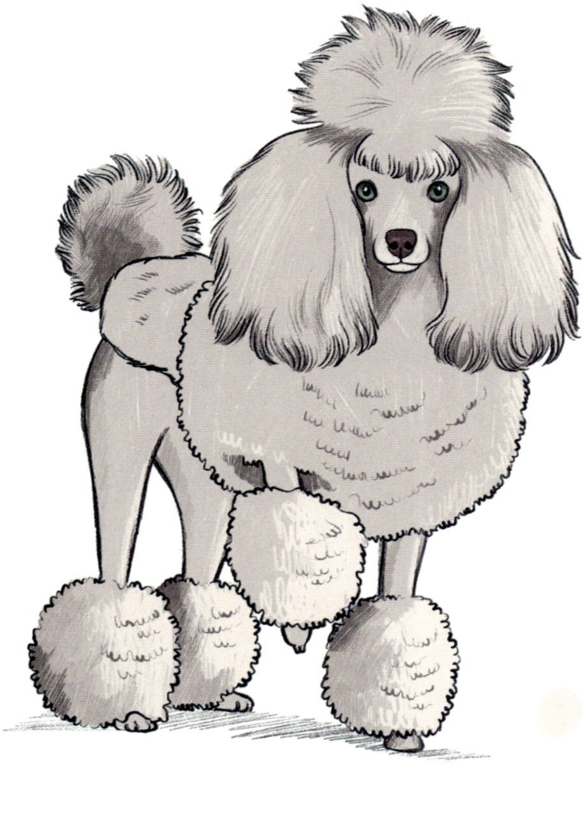

10 Sombree el dibujo para que el caniche gane dimensión y volumen. Por último, proyecte la sombra.

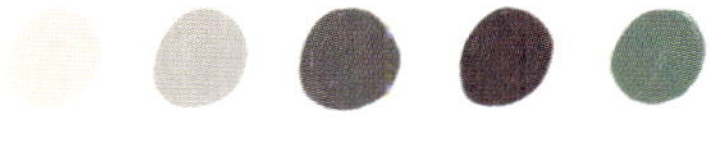

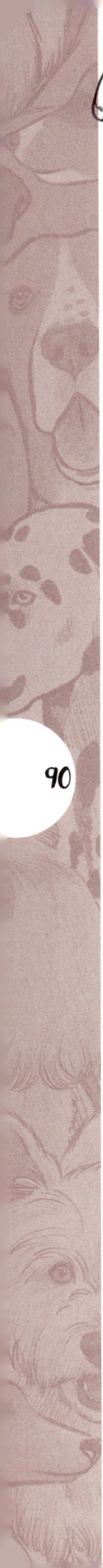

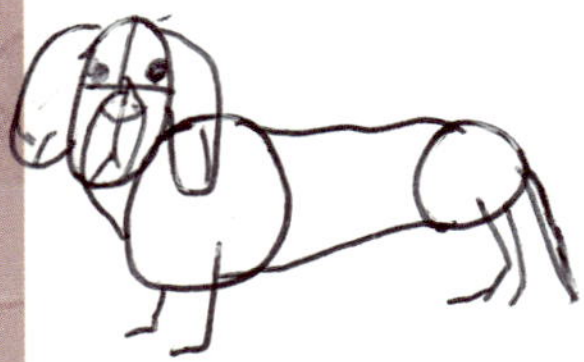

# Basset hound

Estos perros inteligentes y de buen carácter se distinguen de inmediato por el cuerpo largo de pelo liso; las patas cortas y encorvadas; las orejas caídas, y la frente arrugada.

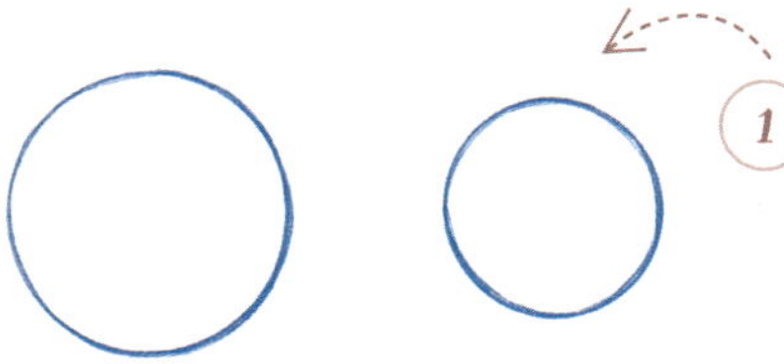

1 Dibuje dos círculos a modo de guía para el cuerpo. Trace el más grande a la izquierda.

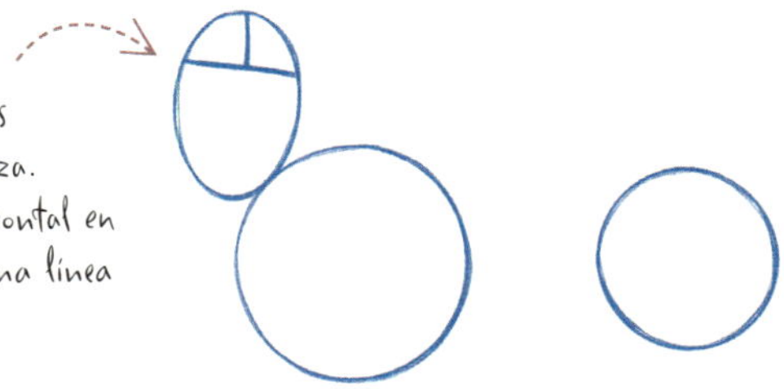

2 Añada un óvalo más pequeño para la cabeza. Trace una línea horizontal en el tercio superior y una línea vertical más corta.



3 Añada un óvalo para el hocico y una Y invertida dentro. Trace dos líneas largas y curvas para las orejas; la derecha tiene que quedar por encima del cuerpo.

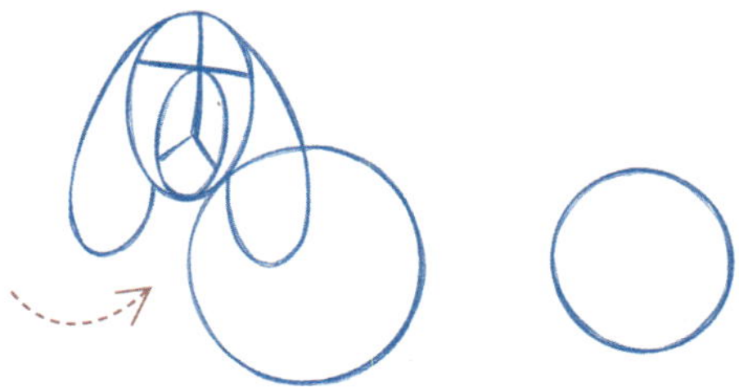

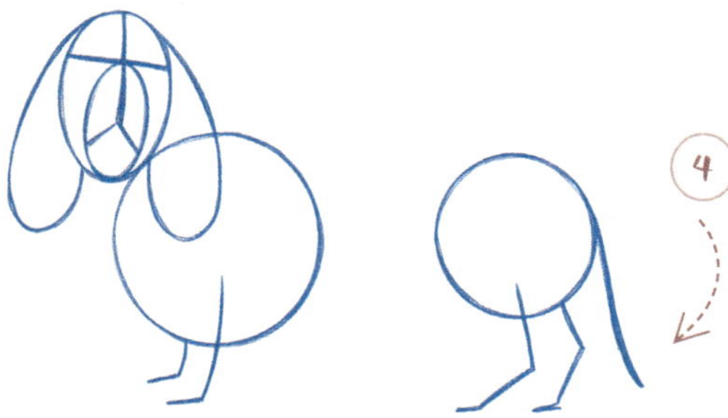

4 Trace cuatro líneas cortas para las patas y otra curvada para la cola.

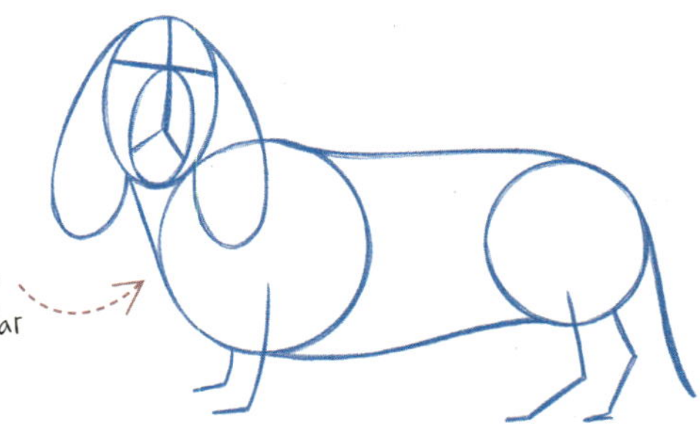

5 Una los círculos con líneas curvas para dar forma al cuerpo.

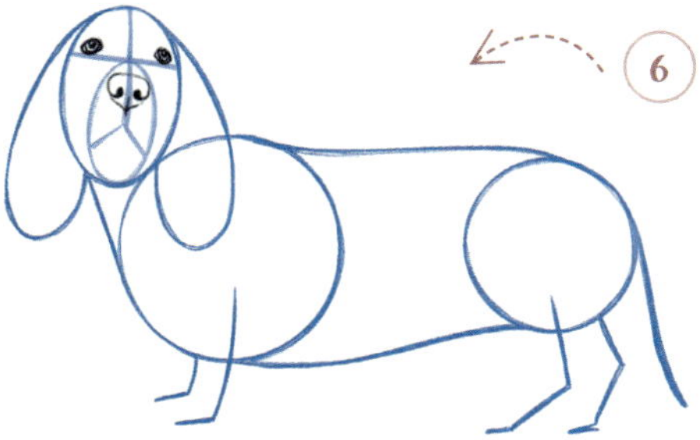

(6) Dibuje los ojos caídos a la altura de la guía horizontal. Haga la parte superior más plana y la inferior más curvada. Siga la guía del hocico para dibujar la nariz.

(7) Dibuje la boca con una línea sinuosa debajo de la nariz. Añada la lengua en la figura en forma de U y una línea paralela para la barbilla. Curve las guías de las orejas y añada pliegues. Dibuje las patas y las garras, con protuberancias para representar las articulaciones. Añada líneas cortas para los dedos y las uñas.

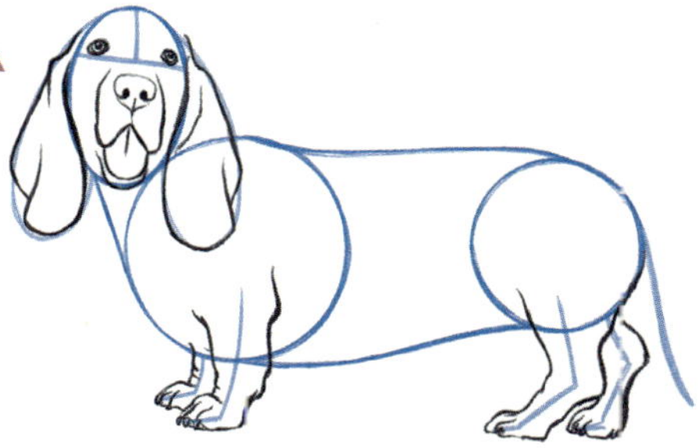

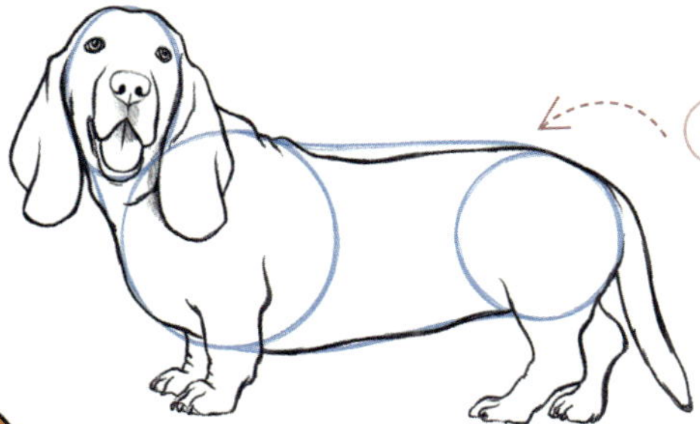

(8) Siga las líneas de unión para dibujar el resto del cuerpo. Borre las guías.

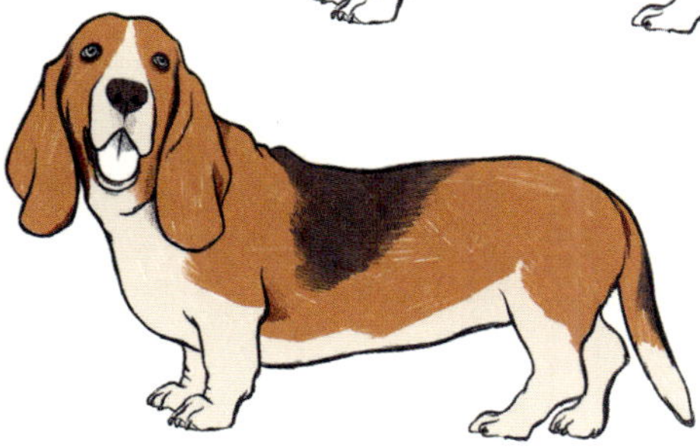

(9) Pinte el cuerpo, la cabeza y las orejas de un tono medio de marrón. Pinte de beis claro las patas, el vientre, el hocico y el extremo de la cola. Aplique un marrón más oscuro en el lomo y la nariz.

(10) Sombree el dibujo. Pinte los ojos de marrón y la lengua de rosa.

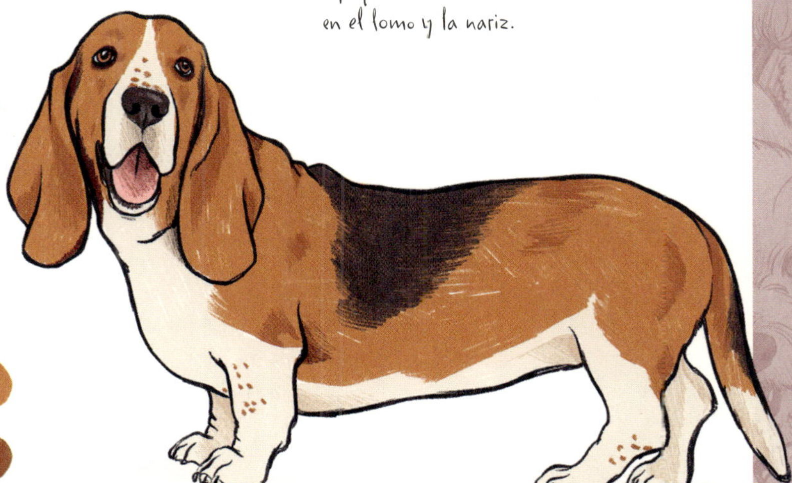

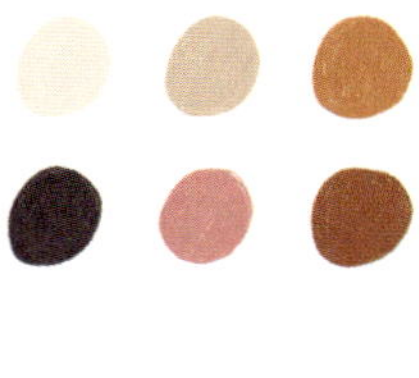

# West Highland white terrier

Con sus ojos oscuros y penetrantes, las orejas puntiagudas, el característico pelaje blanco y la colita en movimiento, este perro es una auténtica monada.

1 Dibuje un círculo a modo de guía y añada una línea horizontal en el centro y una línea vertical más corta que atraviese la parte superior. Añada un óvalo horizontal para el hocico.

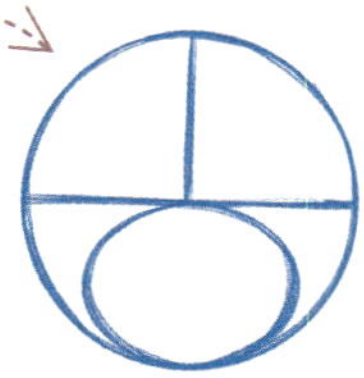

2 Añada dos guías triangulares pequeñas para las orejas.

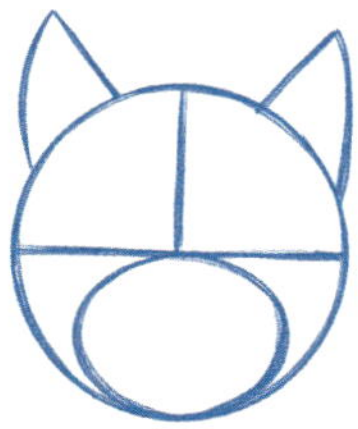

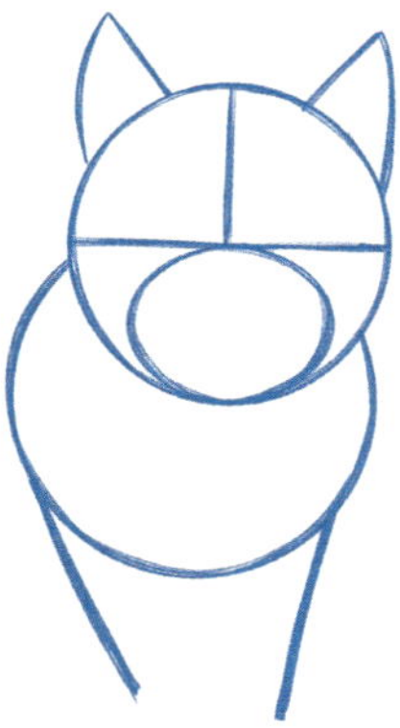

3 Dibuje un círculo para el cuerpo, con dos líneas debajo para las patas delanteras.

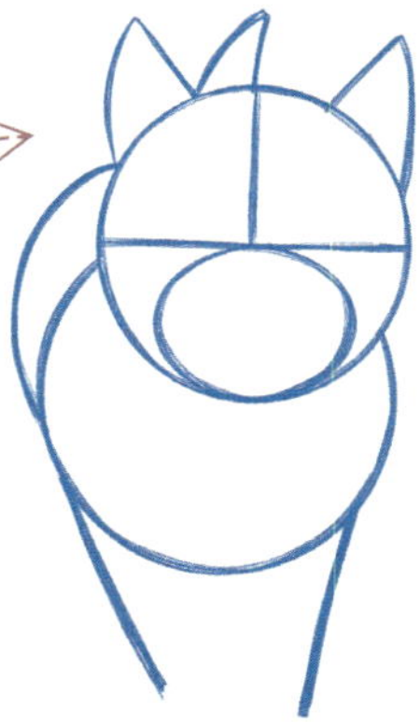

4 Trace una pequeña curva que una el cuerpo y el círculo de la cabeza a la izquierda para el lomo, y añada un triangulito junto a la oreja izquierda para la cola.

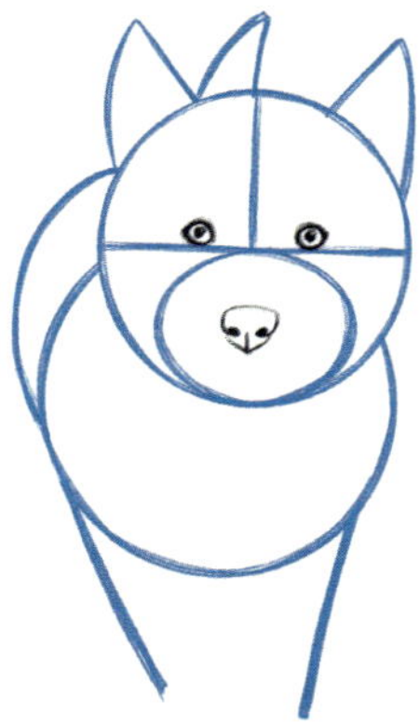

5 Dibuje dos circulitos para los ojos. Empiece a dibujar la nariz en el centro del óvalo del hocico.

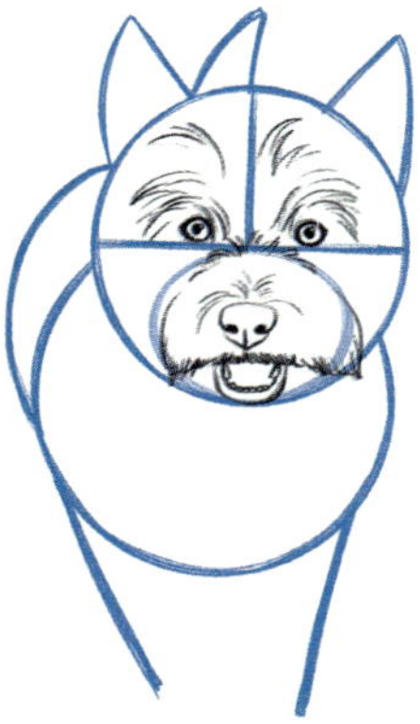

6 Debajo de la nariz, aplique trazos cortos para el pelo que cubre la boca. Aplique trazos algo más grandes hacia los lados, siguiendo la guía del hocico. Dibuje la mandíbula inferior con dos líneas en forma de U para la lengua y los labios. Añada trazos curvos para el pelo de encima de los ojos.

7 Dé forma al resto de la cabeza y las orejas con trazos cortos para representar el pelaje.

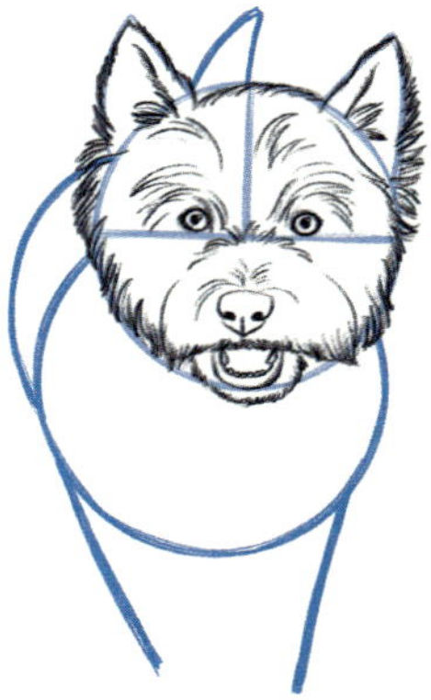

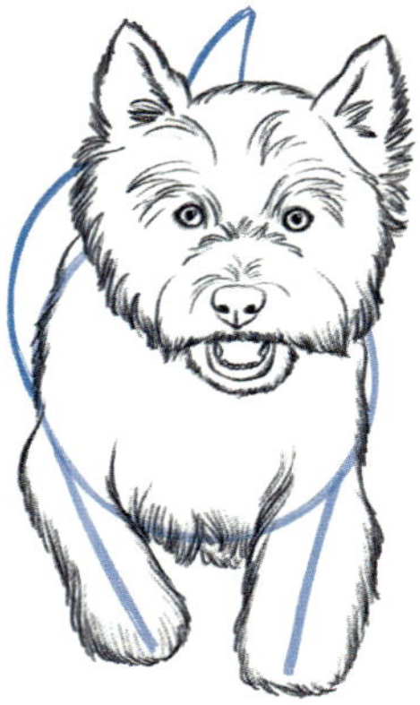

8 Rodee las guías del cuerpo, las patas y el pecho con trazos cortos.

9 Añada pequeños trazos a lo largo de la curva del lomo y la cola. Borre las guías.

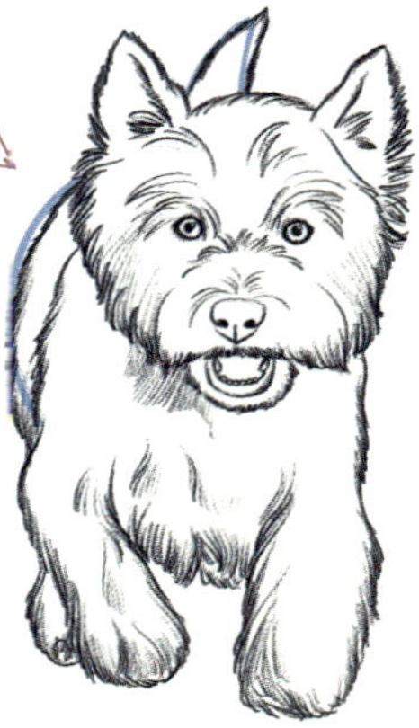

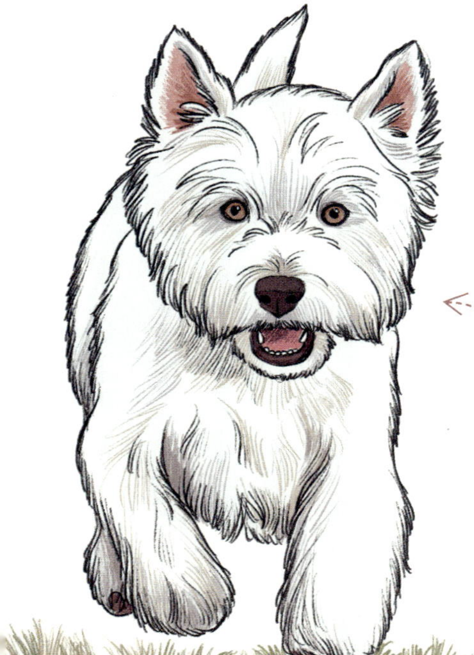

10 Dé dimensión al pelaje blanco con gris claro y marrón claro. Separe los trazos de modo que asome el blanco del papel y potencie la textura del pelo.

# Terrier Jack Russell

Los Jack Russell son perritos alegres, independientes e inteligentes que no paran de hacer travesuras. Este tiene ganas de salir a jugar con la pelota.

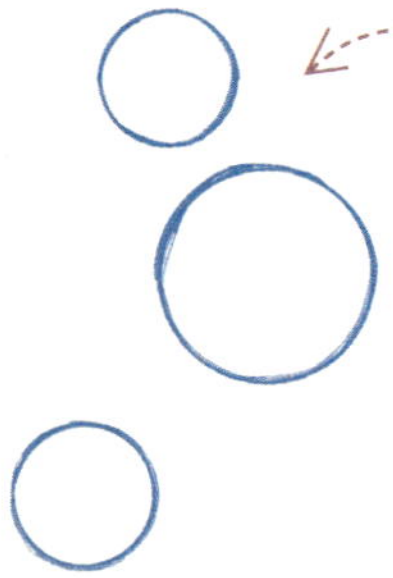

1 Dibuje tres círculos a modo de guía para la cabeza y el cuerpo. El superior y el inferior tienen que ser aproximadamente del mismo tamaño.

2 Trace una diagonal en la parte superior de la cabeza a modo de guía para el ojo. Alargue la línea para crear el hocico en el lado superior derecho. Añada una forma redonda para la oreja.

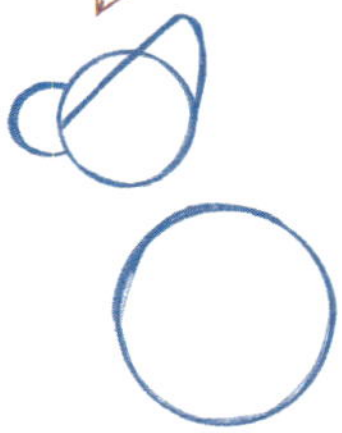

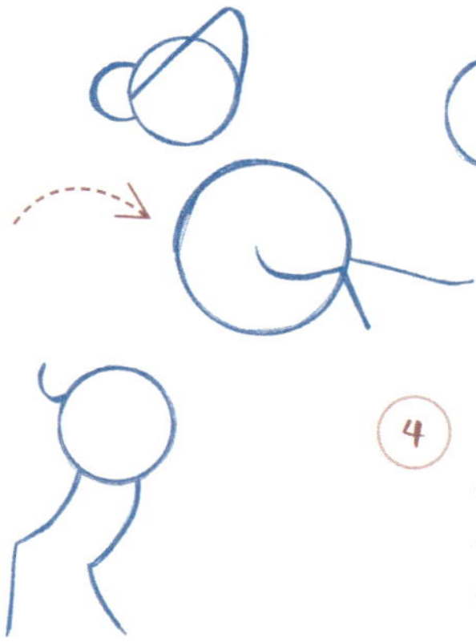

3 Dibuje dos líneas a la derecha del círculo principal y dos debajo del inferior para las piernas.

4 Una los círculos con líneas curvas para dar forma al cuerpo. Añada un pequeño círculo en la esquina superior derecha para la pelota de tenis.

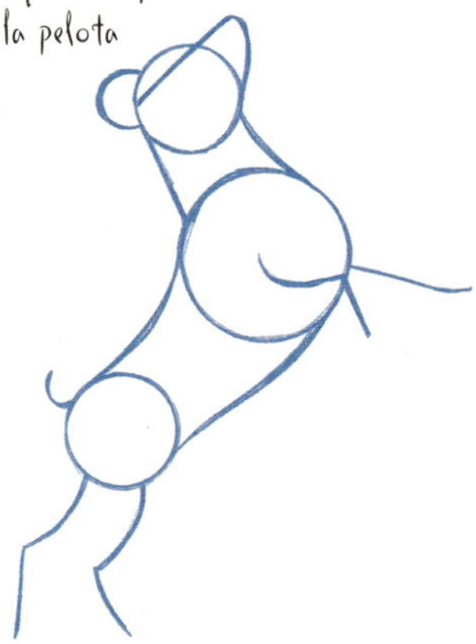

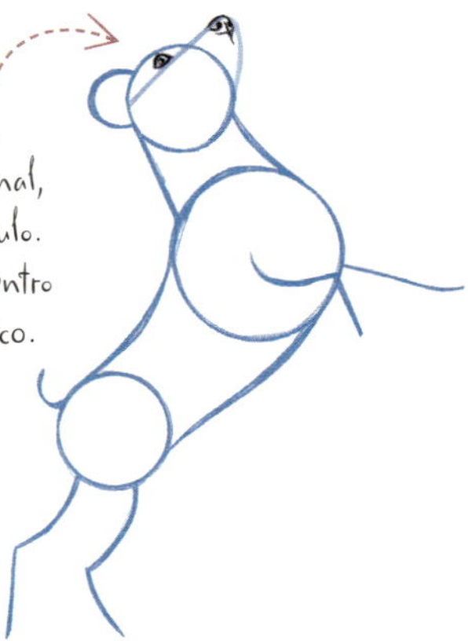

5 Dibuje el ojo a la altura de la diagonal, dentro del semicírculo. Dibuje la nariz dentro de la guía del hocico.

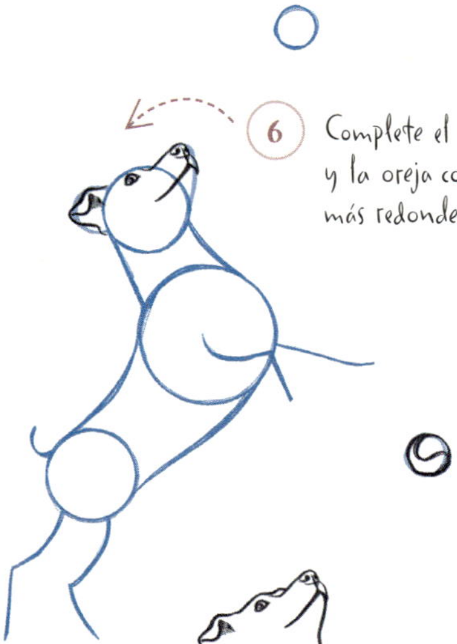

6 Complete el hocico y la oreja con formas más redondeadas.

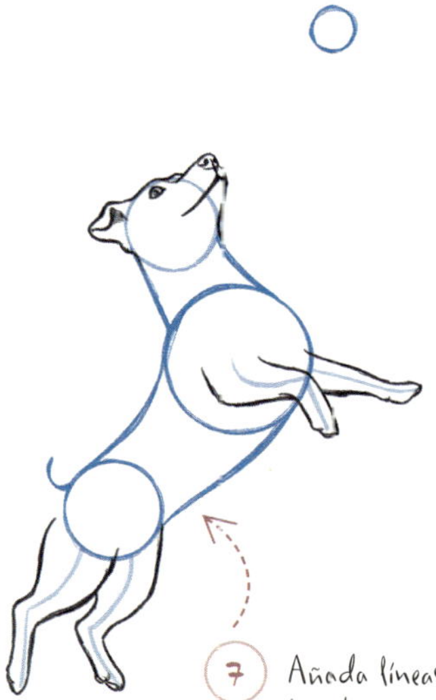

7 Añada líneas curvas en el círculo de la cabeza para representar la frente. Dibuje las patas y las garras con protuberancias para representar las articulaciones. Trace unas líneas en la base para los dedos y las uñas.

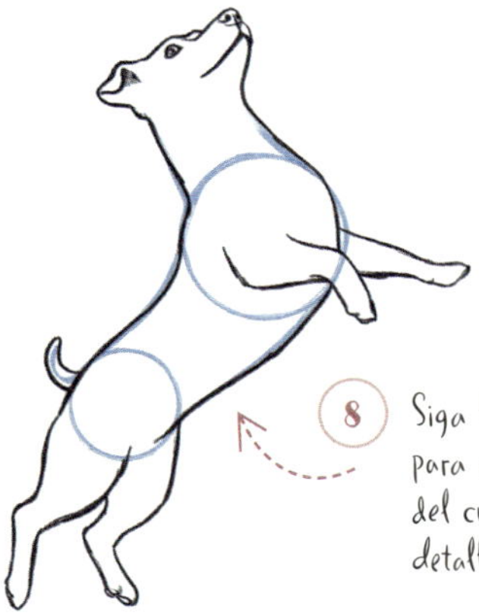

8 Siga las líneas de unión para dibujar el resto del cuerpo. Añada los detalles de la pelota.

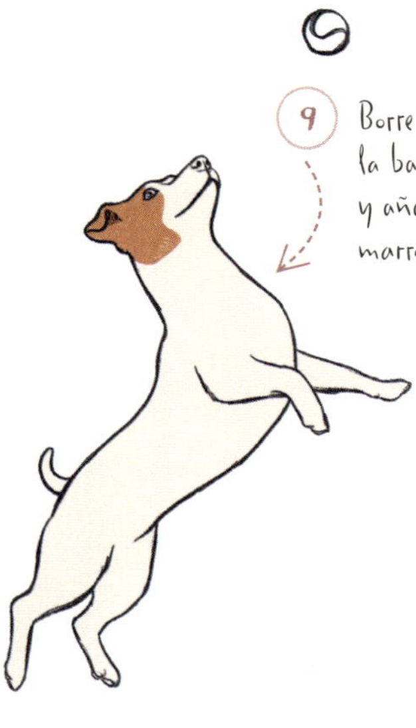

9 Borre las guías. Pinte la base de color crema y añada una mancha marrón en la cabeza.

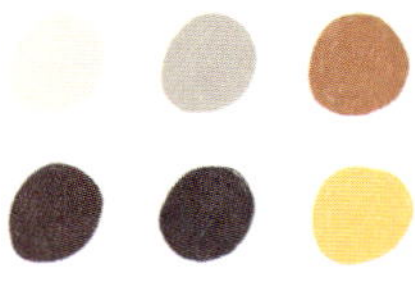

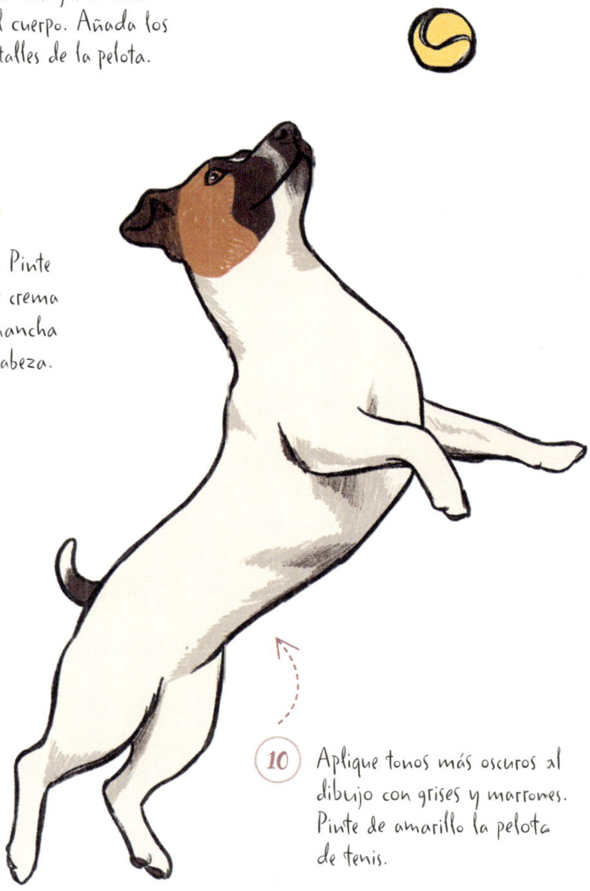

10 Aplique tonos más oscuros al dibujo con grises y marrones. Pinte de amarillo la pelota de tenis.

# Scottish terrier

Estos perros de cuerpo compacto son alegres y tienen un temperamento digno, casi humano. Este parece muy orgulloso con su elegante collar.

1 Dibuje una figura triangular para el cuerpo.

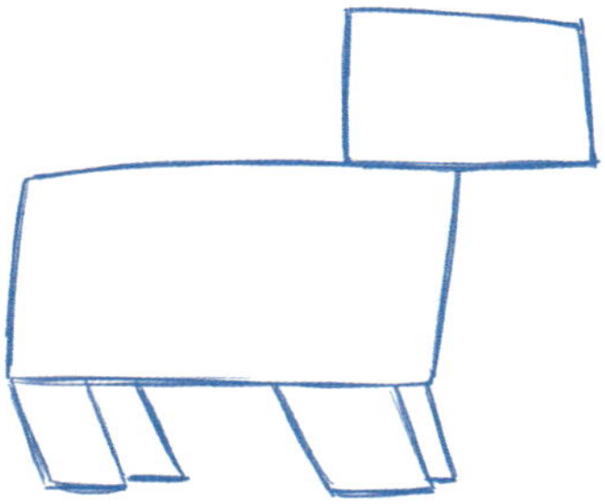

2 Dibuje otro rectángulo en la esquina superior derecha a modo de guía para la cabeza, y cuatro rectángulos cortos e inclinados para las patas.

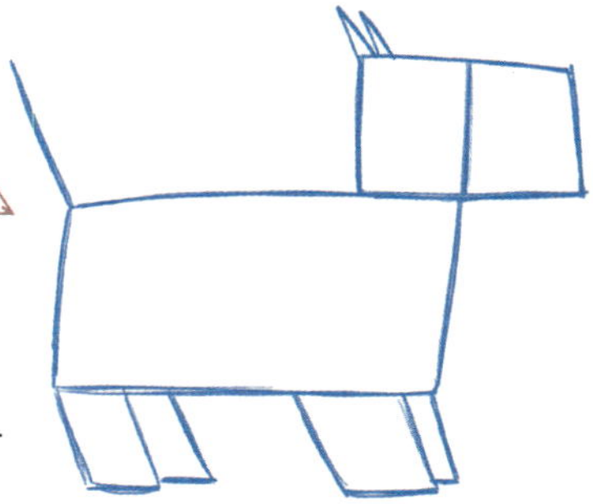

3 Dibuje dos triangulitos para las orejas puntiagudas. Alargue la línea vertical del lado derecho del rectángulo del cuerpo hasta atravesar el de la cabeza. Trace una línea recta para la cola.

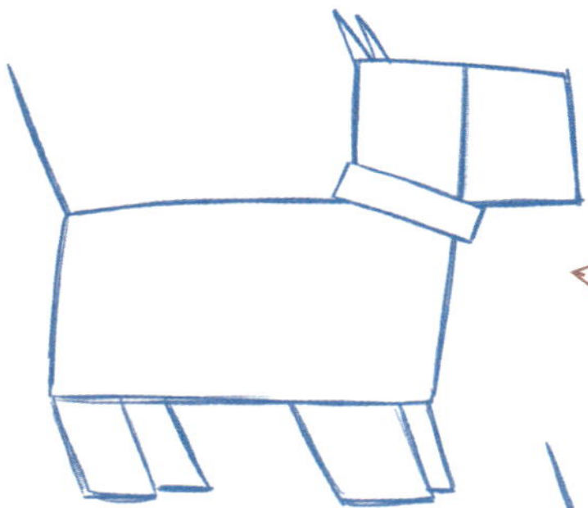

4 Añada un guía rectangular para el collar.

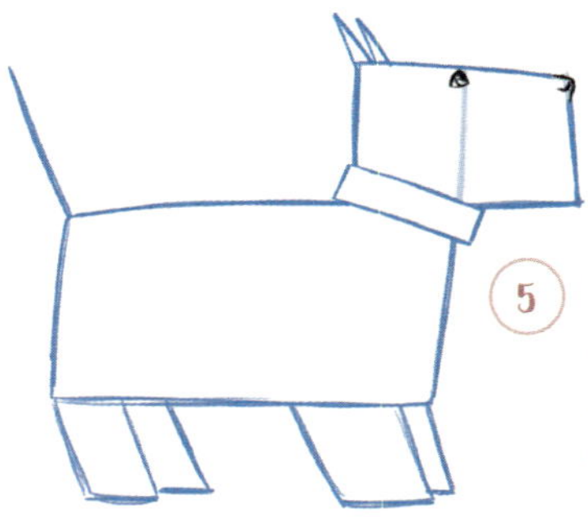

5 Dibuje la punta de la nariz en la esquina superior derecha del rectángulo de la cabeza, y el ojo, en la parte superior de la línea que lo atraviesa.

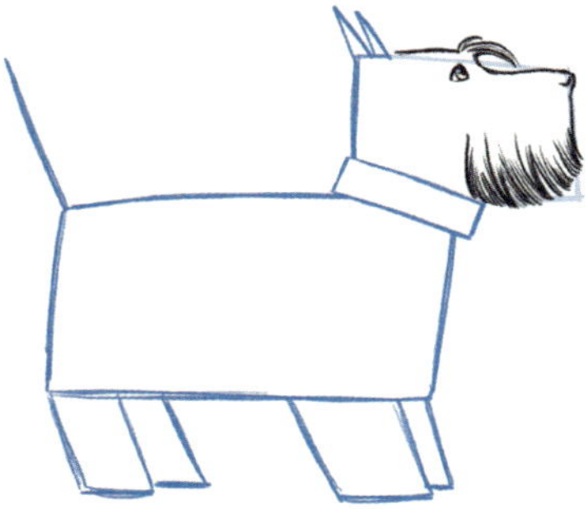

6 Dibuje la parte superior del hocico con una línea curva en dirección al ojo. Aplique trazos más largos encima del ojo para hacer las cejas pobladas. Aplique trazos muy largos en la parte inferior de la cabeza.

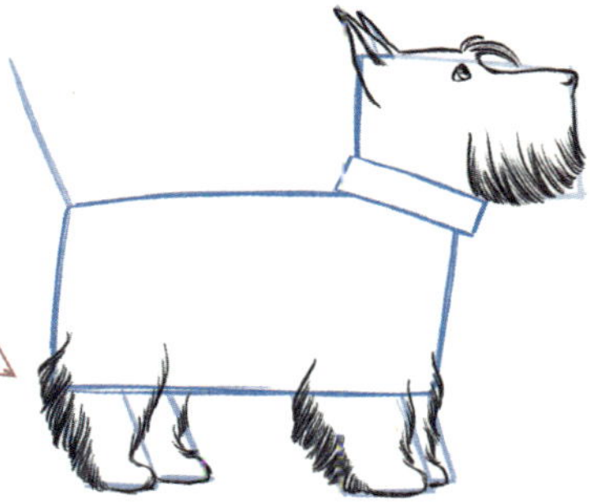

7 Dé forma a las patas, con trazos más largos en la parte posterior.

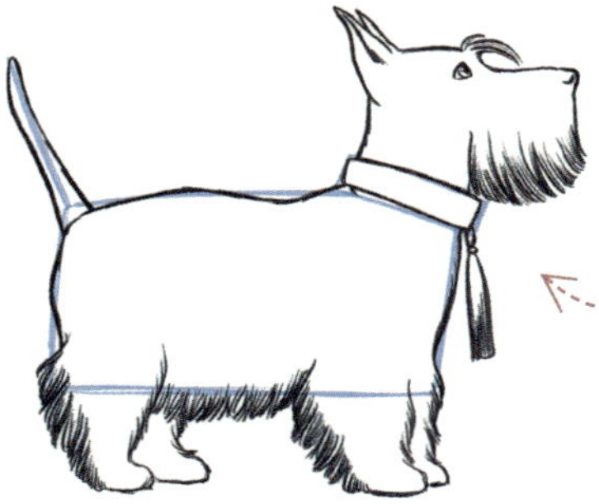

8 Dibuje el resto del cuerpo. Añada el colgante y la borla del collar. Borre las guías.

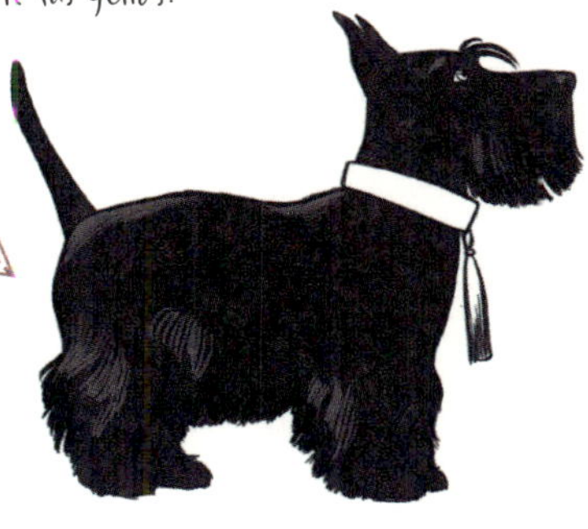

9 Pinte de negro azabache las orejas, las patas y la cola. Añada realces de un tono más claro.

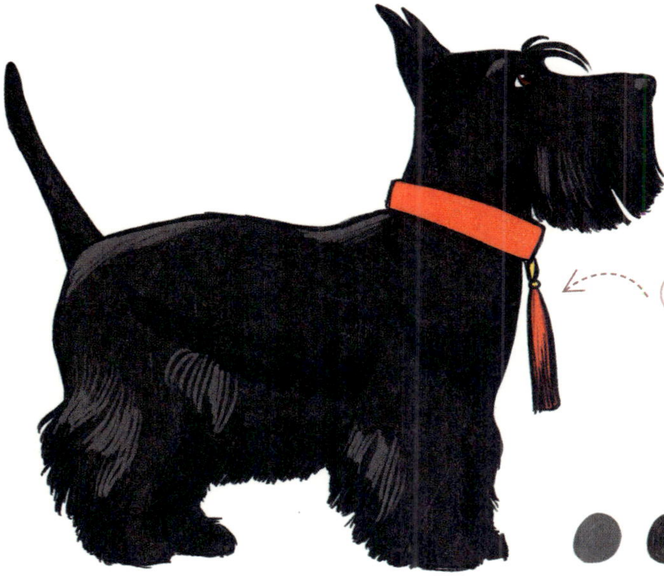

10 Pinte el collar de un color que contraste.

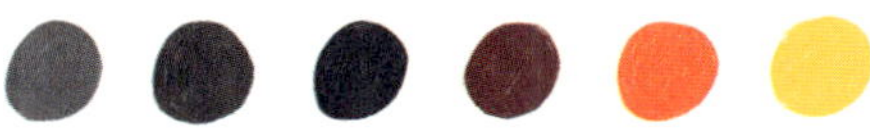

# Grifón de muestra de pelo duro

El pelo duro del grifón es de un llamativo color gris acero con manchas castañas. Este perro de caza es listo y afectuoso, con un temperamento despierto y enérgico.

1 Dibuje tres círculos a modo de guía para la cabeza y el cuerpo.

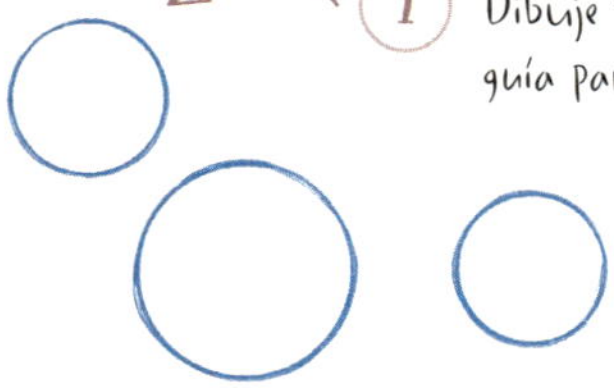

2 Trace una línea horizontal hacia la parte superior del círculo de la cabeza. Añada un triángulo estrecho en el lado derecho para la oreja, y otro en el izquierdo para la parte superior del hocico.

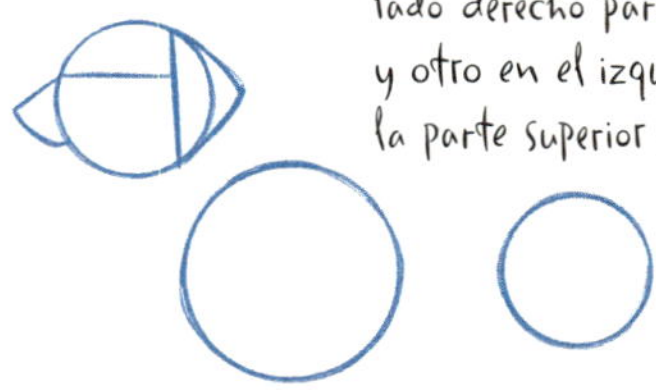

3 Trace dos líneas verticales largas debajo de cada círculo para las patas (a). Trace una diagonal más larga para una de las patas traseras (b), que está estirada. Trace una línea para la cola (c).

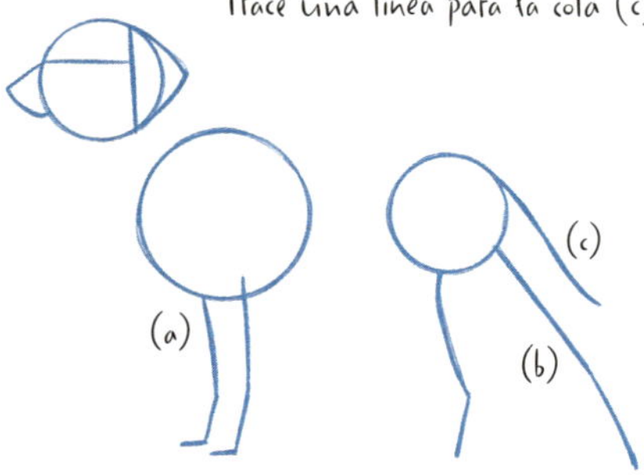


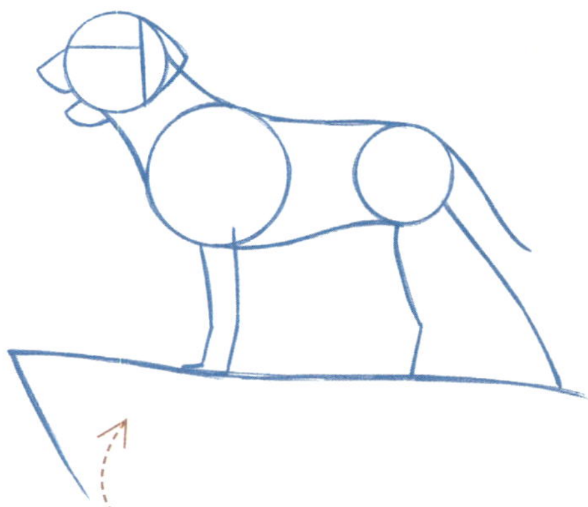

4 Una los dos círculos del cuerpo con líneas. Añada la parte inferior del hocico en el lado inferior derecho de la cabeza. Dibuje una figura debajo para la roca.

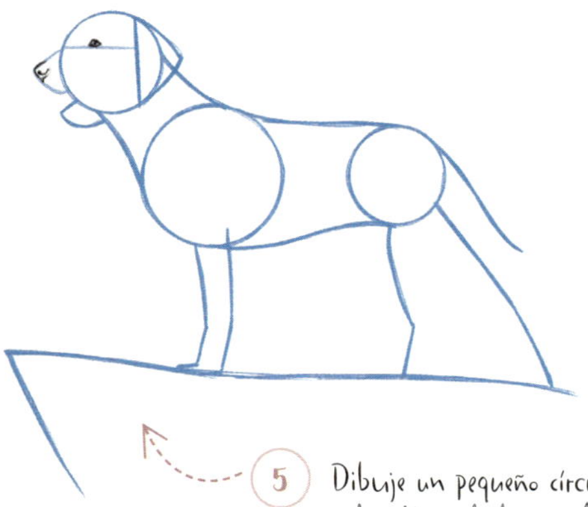

5 Dibuje un pequeño círculo para el ojo a la altura de la guía horizontal. Añada la nariz en la punta del hocico.

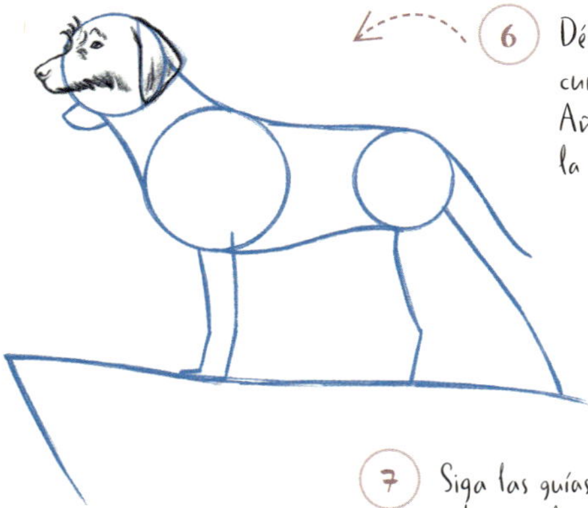

6 Dé forma al hocico con trazos cortos y curvos por encima y por debajo de la nariz. Añada un par de líneas para la ceja. Dibuje la oreja con trazos cortos.

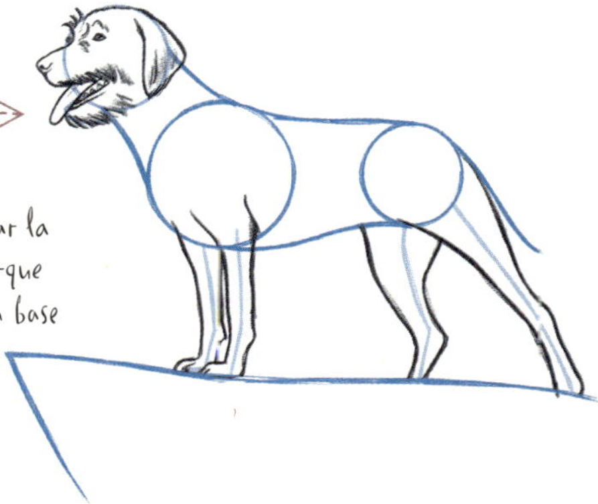

7 Siga las guías para dibujar la cabeza y las patas, y marque los dedos y las uñas en la base de las patas delanteras.

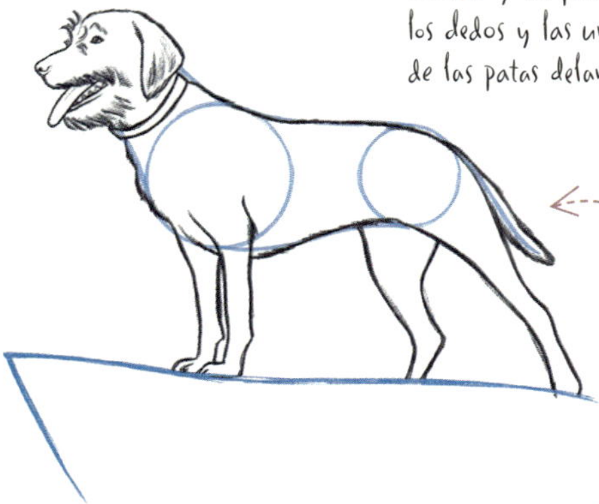

8 Oscurezca las guías con líneas más curvas para dar forma al cuerpo. Añada un collar.

9 Dibuje la roca con líneas sinuosas y añada unos trazos en la parte superior para la hierba. Borre las guías. Pinte el cuerpo y el hocico de beis claro; la cabeza, la barbilla y las orejas de un tono medio de marrón, y las manchitas del lomo de marrón. Coloree la lengua y la nariz de rosa claro.

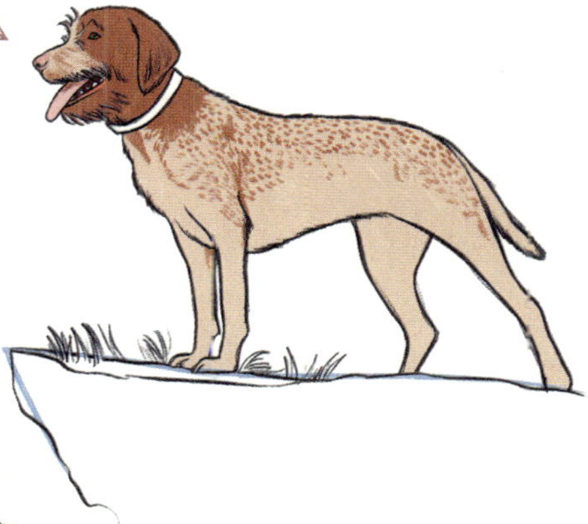

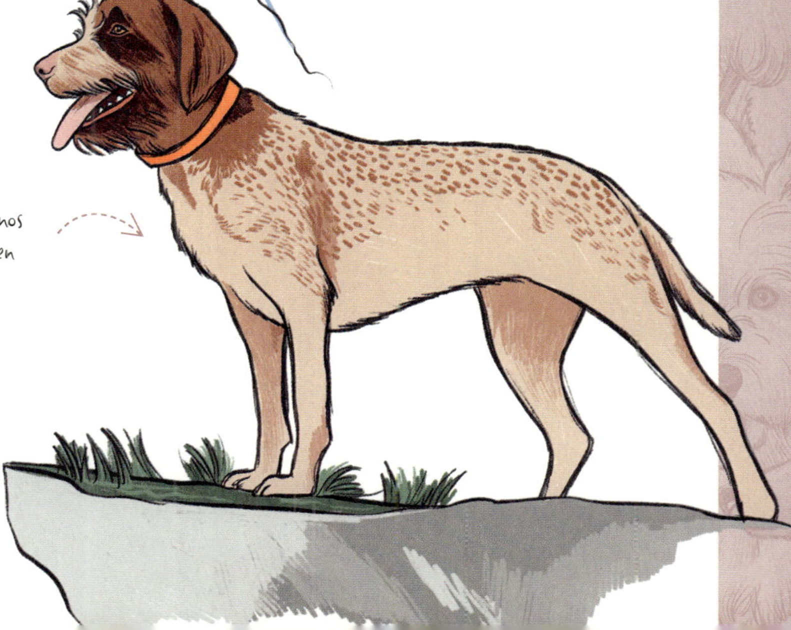

10 Añada tonos más oscuros de marrón en la cara, tonos grises en la roca y verdes en la hierba.

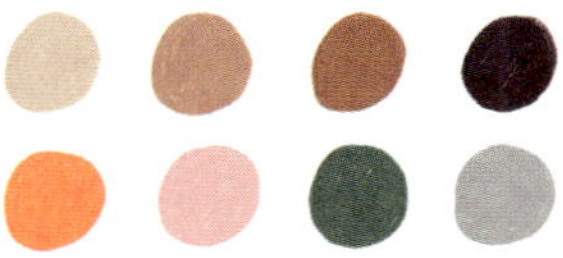

# Dálmata

Siga las guías con trazos largos y fluidos para representar el peculiar pelaje moteado del dálmata, que es corto, satinado y fino.

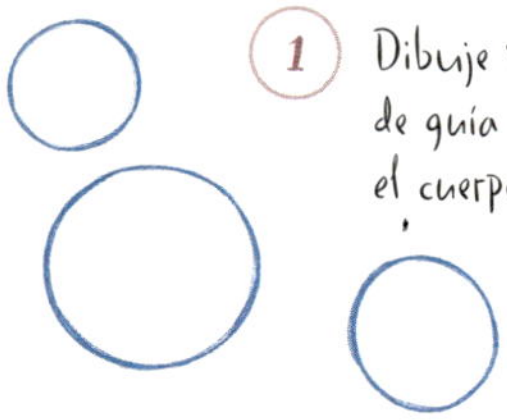

1 Dibuje tres círculos a modo de guía para la cabeza y el cuerpo.

2 En el círculo superior, trace una línea horizontal y una D invertida para la oreja.

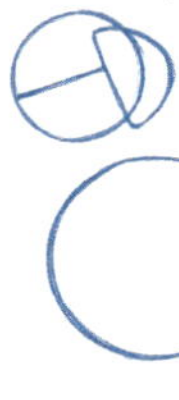

3 Empiece a dibujar el hocico en el extremo de la línea horizontal y cúrvelo hasta la base del círculo de la cabeza. Añada un círculo para la pelota. Trace líneas para las patas, doblándolas a la altura de dos tercios para las articulaciones.

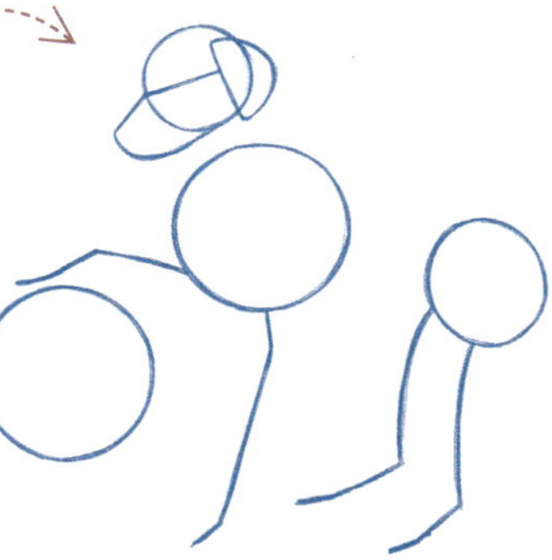

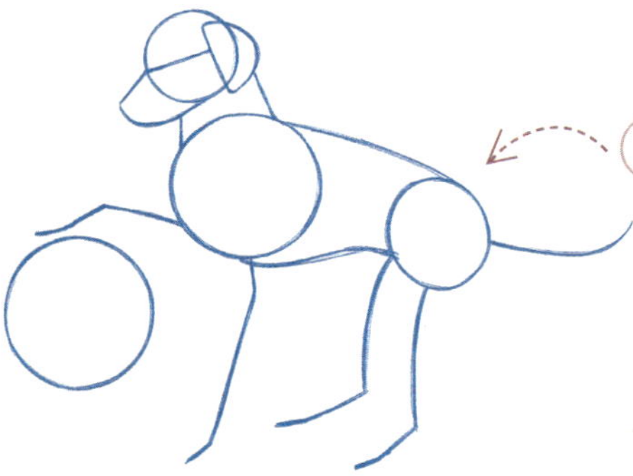

4 Trace líneas en el cuello y el cuerpo para unir todas las figuras. Añada una cola ligeramente curvada por el extremo.

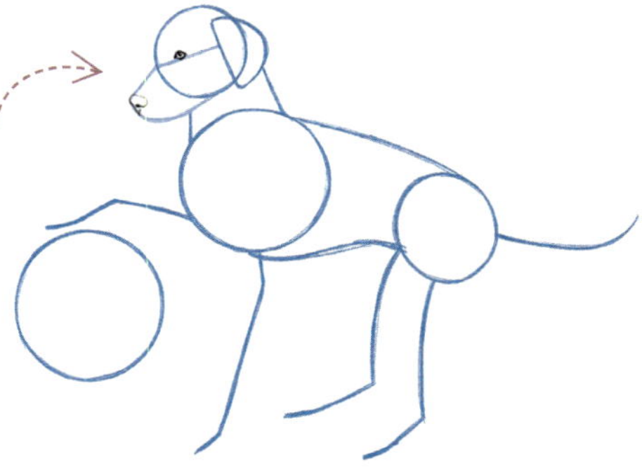

5 Dibuje el ojo a la altura de la guía horizontal y la nariz en la punta del hocico.

6 Dibuje la nariz y la boca a partir del esbozo del hocico y la oreja a partir de la D invertida.

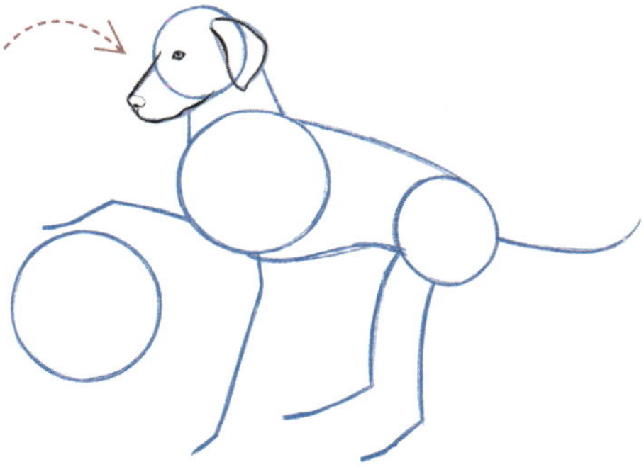

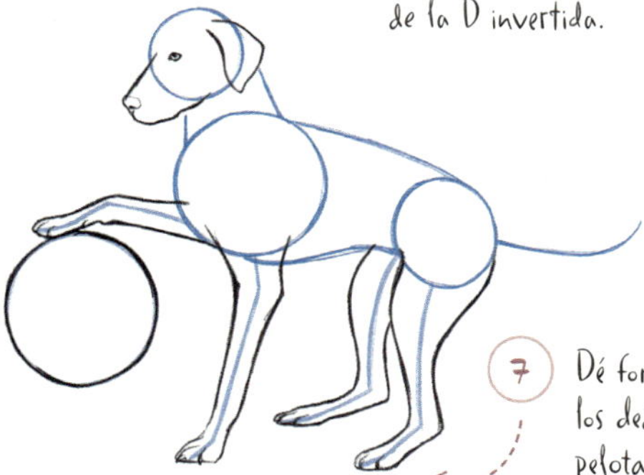

7 Dé forma a las patas y añada los dedos y las uñas. Repase la pelota de baloncesto.

8 Termine de dibujar el cuerpo. Borre las guías.

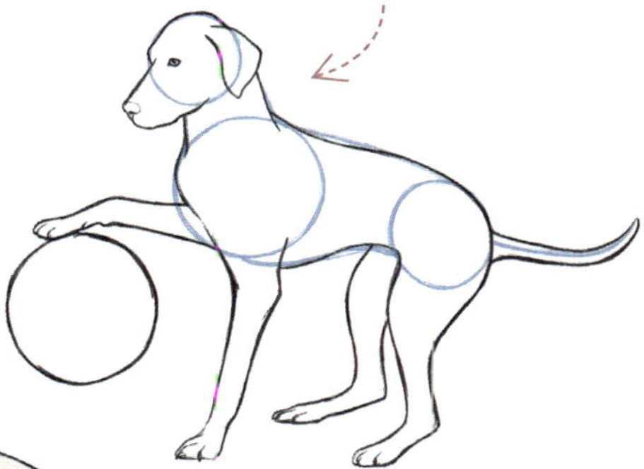

9 Pinte la base de blanco crudo o beis claro, y el ojo de un verde o un azul muy claros.

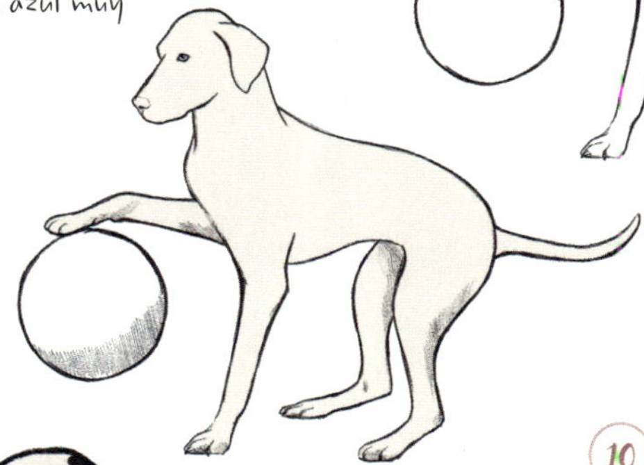

10 Añada manchas bien definidas en negro o marrón muy oscuro por todo el pelaje. Tienen que ser algo más grandes en el lomo y más pequeñas en la cara y las patas. Añada sombras debajo del vientre y el cuello. Pinte la pelota de rojo vivo y proyecte la sombra.

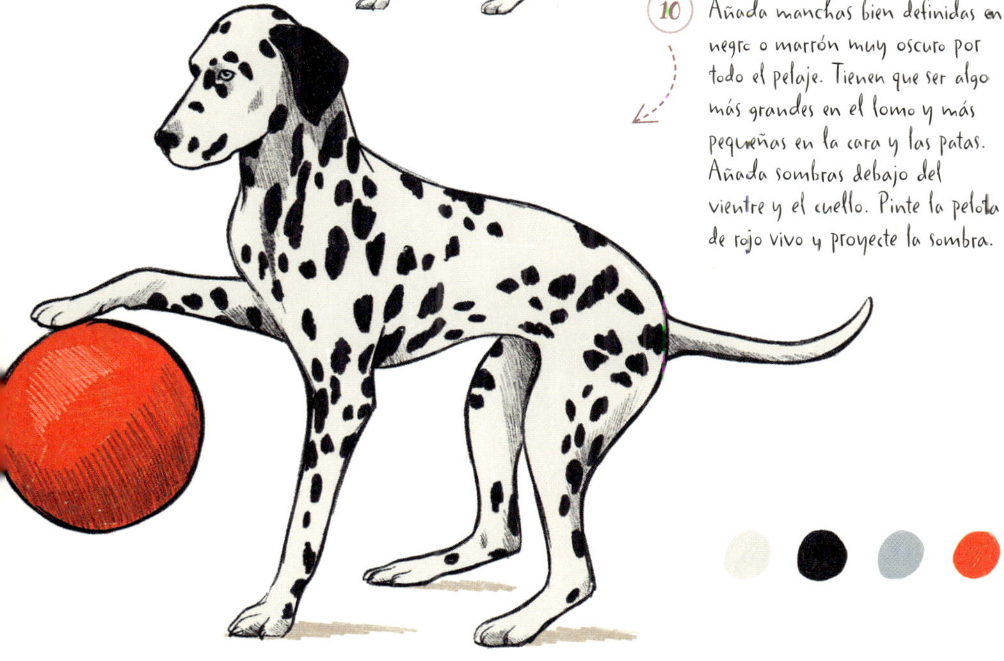

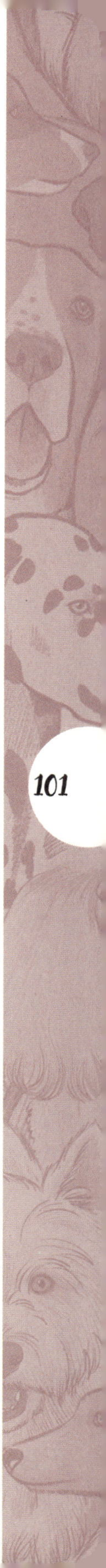

# Lebrel irlandés

Una de las razas caninas de mayor altura, el lebrel irlandés tiene el pelaje desaliñado, por lo que puede dibujarlo con trazos largos y desordenados.

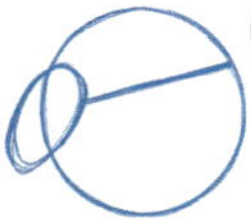

1 Dibuje un círculo a modo de guía y divídalo con una línea horizontal. Solápelo con un pequeño óvalo para la oreja.

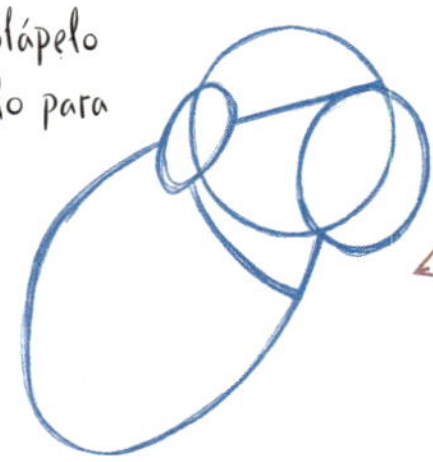

2 Dibuje un óvalo en el lado inferior derecho para el hocico. Añada una figura en forma de U para la parte delantera del cuerpo. Trace una línea para el cuello.

3 Añada otra figura en forma de U en la parte superior izquierda atravesada por una línea vertical.

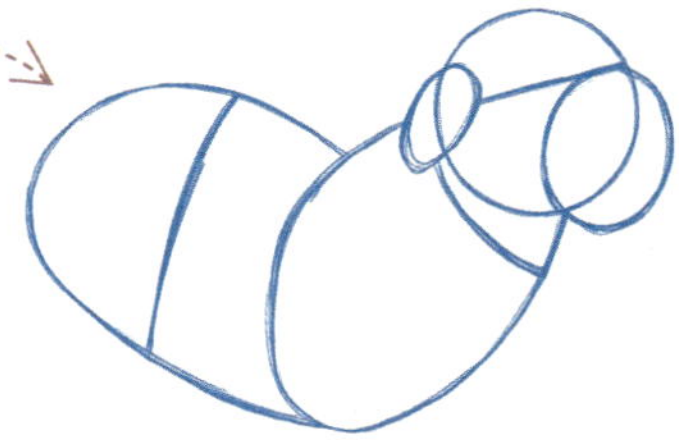

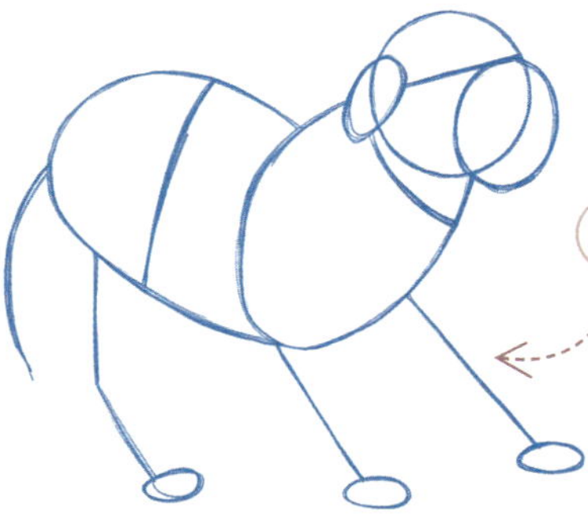

4 Trace tres líneas para las patas y unos circulitos para los pies. Añada una línea para la cola.

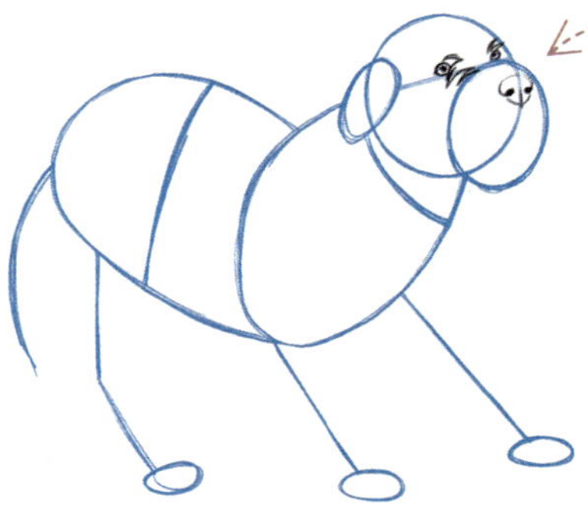

5 Para dibujar los ojos, esboce con suavidad unas líneas de pelo y añada unos circulitos debajo. Dibuje la nariz dentro del hocico, a lo largo de la guía circular. Trace una línea vertical corta en la base y oscurezca las fosas nasales.

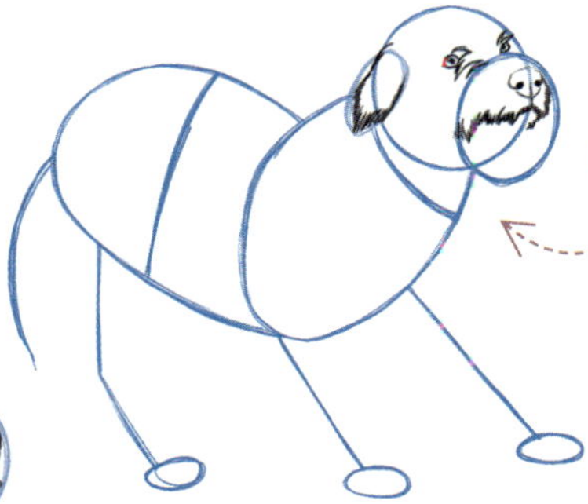

6 Dibuje la mandíbula superior y la oreja con trazos cortos y rápidos para crear la textura del pelo.

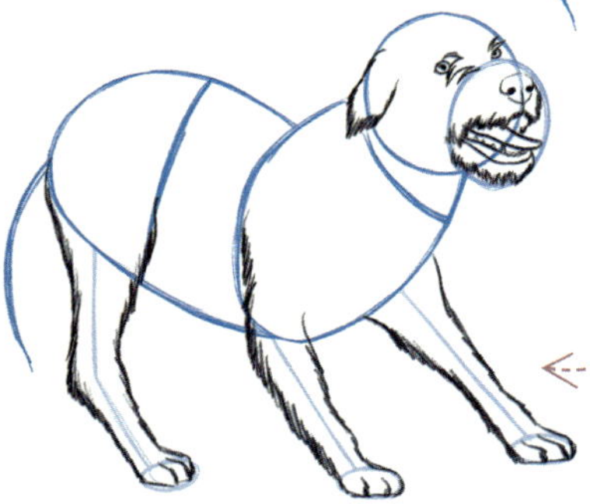

7 Dibuje la mandíbula inferior y la lengua. Dé forma a las patas con trazos cortos, y doble la pata trasera para crear la articulación. Añada unas líneas cortas para los dedos.

8 Siga las guías para dibujar el resto de la cabeza y el cuerpo con trazos en zigzag para crear el pelo tieso. Dibuje la cola estrecha y curvada alrededor de la guía.

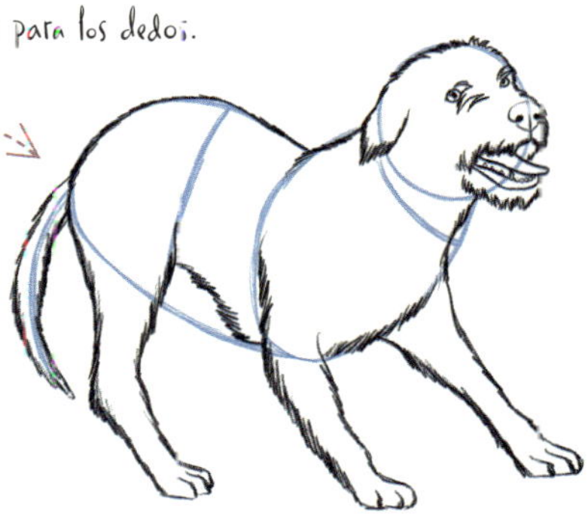

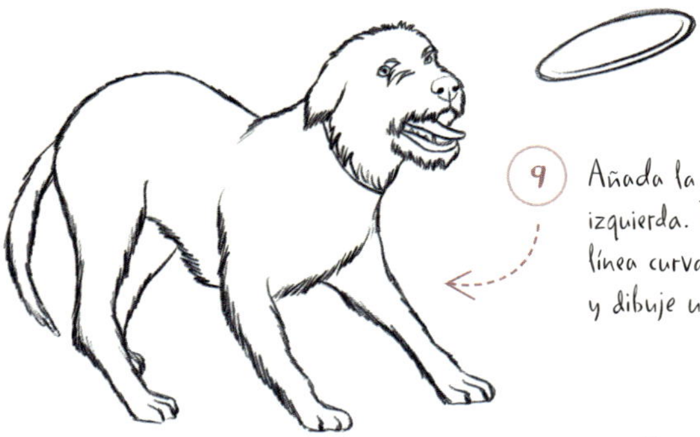

9 Añada la parte visible de la pata trasera izquierda. Dibuje pelos en el cuello y una línea curva para el collar. Borre las guías y dibuje un óvalo para el Frisbee®.

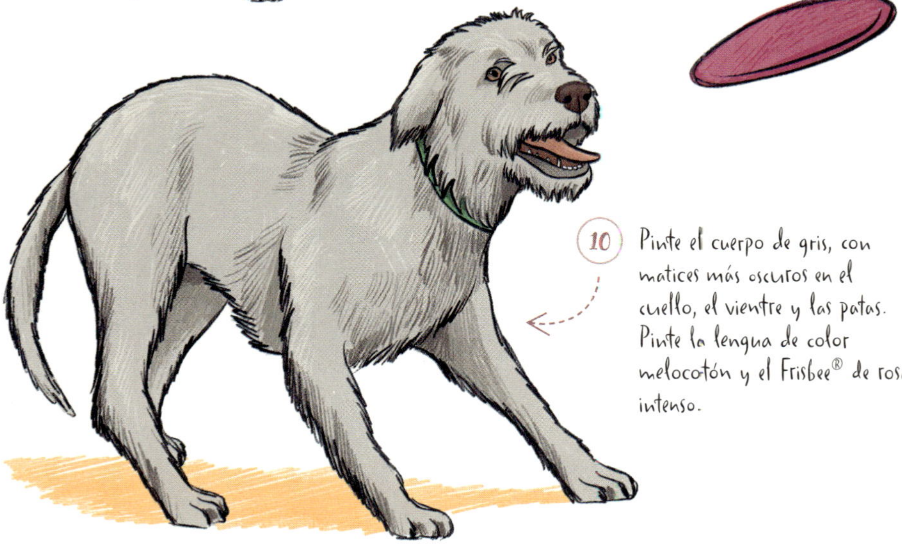

10 Pinte el cuerpo de gris, con matices más oscuros en el cuello, el vientre y las patas. Pinte la lengua de color melocotón y el Frisbee® de rosa intenso.

# Bull terrier

Estos perros musculosos, enérgicos y traviesos se distinguen por su cabeza alargada en forma de huevo. Les encanta las muestras de afecto y el ejercicio.

1 Dibuje un círculo a modo de guía. Trace una línea horizontal en la parte superior que se extienda por la izquierda. Añada dos orejas triangulares.

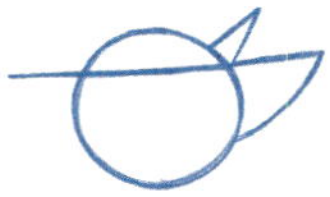

2 Trace una línea a cada lado de la línea horizontal para crear el perfil. Añada un óvalo para el cuerpo.

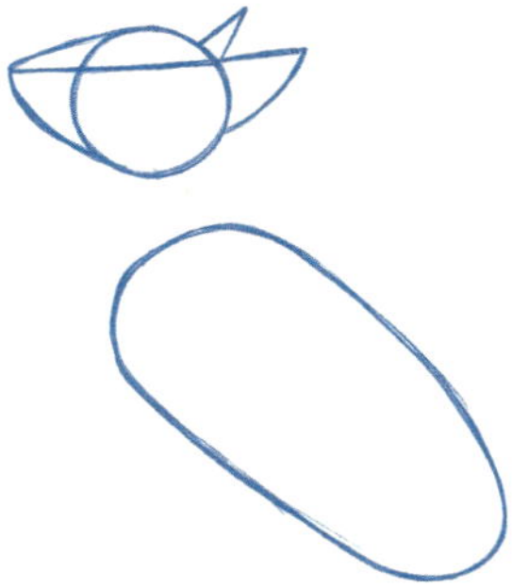

3 Dibuje dos líneas verticales cortas para las patas delanteras y dos guías para las patas traseras. Doble las líneas para indicar las articulaciones y los pies.

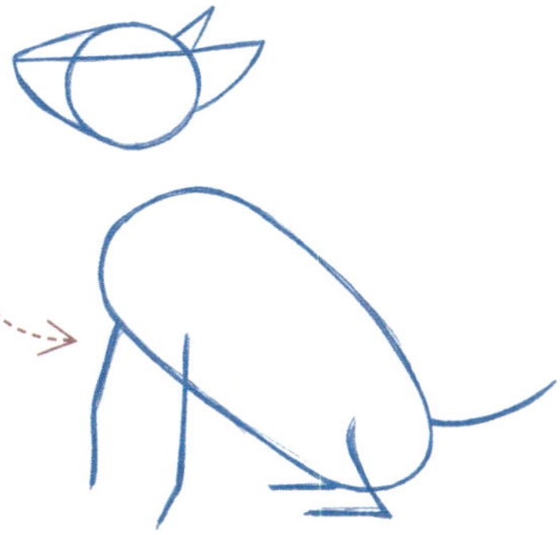

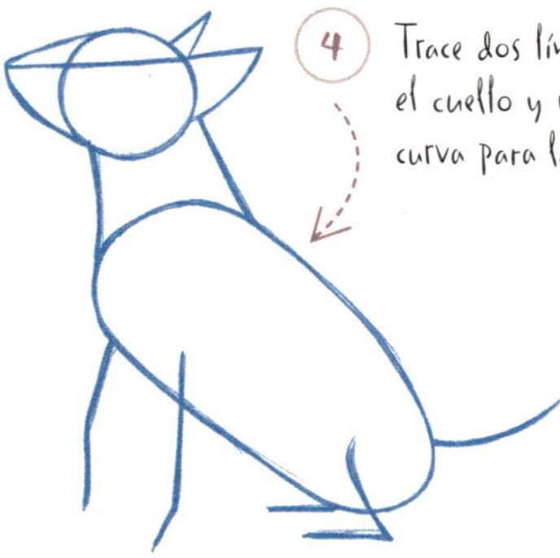

4 Trace dos líneas para el cuello y una línea curva para la cola.

5 Dibuje el ojo a la altura de la guía horizontal y la nariz en la punta del hocico.

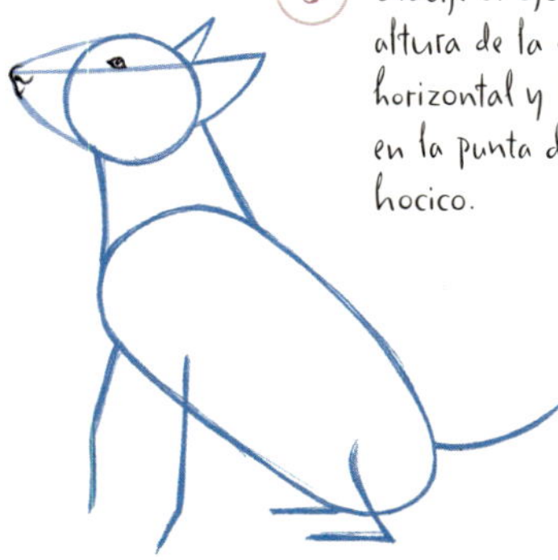

6 Trace dos líneas curvas para los labios. Dé forma a las orejas, con un contorno más sinuoso en los lados. Aplique trazos cortos dentro de las orejas para definir la estructura interna.

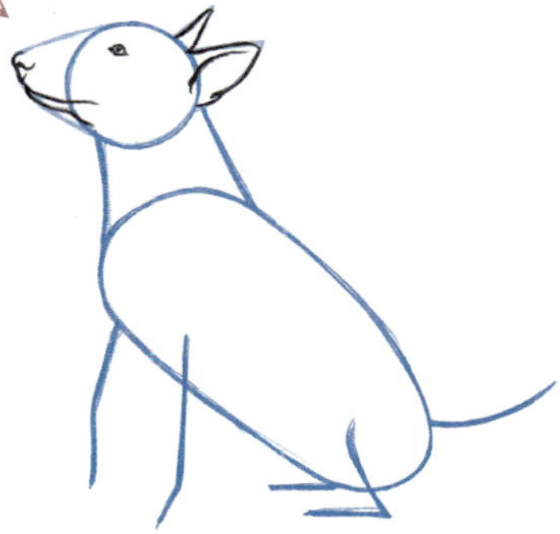

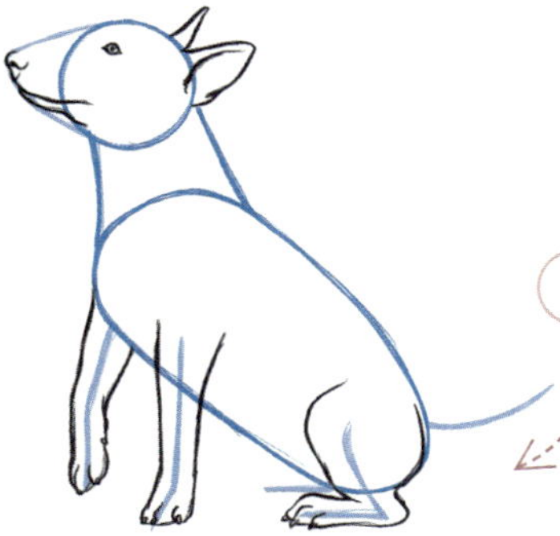

7 Siga las guías para dar forma a las patas. La pata delantera izquierda está algo levantada. Doble la pata trasera cerca de la parte superior para la articulación. Añada líneas cortas para los dedos y triángulos para las uñas.

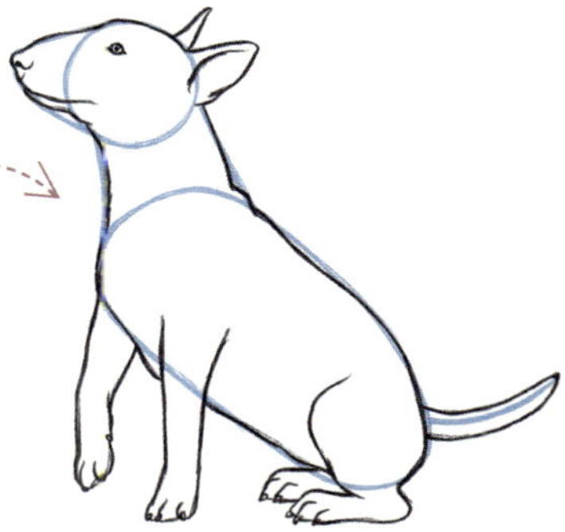

8 Dibuje el resto del cuerpo. Borre las guías.

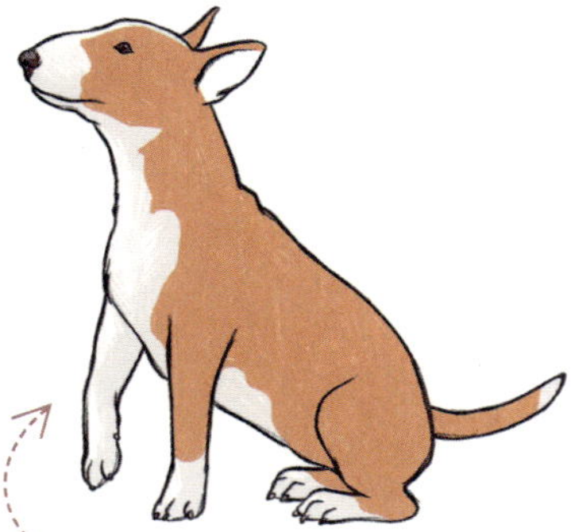

9 Pinte la base de blanco crudo para la parte frontal y las garras, y de un tono medio de marrón para la cara, las orejas y el lomo.

10 Sombree el dibujo para darle dimensión y volumen con trazos que vayan en la dirección general del pelo.

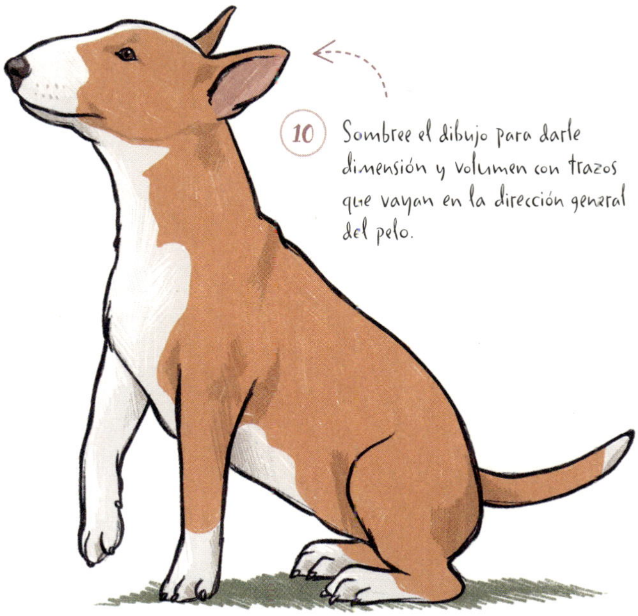

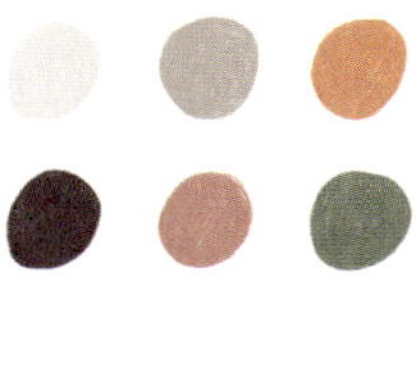

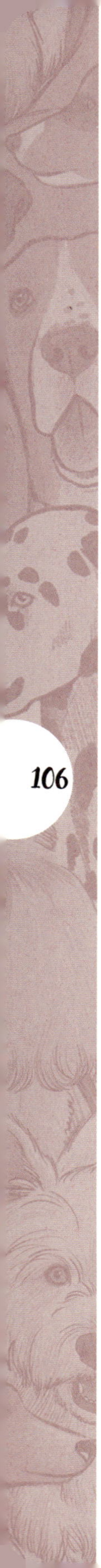



# Akita

El valiente, grande y poderoso akita, que en el Japón feudal se criaba como perro guardián de la realeza, tiene una presencia noble e intimidante.

1 Dibuje un círculo a modo de guía y añada otro en el interior.

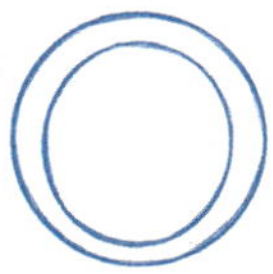

2 Dibuje dos orejas triangulares, empezando por el círculo más pequeño y terminando por el más grande. Trace dos líneas entrecruzadas dentro del círculo más pequeño.

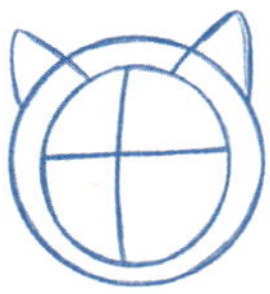

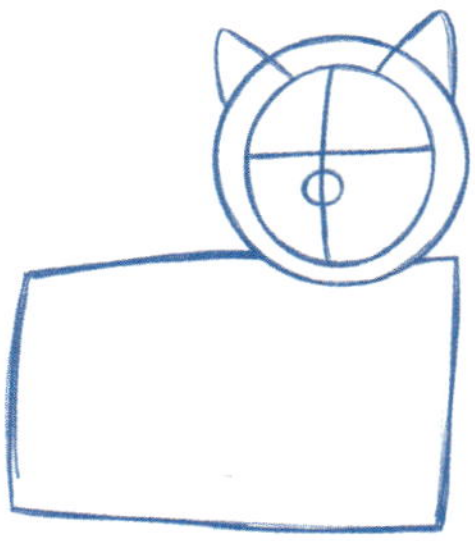

3 Añada un circulito para la nariz. Dibuje un triángulo grande para el cuerpo.

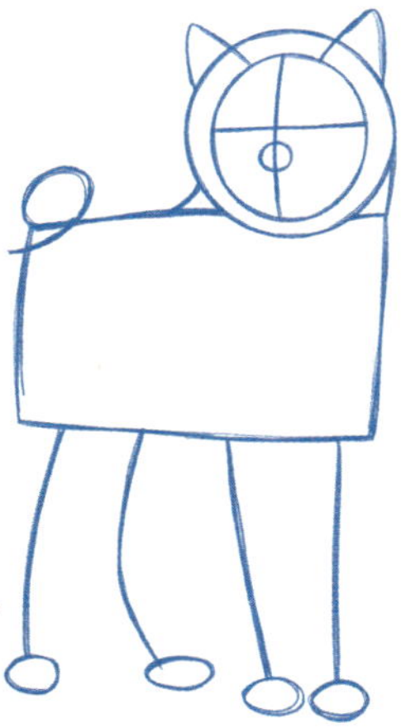

4 Dibuje una cola rizada. Trace cuatro líneas para las patas, con circulitos para las garras.

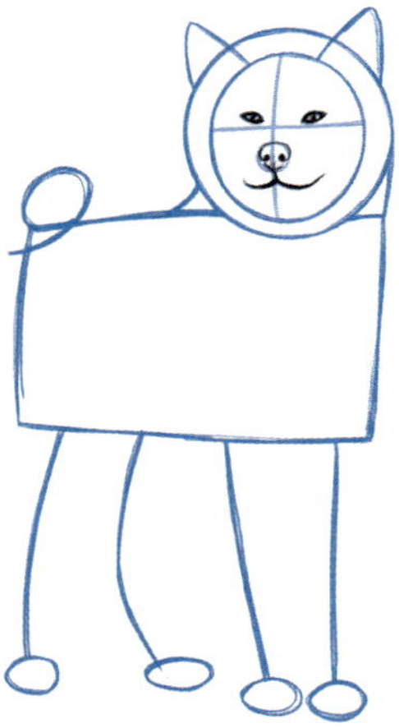

5 Dibuje dos óvalos minúsculos para los ojos a la altura de la guía horizontal. Dibuje la nariz dentro del círculo pequeño. Trace dos líneas curvas para los labios superiores.

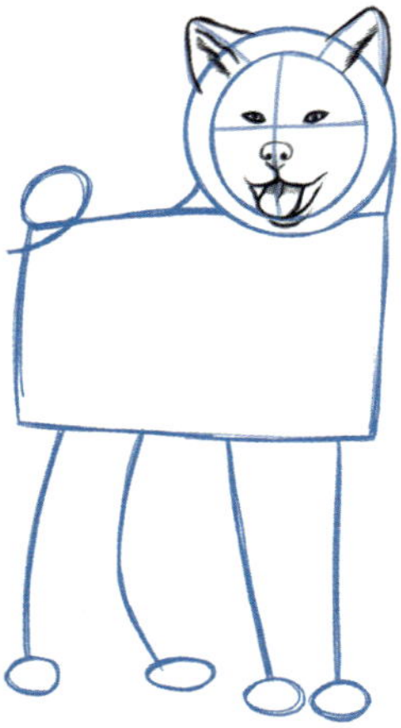

6 Dé forma a las orejas. Aplique trazos cortos y rápidos en su interior para emular el pelo. Dibuje la parte inferior del hocico, con la lengua fuera.

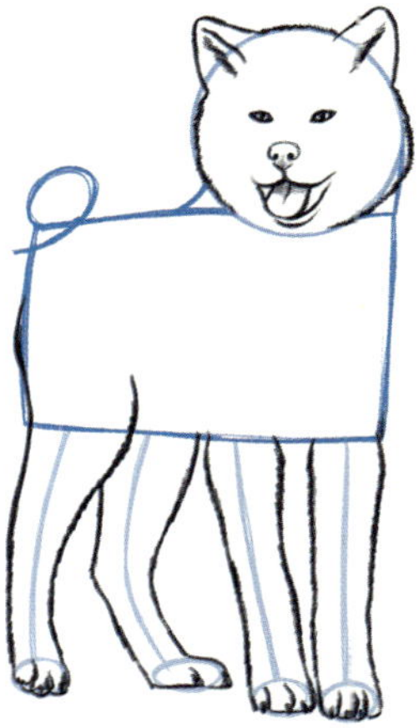

7 Dé forma a las patas. Trace líneas curvas para los dedos.

8 Dibuje el resto del cuerpo y la cola con trazos cortos y rápidos para crear la textura del pelo. Borre las guías. Aplique pequeños trazos alrededor del dibujo a modo de pelo.

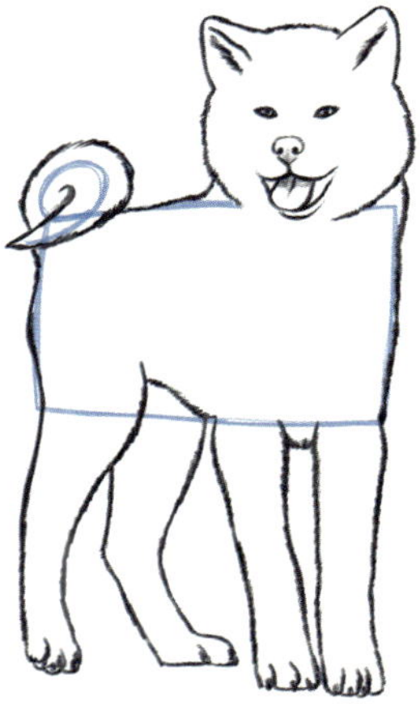

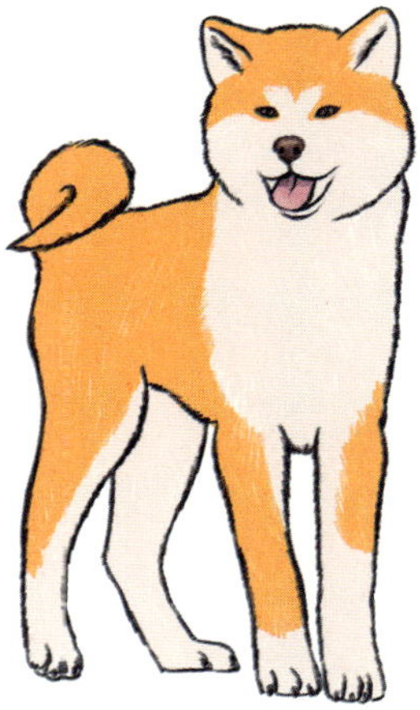

9 Pinte la base de blanco crudo. Coloree las manchas principales de naranja, los ojos y la nariz de marrón, y la lengua de rosa.

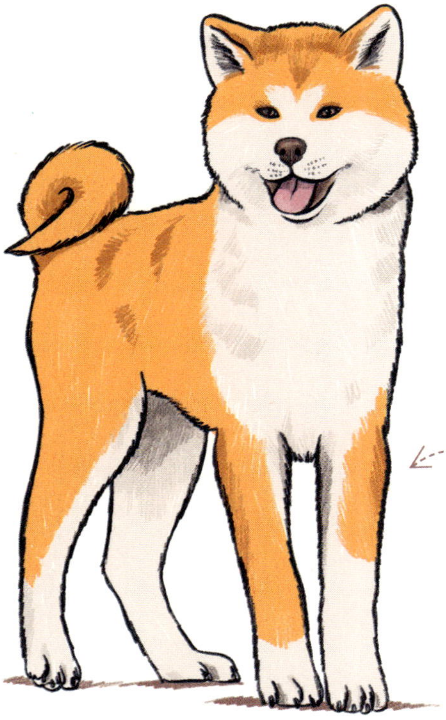

10 Añada tonos más oscuros para dar dimensión al pelaje. Por último, proyecte una sombra rosada en el suelo.

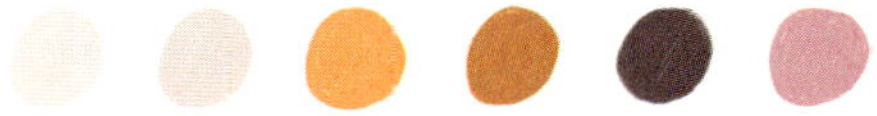

# Lebrel afgano

El afgano es la elegancia personificada, con su magnífico pelaje sedoso, su cara exótica y su estatura de modelo. Es una raza que no pasa desapercibida.

1 Dibuje un círculo a modo de guía y divídalo con una diagonal.

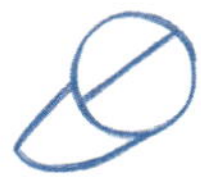

2 Añada una figura triangular para el hocico.

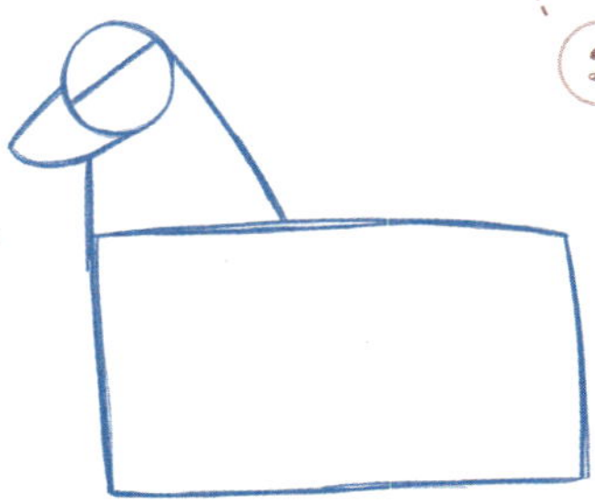

3 Añada un par de líneas verticales largas para el cuello. Dibuje un rectángulo grande para el cuerpo.

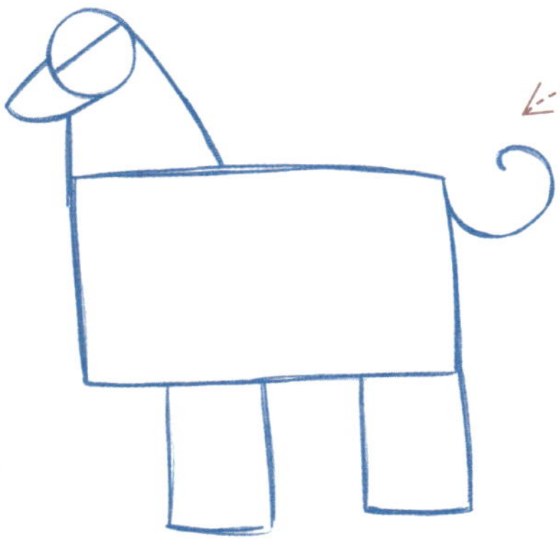

4 Añada dos rectángulos más pequeños para las patas y una cola rizada.

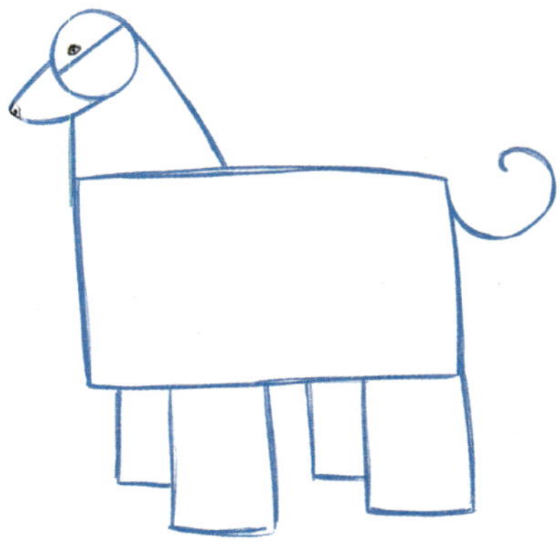

5 Dibuje otros dos rectángulos junto a las primeras patas. Trace el ojo a la altura de la diagonal, dentro del semicírculo. Añada la nariz en la punta del hocico.

6 Dé forma al hocico con trazos cortos y curvos por encima y por debajo de la nariz. Añada unas pequeñas líneas curvas alrededor del ojo.

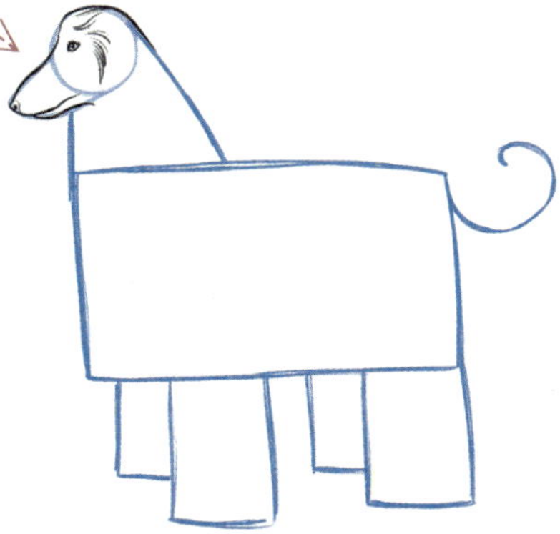

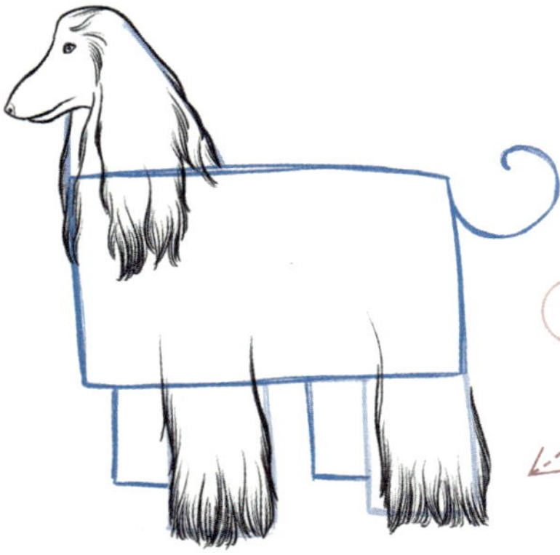

7 Siga las guías para oscurecer la cabeza. Dé forma a la oreja con trazos muy largos. Siga las guías para dibujar las patas.

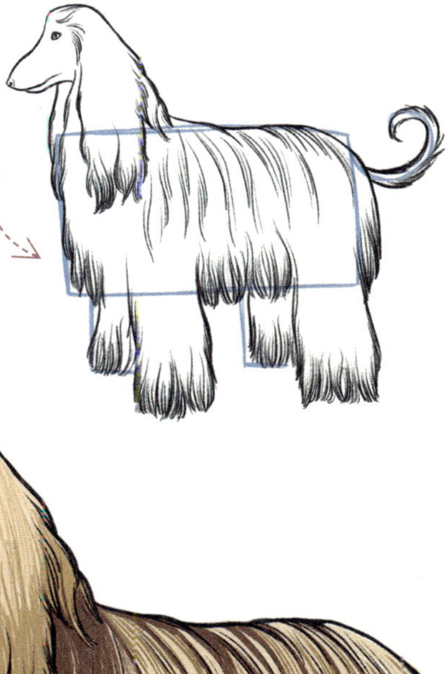

8 Dibuje el resto del cuerpo con trazos sinuosos muy largos para representar la melena.



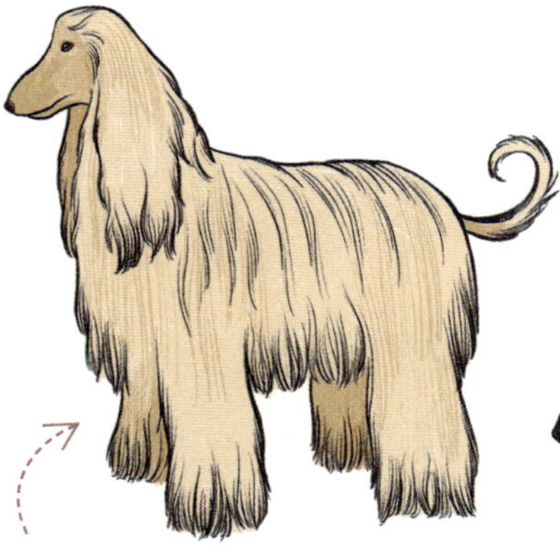

9 Borre las guías. Pinte la base de marrón arena claro.

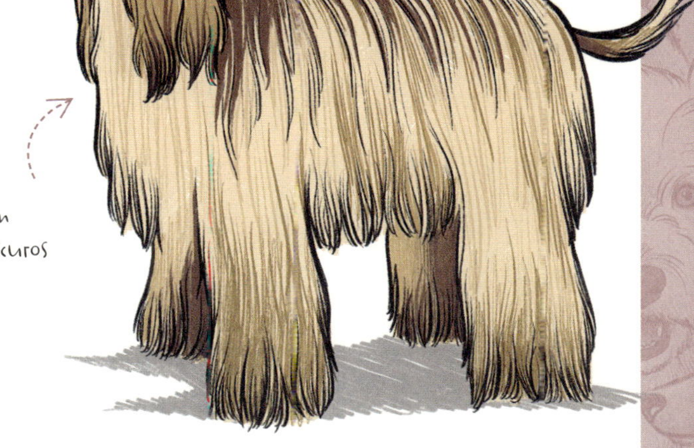

10 Añada matices en tonos claros y oscuros de marrón.

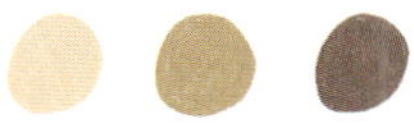

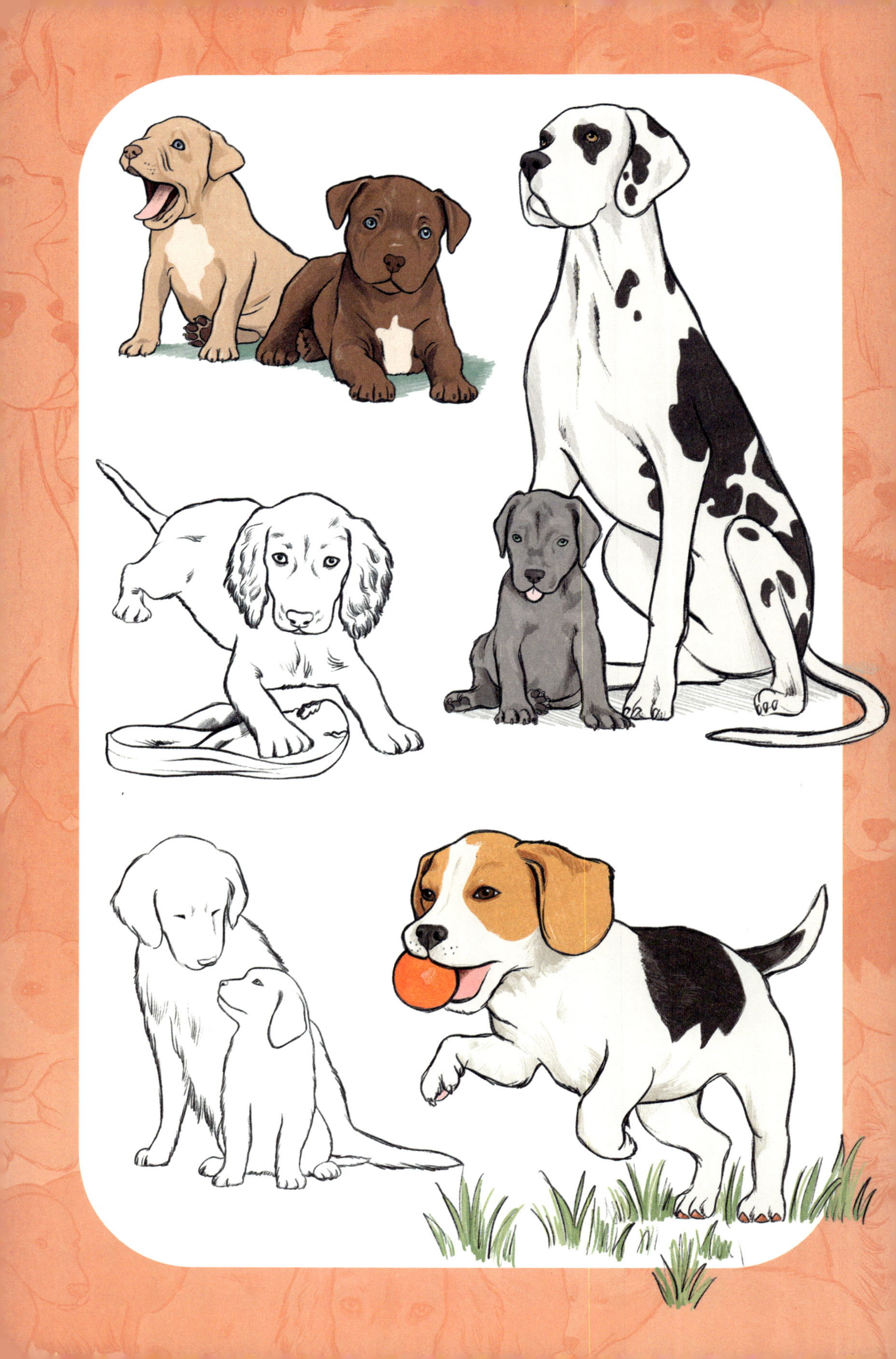

# Perros y cachorros

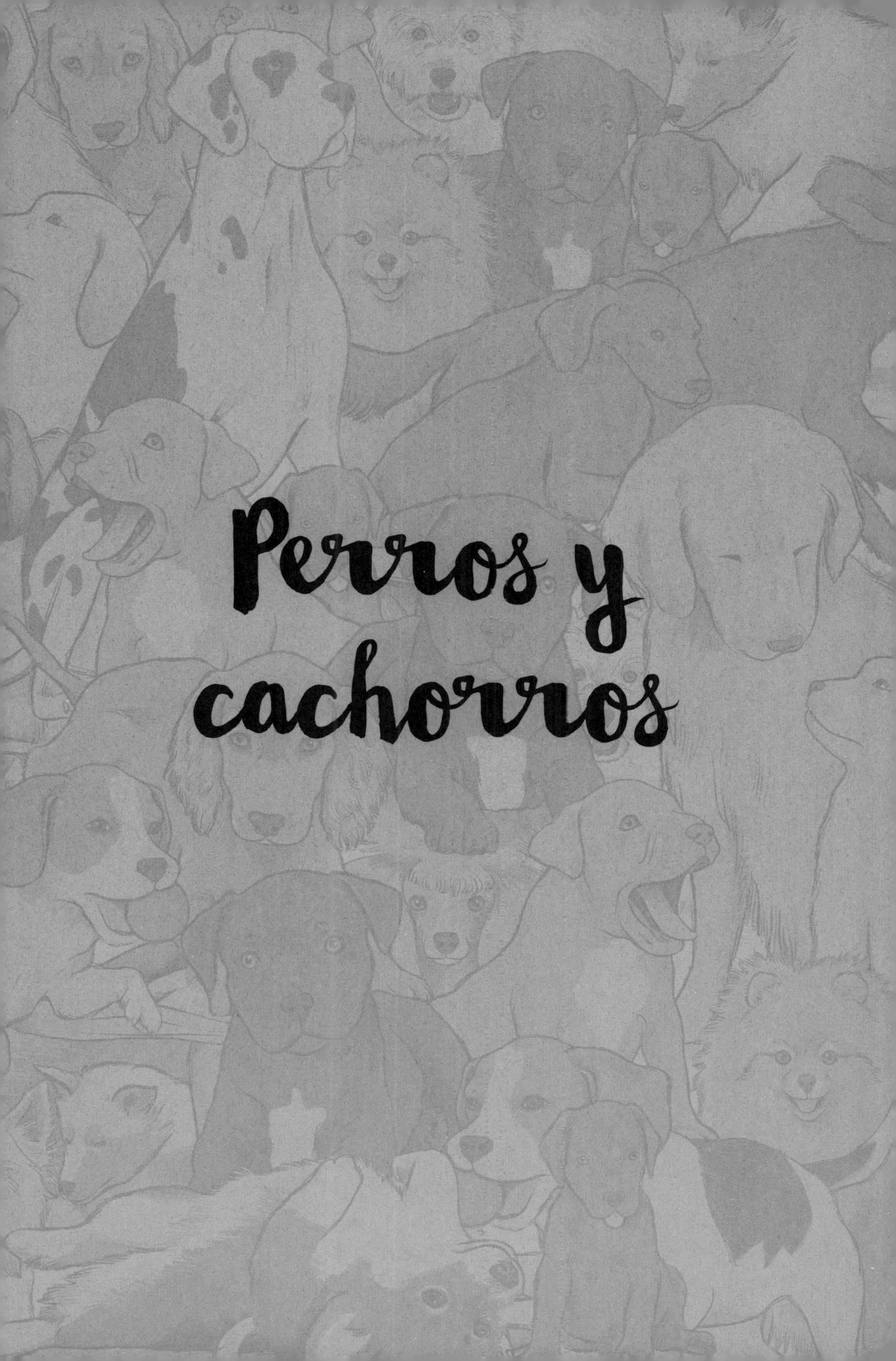

# Beagle

Pequeños, divertidos y resistentes, los cachorros de beagle son compañeros activos. Les encanta seguir un olor interesante o ir detrás de una pelota.

1 Dibuje un círculo a modo de guía y añada una línea horizontal en el centro y una línea vertical más corta que atraviese la parte superior izquierda.

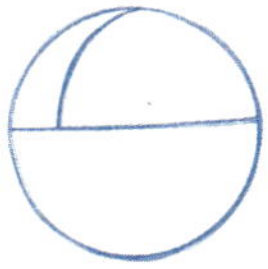

2 Dibuje un círculo más pequeño que quede por encima del lado inferior izquierdo para el hocico. Añada una oreja en forma de D.

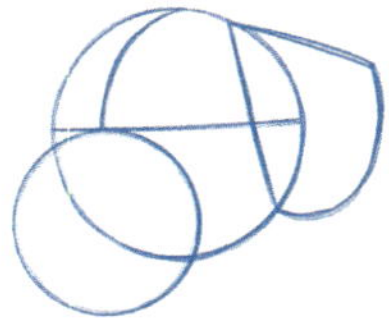

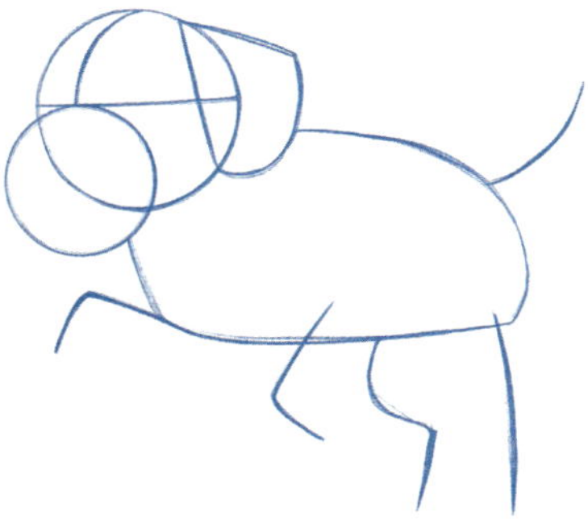

3 Dibuje una especie de pan de molde para el cuerpo. Trace cuatro líneas para las patas y otra curvada para la cola.

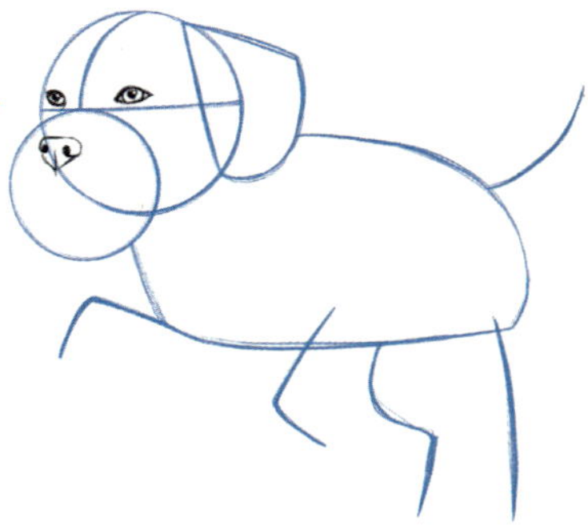

4 Dibuje los ojos pequeños y almendrados a la altura de la guía horizontal. El ojo derecho tiene que ser algo más grande que el izquierdo. Añada la nariz.

5 Sin salir del círculo pequeño, trace una línea entre la base de la nariz y el ojo izquierdo, y otra línea que empiece en la base de la nariz y se curve a la derecha. Dibuje una pelota en la boca y un par de líneas curvas para la barbilla.

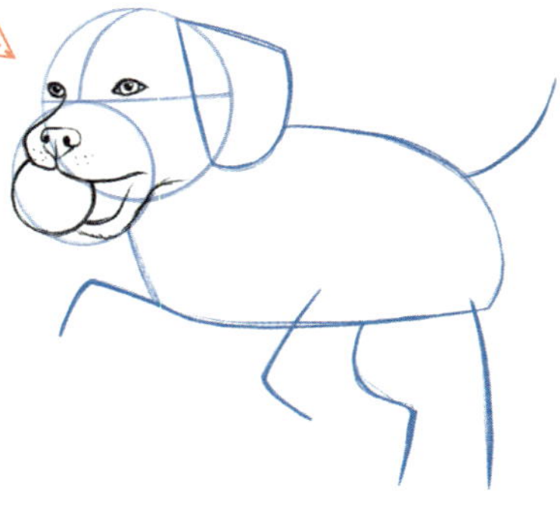

6 Siga el círculo principal para dibujar el resto de la cabeza. Añada un par de líneas para el cuello.

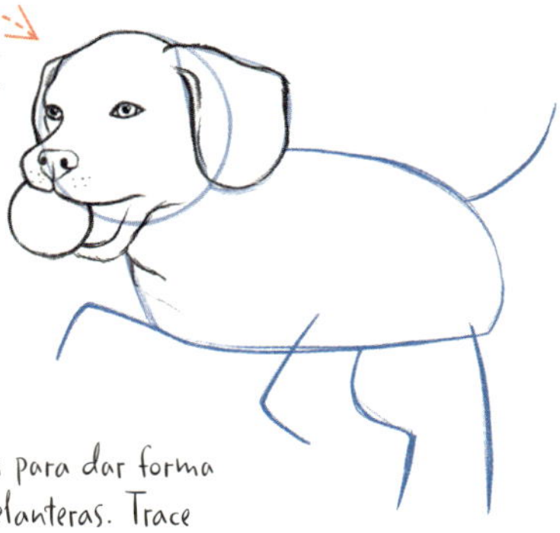

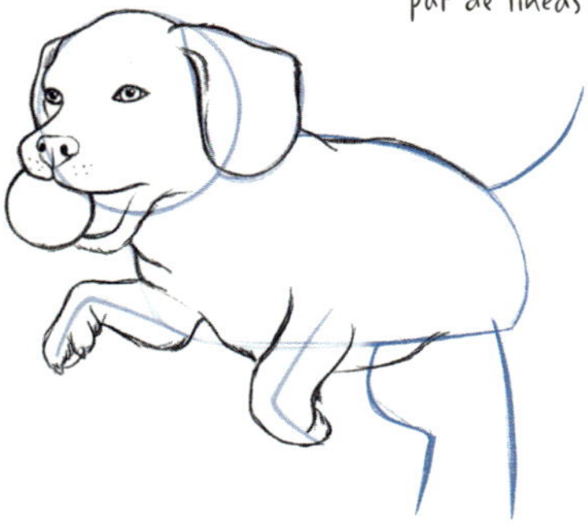

7 Siga las guías para dar forma a las patas delanteras. Trace líneas cortas y curvas para los dedos.

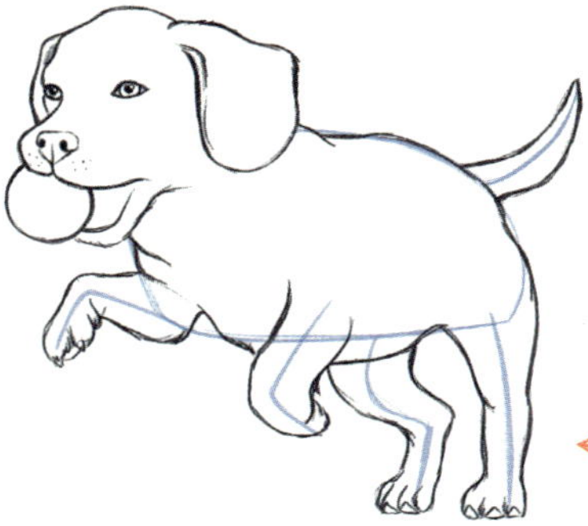

8 Añada las patas traseras. Curve las patas en el punto en que las guías se doblen para representar las articulaciones. La parte superior debe ser más gruesa que la inferior. Trace líneas cortas y curvas para los dedos.

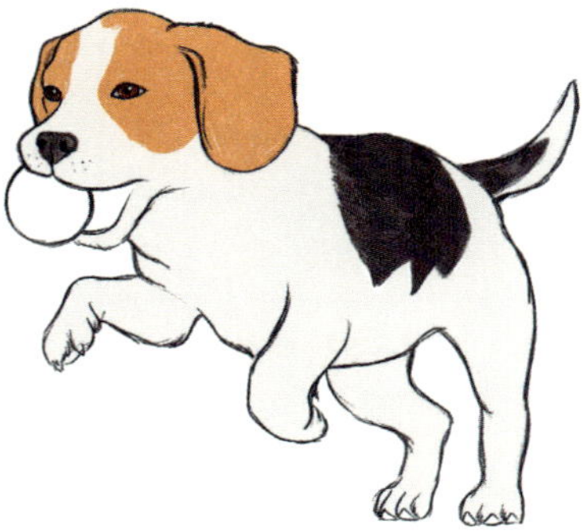

9 Borre las guías. Pinte la base de gris muy claro, la cabeza de marrón claro, y el lomo y la cola de negro. Coloree los ojos y la nariz de marrón claro.

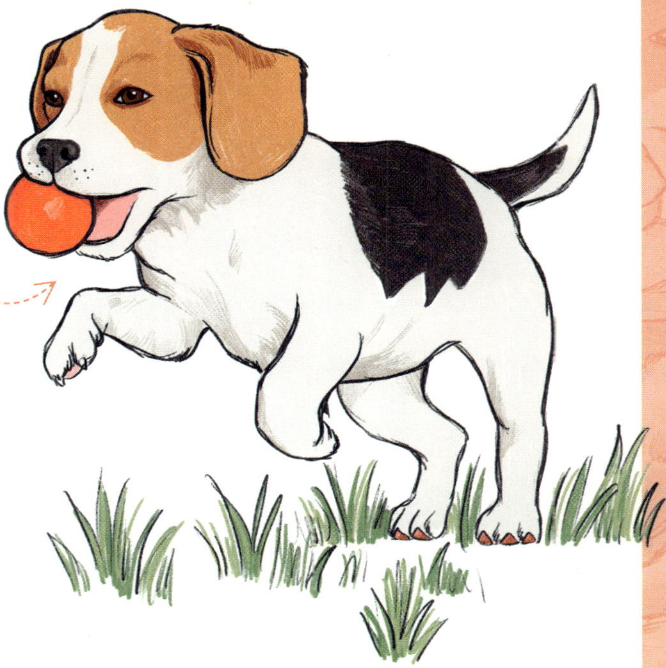

10 Sombree la frente, el cuello, el pecho y el vientre. Pinte la pelota de rojo, y la lengua, la almohadilla delantera y las uñas de rosa. Añada briznas de hierba verde alrededor de los pies.

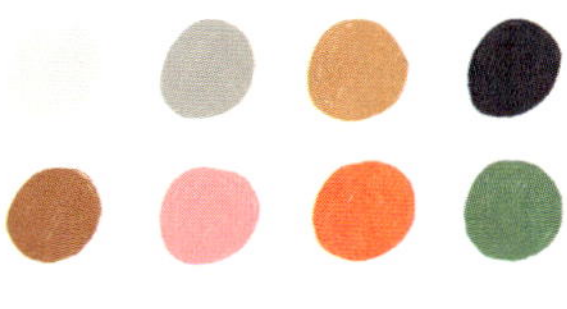

# Cobrador dorado

Esta preciosa hembra de cobrador dorado mira con amor a su cachorro.
Si quiere dibujarlos con el pelo más enmarañado, aplique trazos más largos.

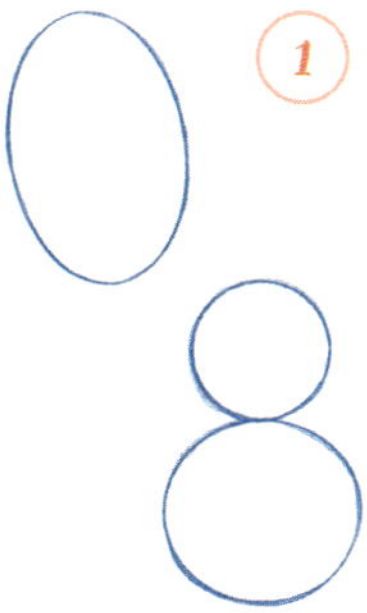

1 Dibuje un círculo para la cabeza del cachorro y otro algo más grande para el cuerpo. En el lado superior izquierdo, añada un óvalo para la cabeza de la madre.

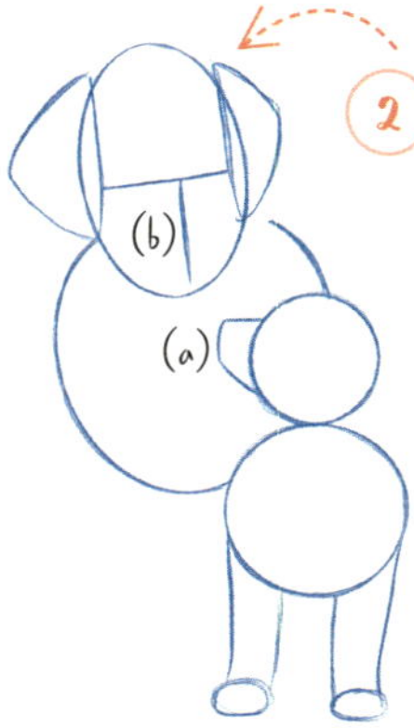


2 Añada una guía para el hocico del cachorro (a), dos líneas rectas para las patas y un círculo para las garras. Trace una línea horizontal en la cabeza de la madre y una línea vertical en la mitad inferior (b). Añada dos orejas triangulares y un círculo más grande para el pecho.

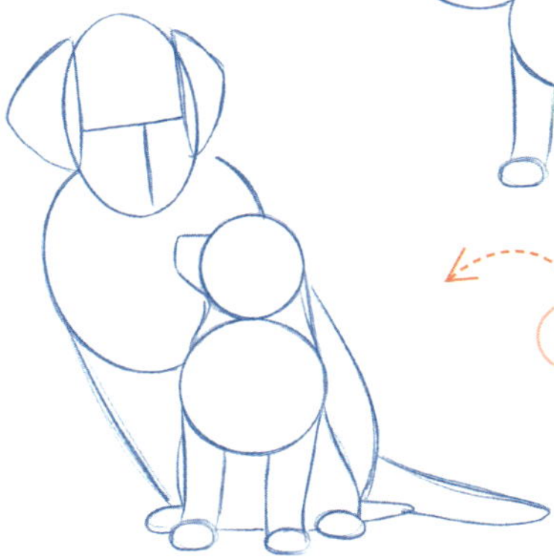

3 Añada líneas curvas para el cuello y las patas traseras del cachorro. Dibuje círculos para las garras traseras y una cola en forma de U alargada. Trace líneas para el resto del cuerpo y la cola de la madre.

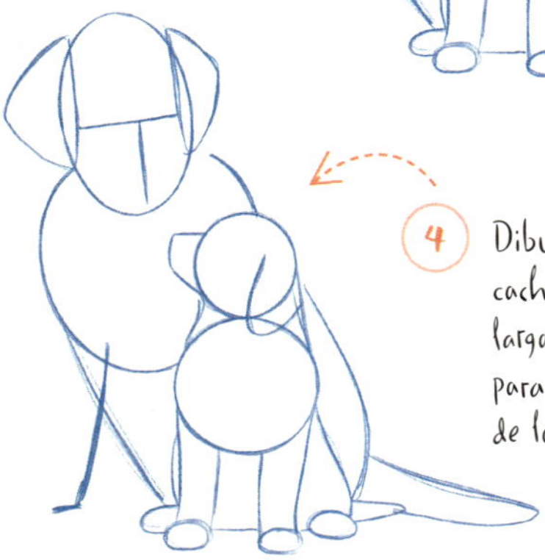

4 Dibuje una U para la oreja del cachorro. Trace una línea recta larga debajo del círculo del pecho para la pata delantera izquierda de la madre.

5 Dibuje el ojo del cachorro junto a la parte superior del hocico y los ojos de la madre a cada lado de la línea vertical. Siga las guías para dibujar las orejas con trazos cortos y rápidos. Añada la nariz de la madre en la base de la línea vertical.

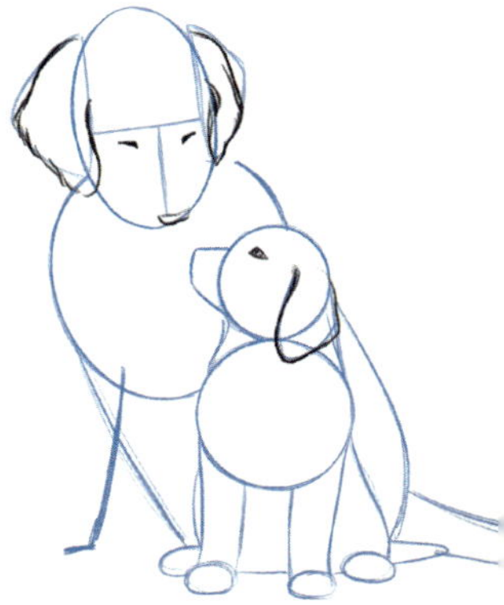

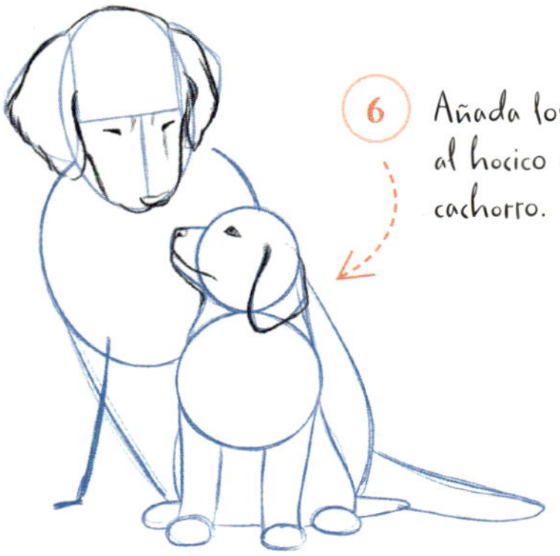

6 Añada los detalles al hocico del cachorro.

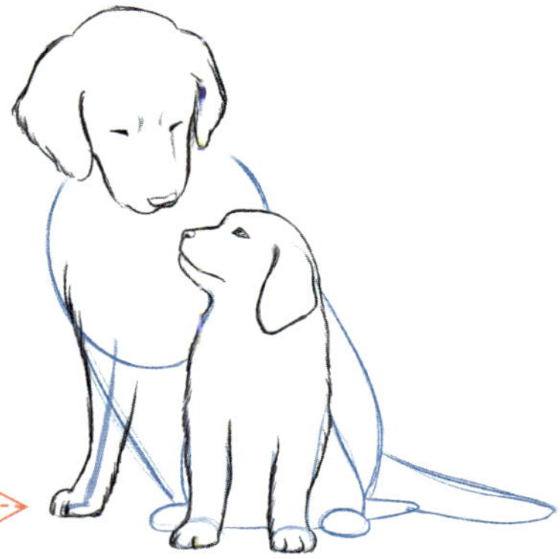

7 Dé forma a las patas. Trace líneas cortas y curvas para los dedos.

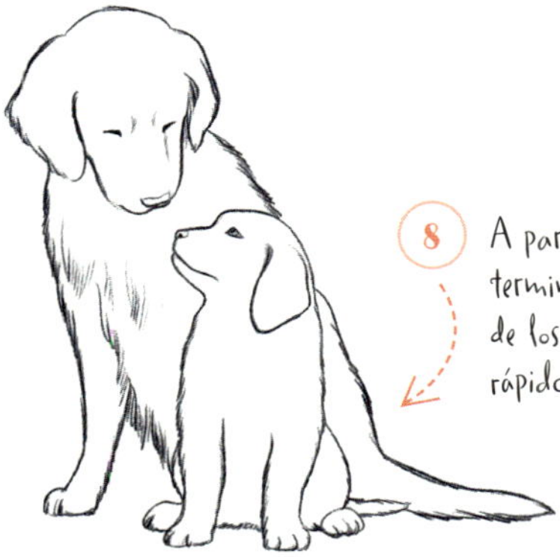

8 A partir del resto de las guías, termine de hacer el cuerpo y la cola de los perros con trazos cortos y rápidos. Borre las guías.

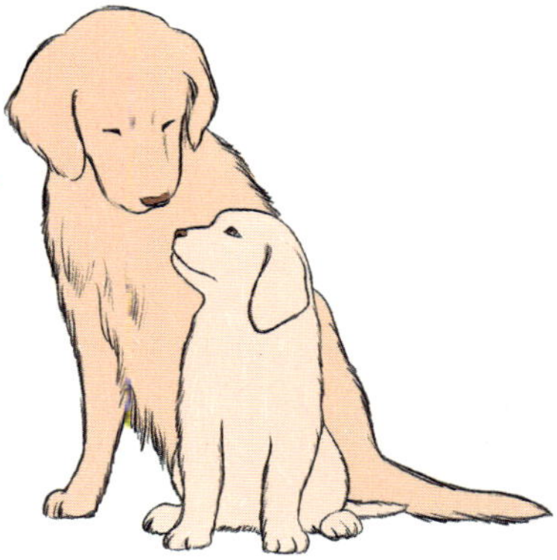

9 Pinte la base de beis claro, con un tono más claro para el cachorro. Pinte los ojos y la nariz de marrón oscuro.

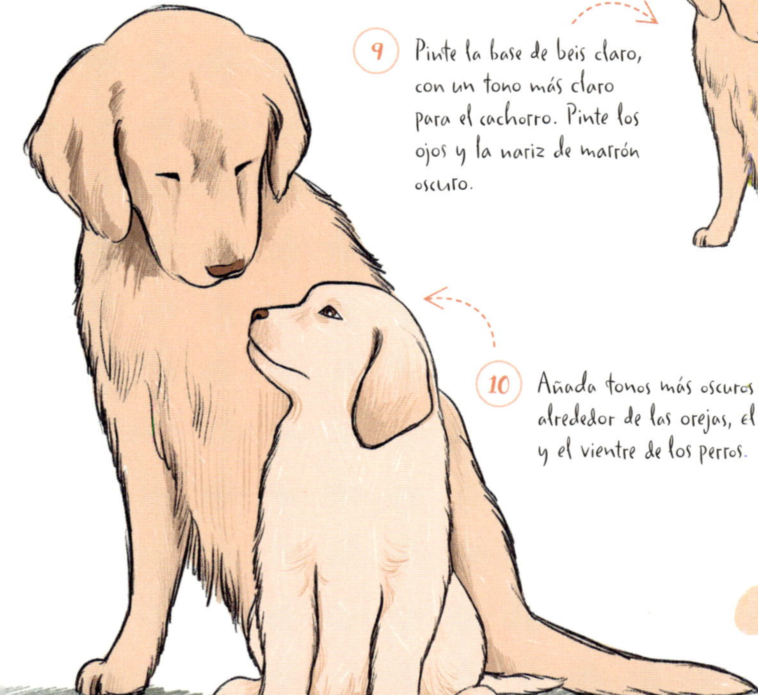

10 Añada tonos más oscuros alrededor de las orejas, el cuello y el vientre de los perros.

# Gran danés

Conocidos como «gigantes amables», los grandes daneses son muy imponentes y tienen un carácter muy dulce. Esta madre se muestra orgullosa junto a su cachorro.

1 Dibuje dos círculos para el cuerpo de la madre y otro más pequeño para la cabeza del cachorro.

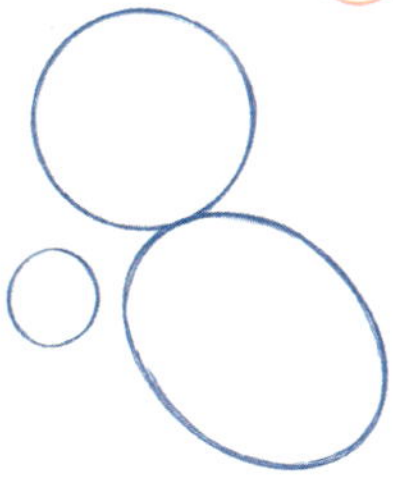

2 Añada un círculo más pequeño para la cabeza de la madre. Divídalo con una línea horizontal en el tercio superior y trace una línea curva en el borde izquierdo del semicírculo superior. Añada un círculo más pequeño para el hocico. Trace dos líneas entrecruzadas en la cabeza del cachorro y un circulito para el hocico.

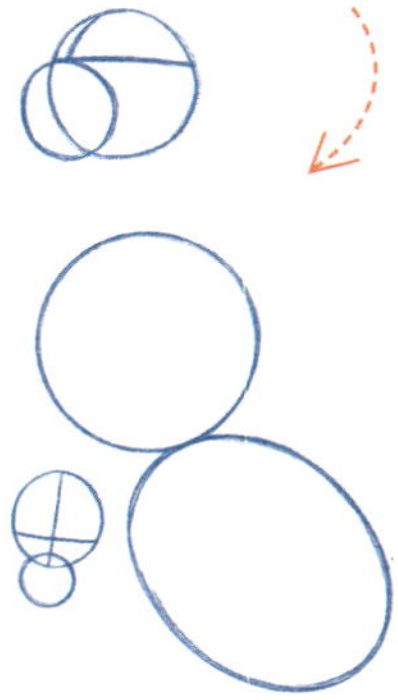

3 Añada triángulos para las orejas. Trace líneas curvas que unan los tres círculos para completar el cuello y el cuerpo de la madre, y añada una figura en forma de U para el cuerpo del cachorro.

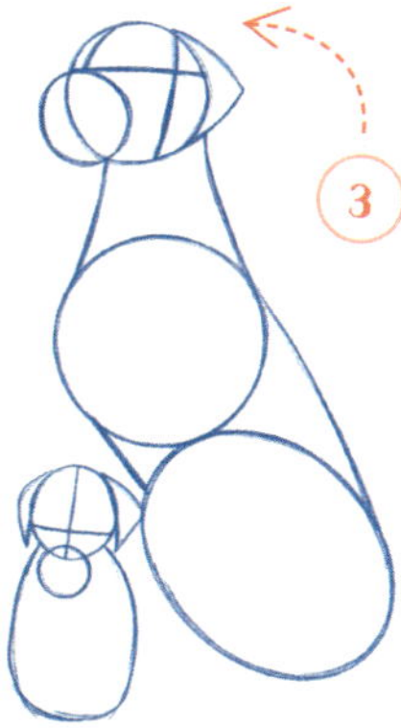

4 Dibuje la cola larga y curvada en la parte inferior derecha. Trace las guías de las patas, doblando las traseras para indicar las articulaciones de los pies.

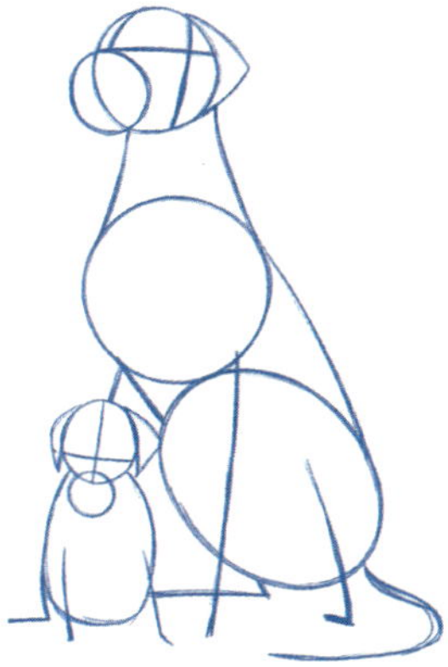

5 Dibuje circulitos para los ojos con figuras minúsculas en forma de C para las pupilas. El ojo izquierdo de la madre debe ser más pequeño por la forma en que está girada la cabeza. Dibuje las narices, con las fosas nasales ovaladas y una pequeña línea vertical que las divida por la base.

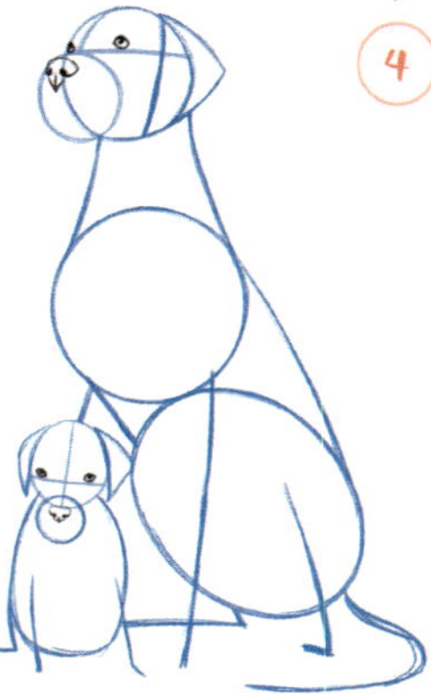

6 Dibuje las orejas con trazos cortos. Esboce los labios superiores con líneas largas y sinuosas que empiecen debajo de la nariz y se extiendan hasta el contorno inferior de las guías del hocico.

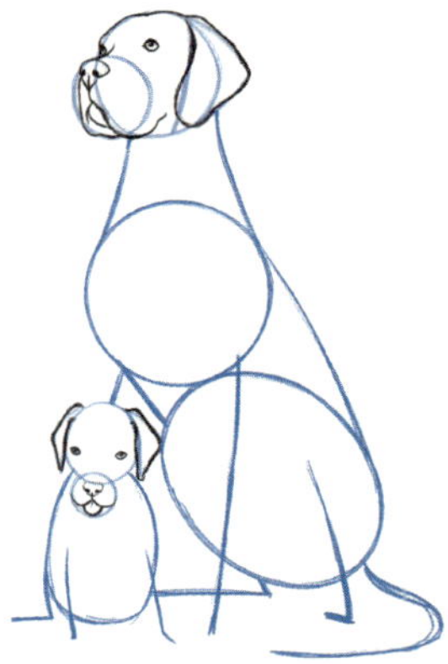

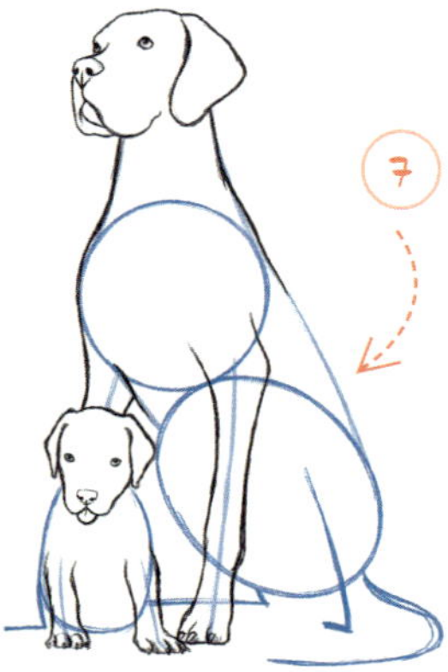

7 Dibuje las patas delanteras alrededor de las guías, con más volumen en las formas que rodean las articulaciones. Añada líneas cortas y curvas para los dedos, y triángulos minúsculos para las uñas.

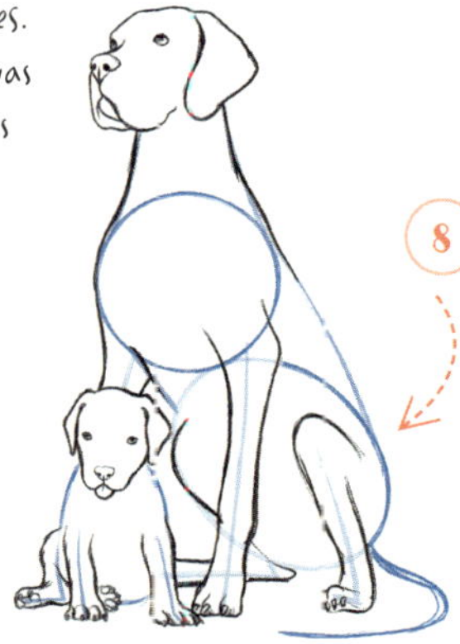

8 Dibuje las patas traseras, los dedos y las uñas.

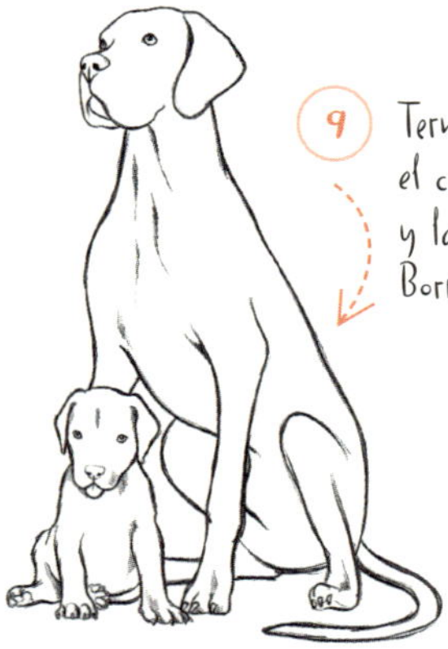

9 Termine de dibujar el cuerpo de los perros y la cola de la madre. Borre las guías.

10 Pinte el pelaje de la madre de blanco crudo con manchas en gris oscuro, y el del cachorro, de gris. Sombree el dibujo para dar más dimensión a los perros.

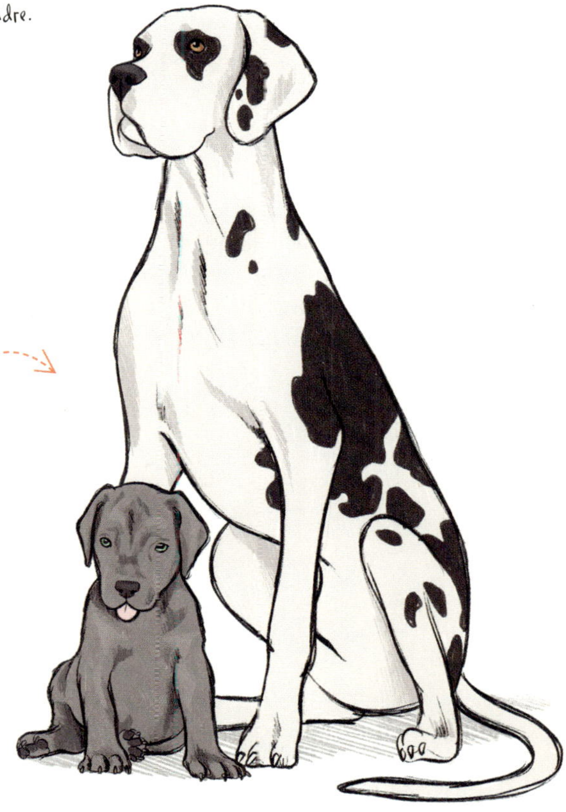

# Corgi

Los corgis son perros despiertos, sensibles y leales, equipados para la dura jornada de trabajo cotidiana con sus patas cortas y poderosas. Aunque parece que a este cachorro le apetece más una siesta.

1 Dibuje un círculo para la cabeza y solápelo con otro más pequeño para el hocico.

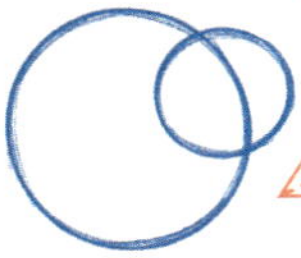

2 Para las grandes orejas, dibuje un triángulo estrecho a la derecha y una figura en forma de U más ancha a la izquierda.

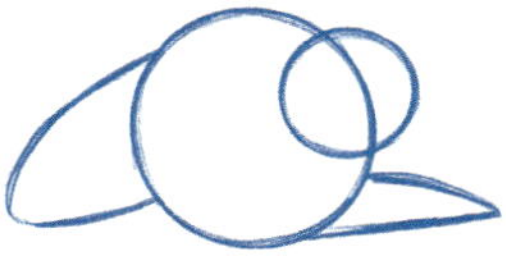

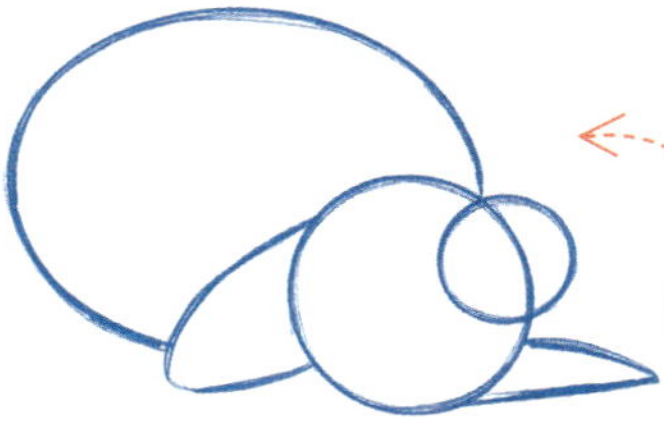

3 Dibuje un círculo dos o tres veces más grande que la cabeza para el cuerpo.

4 Dibuje dos óvalos para los muslos y otros dos más pequeños para las garras en el lado izquierdo del cuerpo. Añada más óvalos a modo de guías para las patas delanteras.

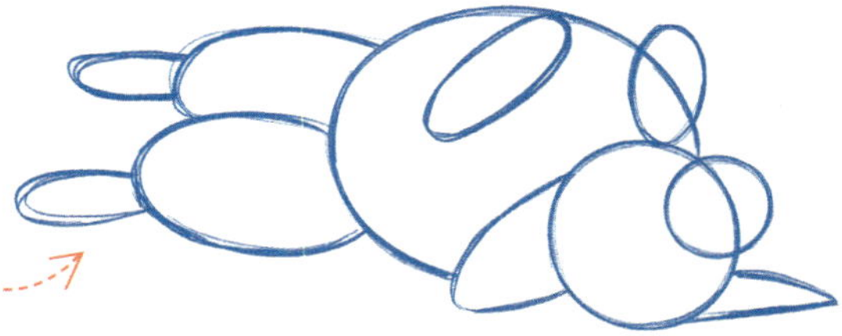

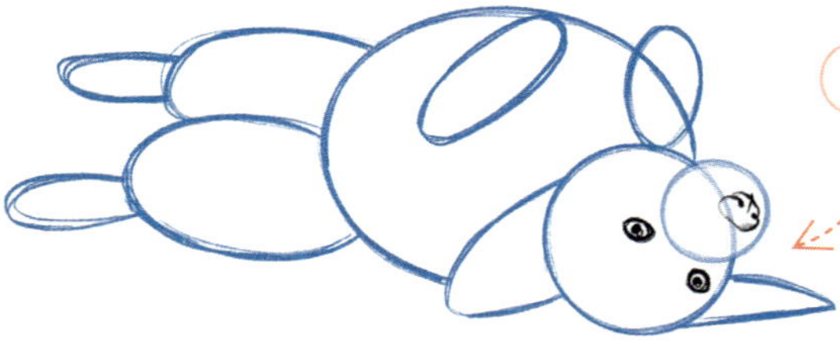

5 Dibuje los ojos pequeños y rasgados, en forma de balón de fútbol americano. Dibuje un óvalo pequeño para la nariz dentro del hocico.

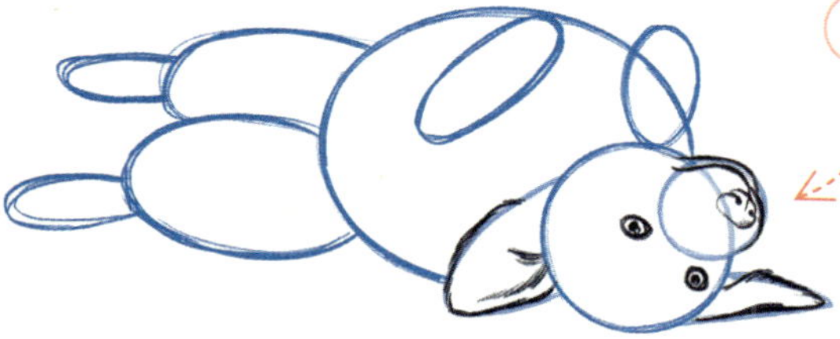

6 Siga el contorno del círculo pequeño para crear la forma externa del hocico. Dibuje las orejas con el contorno sinuoso y las puntas redondeadas. Aplique trazos cortos y rápidos dentro de la oreja izquierda para la abertura peluda.

7 Dibuje las patas delanteras y traseras con trazos rápidos y cortos.

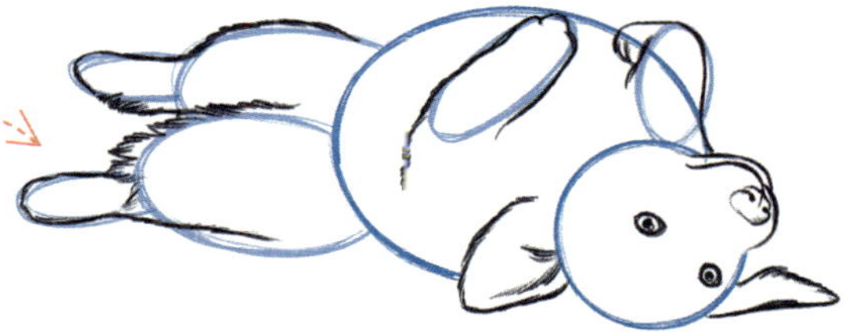

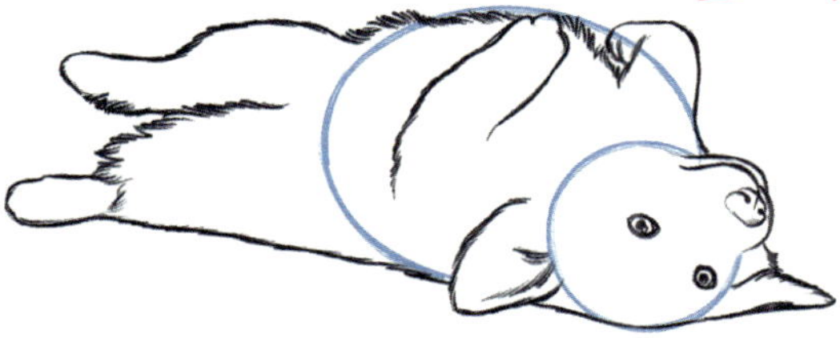

8 Oscurezca el contorno exterior de las guías iniciales con trazos cortos y rápidos para crear la forma del cuerpo. Aplique trazos más largos para el pelo más largo del vientre. Borre las guías.

9 Deje en blanco el hocico, el contorno de los ojos, el pecho, el vientre y las patas. Pinte el resto del cuerpo de naranja.

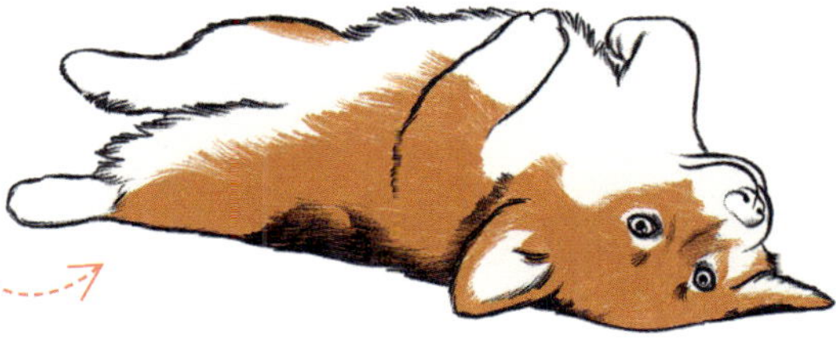

10 Matice el pelaje con tonos que vayan del medio al oscuro para realzar las luces y las sombras.

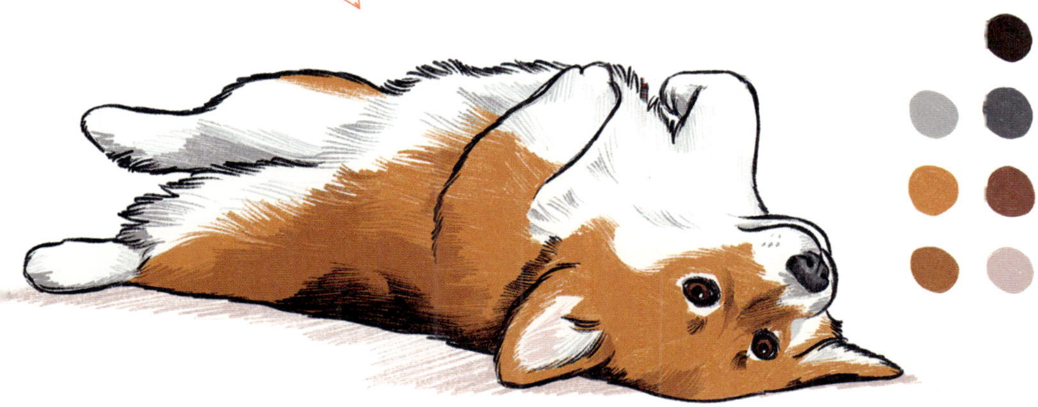

# Collie

Estos perros sensibles y afectuosos tienen un bonito manto multicolor de pelo largo y duro. Dibújelos con trazos largos para representar la melena.

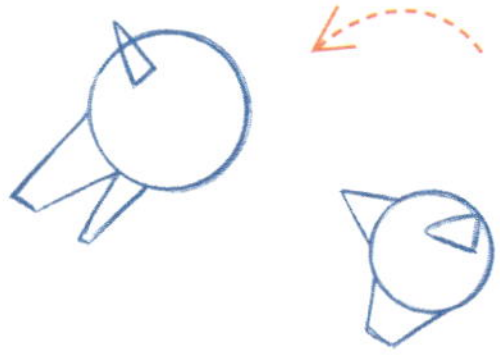

1 Dibuje dos círculos a modo de guía para las cabezas, uno más grande a la izquierda y otro más pequeño a la derecha. Añada formas triangulares para las orejas y formas angulares para los hocicos.

2 Dibuje dos círculos para el cuerpo del cachorro, con el derecho más pequeño que el izquierdo, aproximadamente del mismo tamaño que la cabeza. Añada un círculo grande para el cuerpo de la madre.

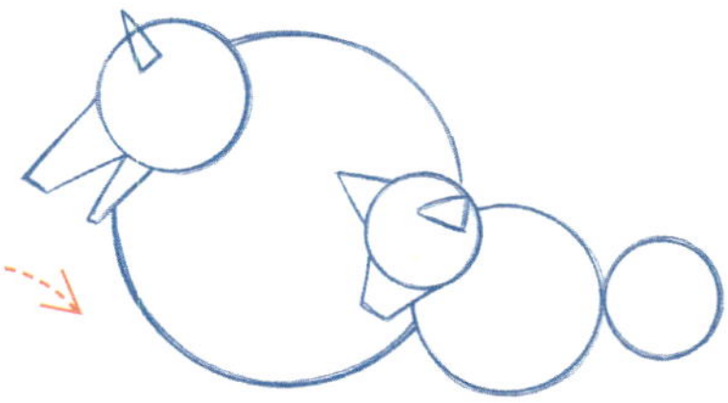

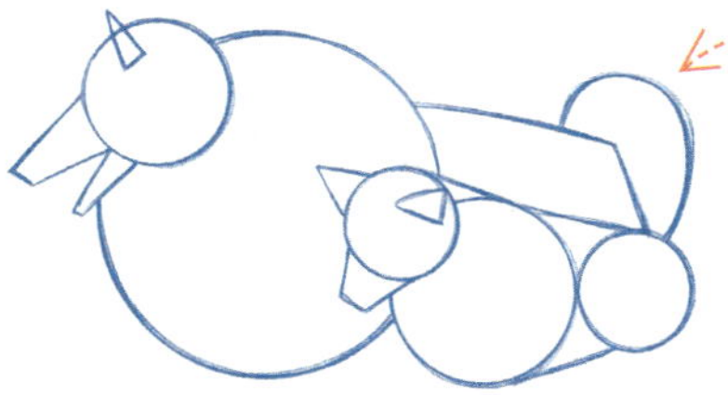

3 Una los círculos con líneas para dar forma al cuerpo del cachorro. Dibuje una figura rectangular a la derecha del cuerpo de la madre y añada una figura curvada para la cola.

4 Trace líneas para las patas del cachorro y dóblelas para indicar las articulaciones. Para la madre, trace dos líneas rectas delante y una tercera debajo del vientre del cachorro.

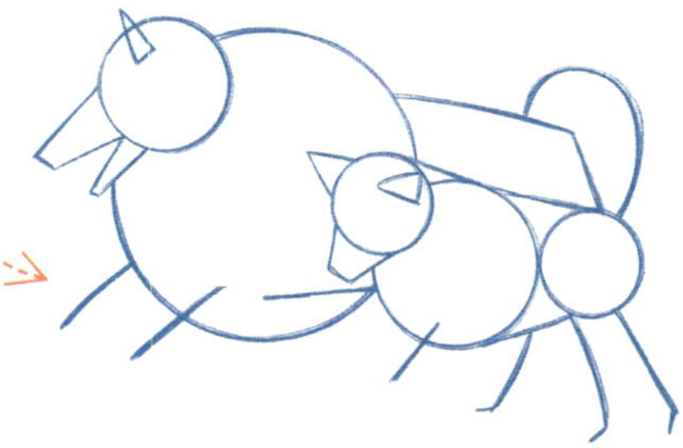

5 A partir de las guías, dibuje los ojos y la nariz de los dos perros.

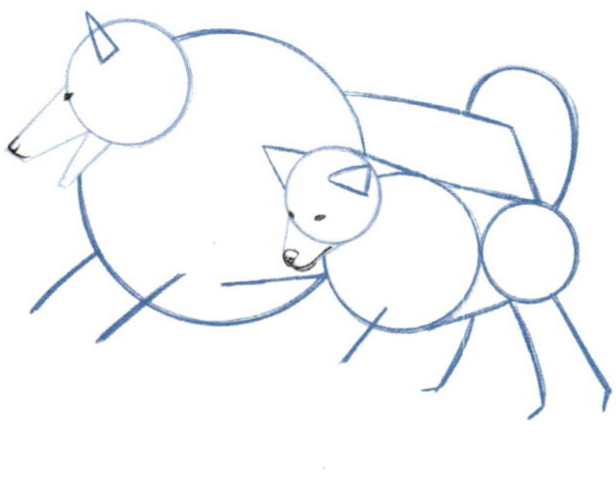

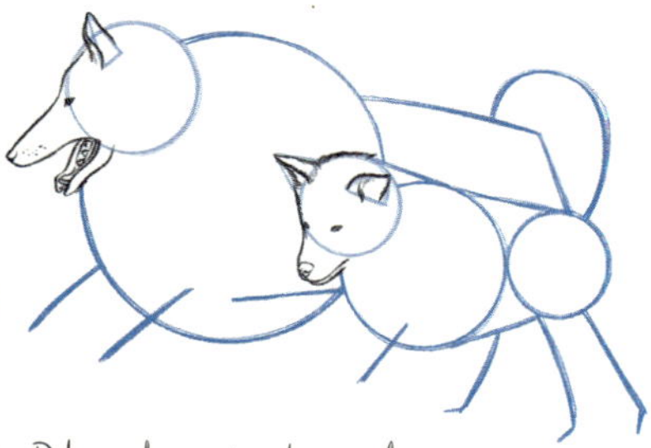

6 Dibuje las orejas triangulares. Únalas con la punta de la nariz y termine con las mandíbulas inferiores.

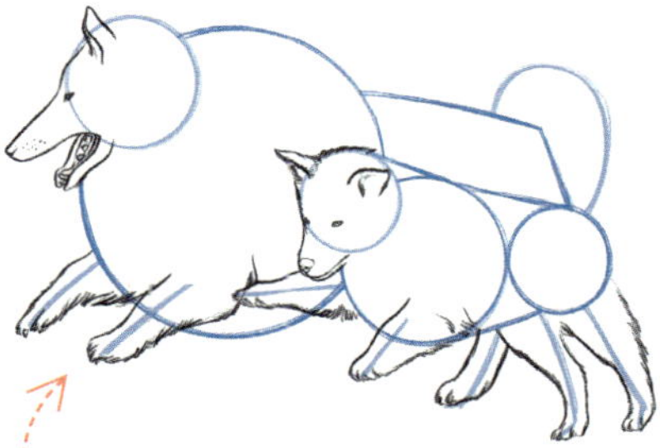

7 Dibuje las patas alrededor de las guías, dobladas para indicar las articulaciones. Dibuje las garras, con líneas curvas cortas para los dedos.

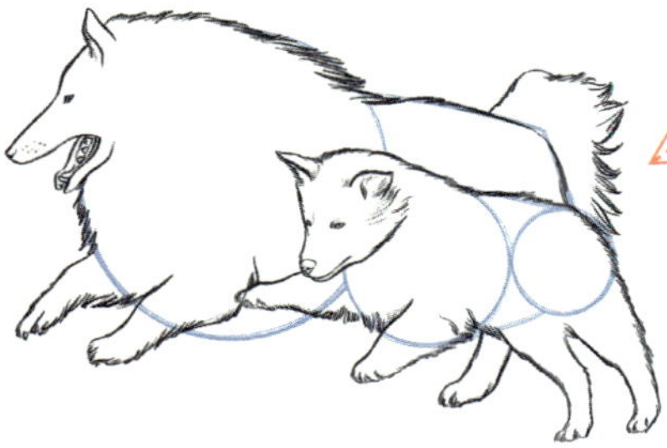

8 Siga las guías para terminar de dar forma a los perros. Parte de la madre está oculta detrás del cachorro.

9 Borre las guías. Pinte la base en blanco crudo y sombree un poco el cachorro. Coloree las narices de gris oscuro y la lengua de la madre de color rosáceo.

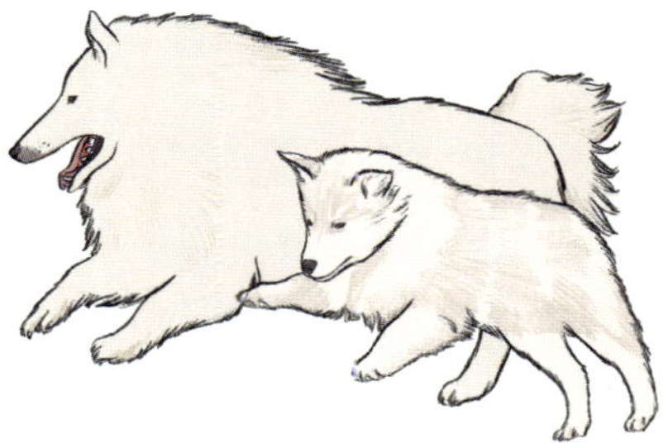

10 Añada un tono naranja a las cabezas, los cuerpos y las patas. Por último, proyecte la sombra en el suelo.

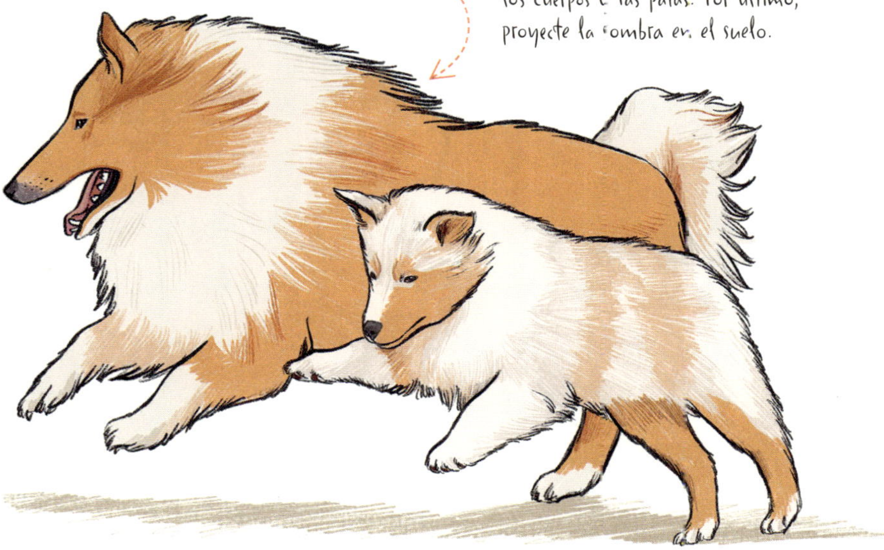

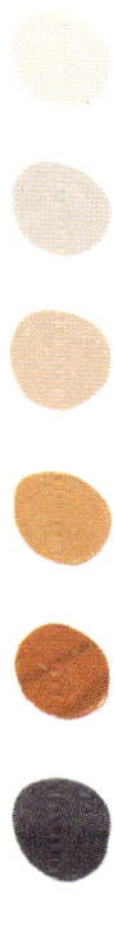

# Staffordshire bull terrier

Estos adorables cachorros tienen el pelaje muy liso y brillante.
Parece que se han hecho amigos para toda la vida.

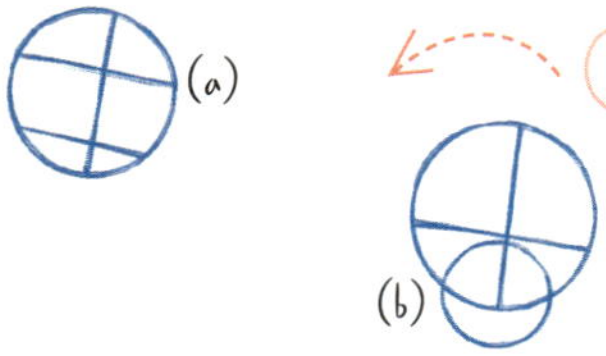


1 Dibuje dos círculos a modo de guía para las cabezas y trace una línea vertical en medio. En el primer círculo, haga dos líneas horizontales (a). En el segundo, trace una línea horizontal y dibuje un círculo más pequeño para el hocico (b).

2 En el primer círculo, añada una oreja triangular y un semicírculo a modo de guía para la nariz. Añada una figura en forma de U para la mandíbula inferior. En el segundo círculo, añada dos orejas triangulares y haga la parte inferior del hocico cuadrada, con una línea curva a cada lado.

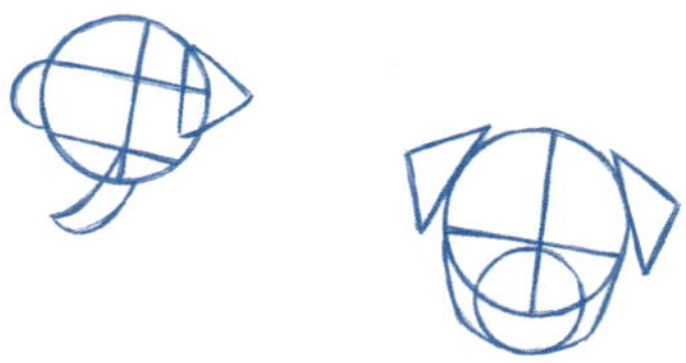

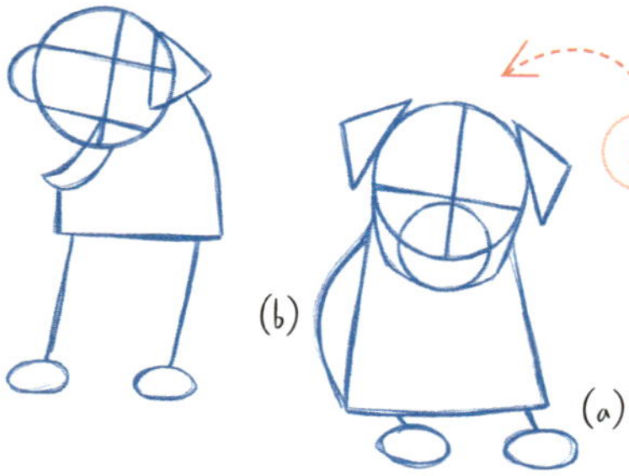


3 Dibuje las figuras de los cuerpos y líneas rectas para las patas delanteras. Como el segundo perro está tumbado, las patas serán más cortas (a). Añada una pequeña curva a la izquierda del cuerpo para el vientre (b).

4 Trace otra curva para el lomo del segundo cachorro (a). Añada una línea con un círculo en el extremo y otro circulito a su derecha para las patas traseras (b). Haga una línea recta entre el lado derecho del primer cachorro y el lomo del segundo (c), y otras dos líneas para completar su cuerpo (d).

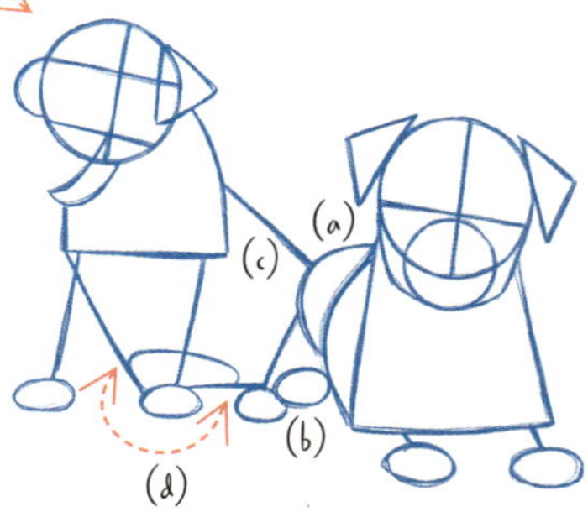


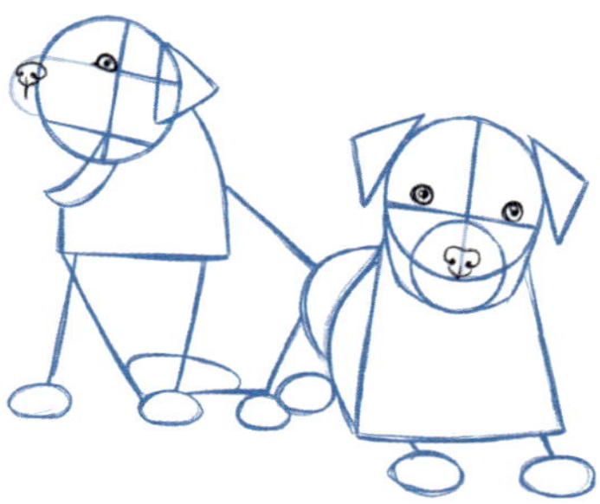

5 A partir de las guías, dibuje los ojos y la nariz de los dos perritos.

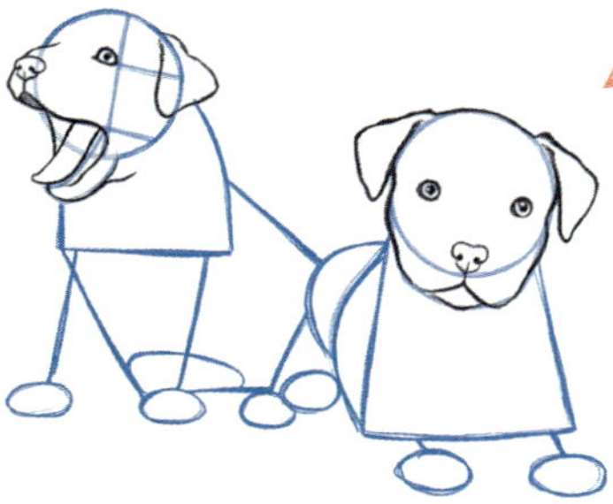

6 Añada los detalles alrededor de la nariz y los ojos de los cachorros, y la mandíbula inferior y la lengua del primero. Dibuje el contorno de la cabeza del segundo cachorro con trazos cortos y fluidos.

7 Dibuje las patas alrededor de las guías con trazos cortos y curvas para los dedos.

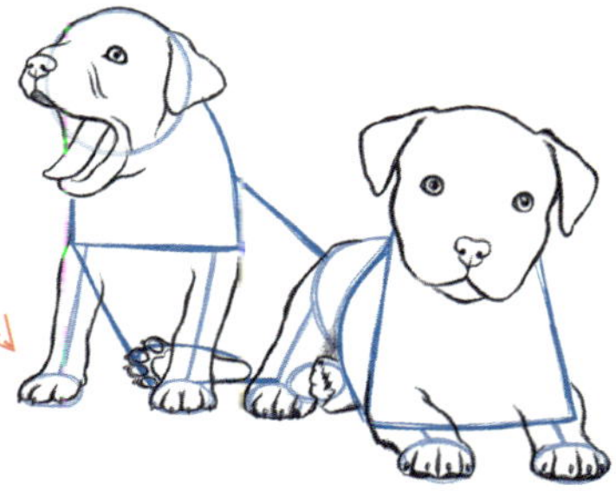

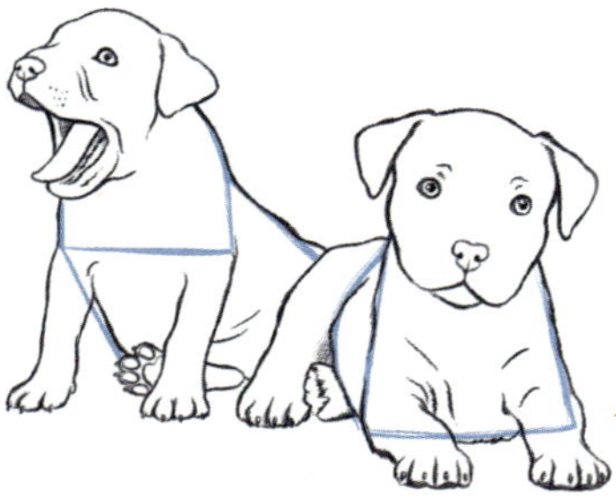

8 Termine de dar forma a los perros y añada pequeñas curvas para representar los pliegues de piel. Borre las guías.

9 Pinte el primer cachorro de un tono arena y el segundo de un marrón cálido. Añada una mancha clara en el pecho de ambos.

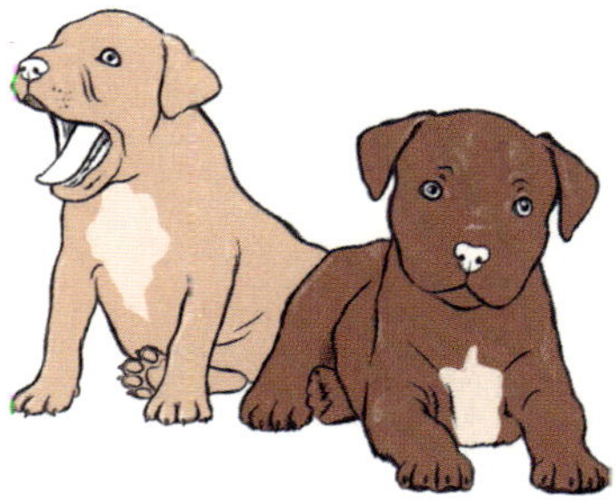

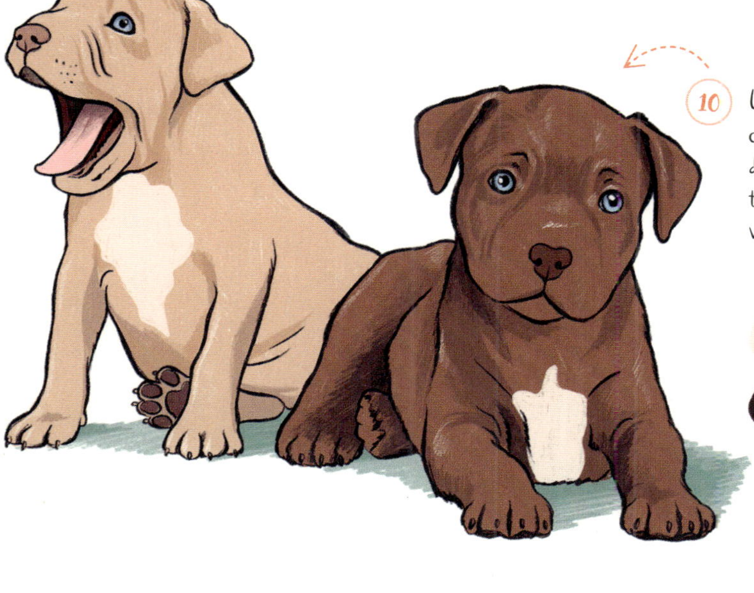

10 Utilice tonos más oscuros para crear dimensión. Pinte los ojos de azul claro y las narices de tonos marrones. Añada hierba verde debajo de los perros.

# Setter irlandés

Enérgicos y curiosos, esta madre y su cachorro disfrutan corriendo por la hierba. Su pelaje caoba intenso se ve precioso a la luz del sol.

1 Dibuje dos círculos a modo de guía para las cabezas, con el más pequeño a la izquierda. Trace una línea horizontal en medio de cada uno.

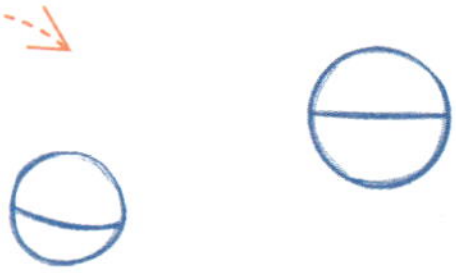

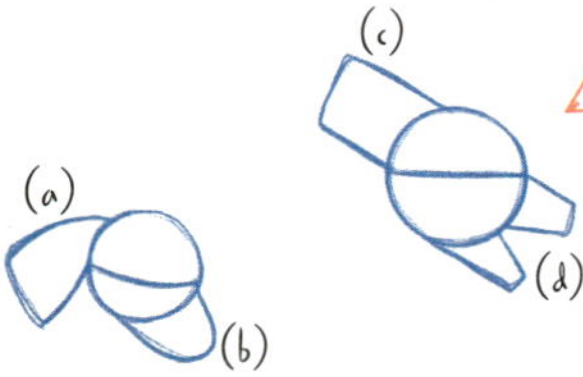


2 Para el cachorro, añada una forma triangular a la izquierda para la oreja (a) y otra en forma de D a la derecha para el hocico (b). Para la madre, dibuje una forma cuadrada para la oreja (c) y dos figuras para el hocico abierto (d).

3 Dibuje una forma rectangular debajo de la cabeza del cachorro y dos líneas rectas que salgan de la cabeza de la madre.

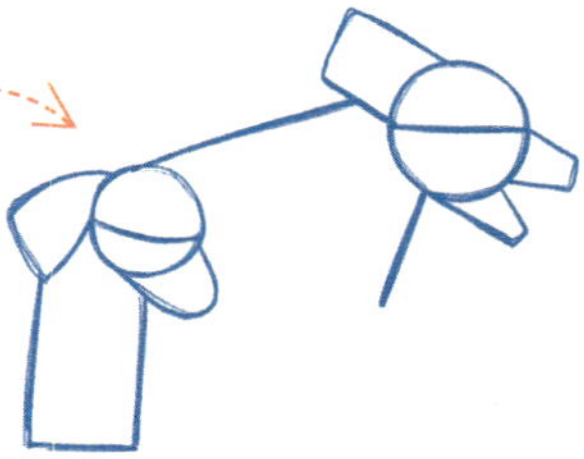

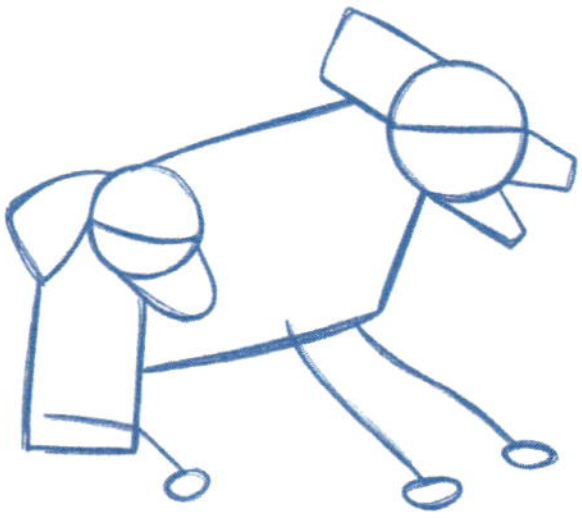

4 Añada otra línea recta para continuar el cuerpo de la madre. Trace dos líneas para las patas delanteras. Para el cachorro, dibuje la pata delantera derecha doblada.

5 Trace líneas curvas para crear el lomo de los perros. Añada cuatro líneas en la parte posterior del cachorro para las dos patas traseras, la cola y una de las patas traseras de la madre. A partir de las guías, dibuje los ojos y la nariz de los dos perros.

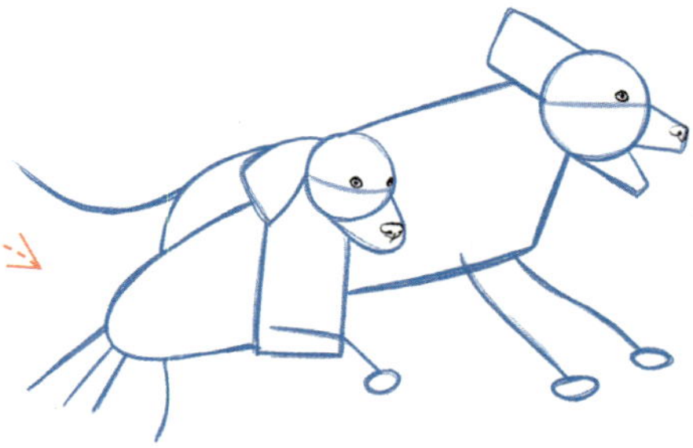

6 Dibuje las orejas. Añada los detalles a la punta de la nariz y la mandíbula inferior.

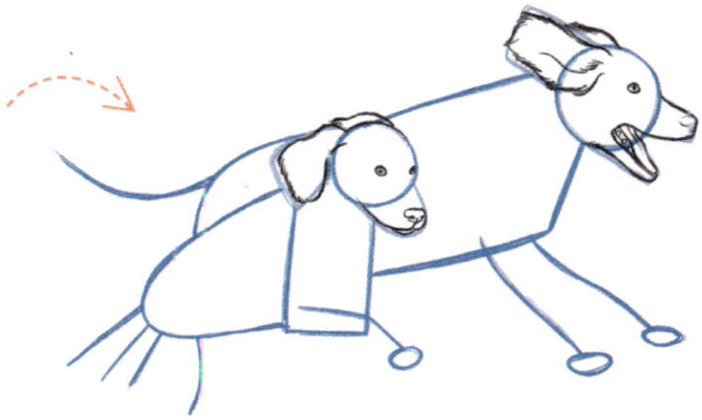

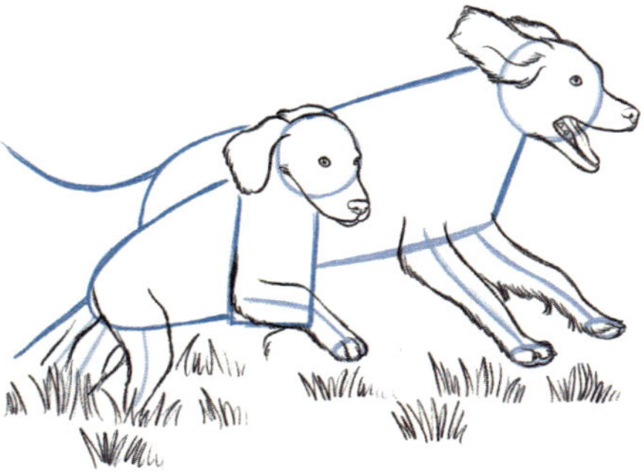

7 Dibuje las patas alrededor de las guías, dobladas para indicar las articulaciones. Añada las garras, con líneas curvas cortas para los dedos. Dibuje unas briznas de hierba con trazos cortos.

8 Siga las guías para acabar de dar forma a los perros.

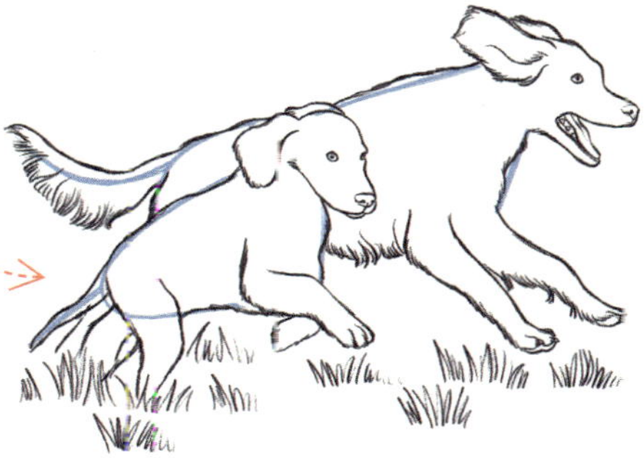

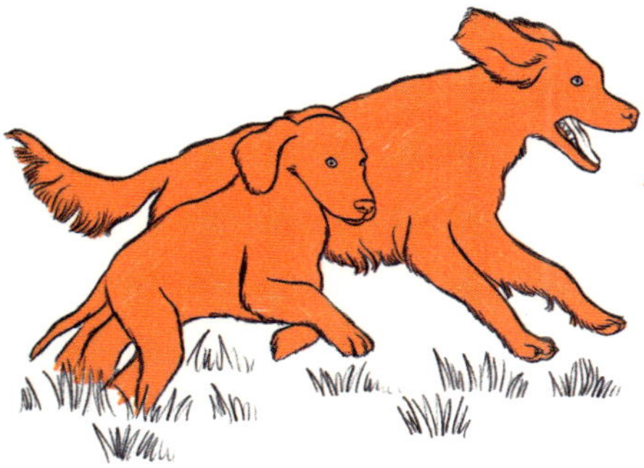

9 Borre las guías. Pinte la base de naranja intenso.

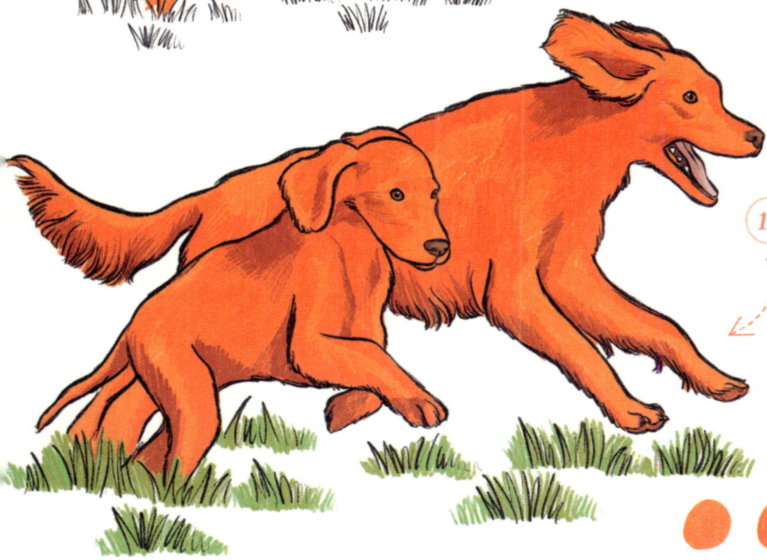

10 Termine el dibujo con un sombreado de tonos rojos y castaños. Pinte la hierba de colores verdosos.

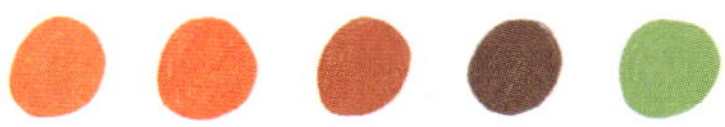

# Cocker spaniel

A este travieso cachorro lo han sorprendido mordiendo la zapatilla de su dueño. Con estos ojos tan adorables y las graciosas orejas caídas seguro que lo perdonan.

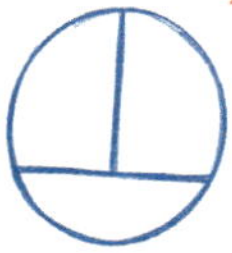

1 Dibuje un círculo a modo de guía y añada una línea horizontal en el tercio inferior y una línea vertical que atraviese la parte superior.

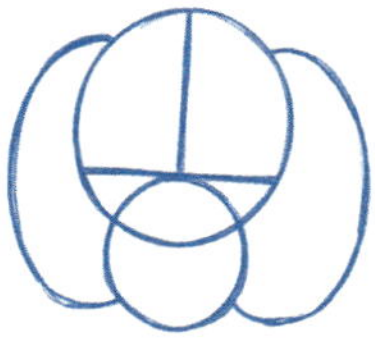

2 Dibuje un círculo más pequeño que quede por encima del tercio inferior de la cabeza para el hocico. Dibuje dos arcos alargados para las orejas.

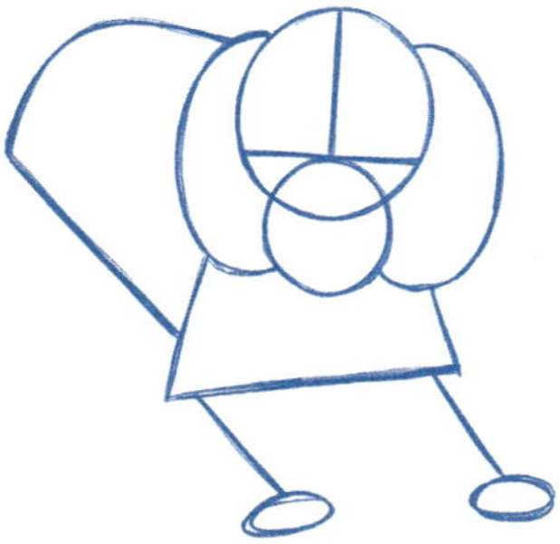

3 Dibuje el pecho triangular, con dos líneas debajo para las patas delanteras. Dibuje una especie de pan de molde para el cuerpo.

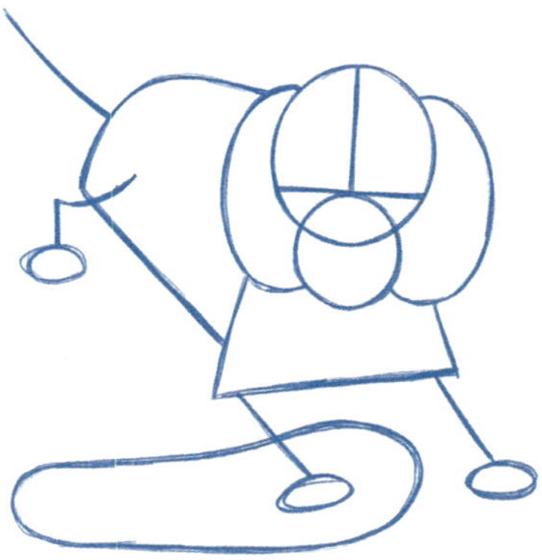

4 Añada las guías de la pata trasera doblada por la mitad y la cola. Dibuje la silueta de la zapatilla.

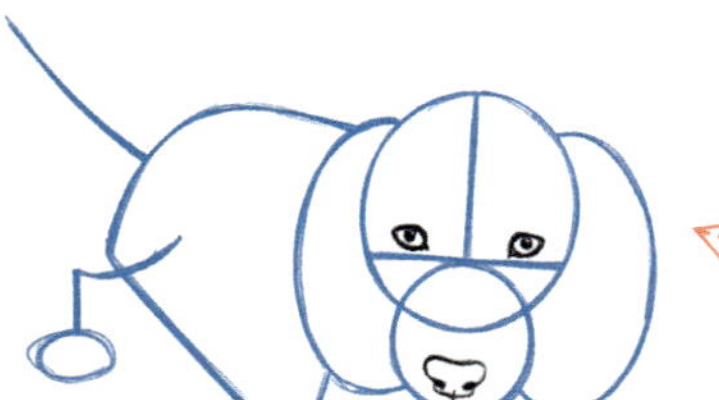

5 Dibuje los ojos casi triangulares a la altura de la línea horizontal. Añada círculos minúsculos de reflejos a los lados y puntos más grandes en medio para las pupilas. Dibuje la nariz en la parte inferior de la guía del hocico y oscurezca las fosas nasales.

6 Dibuje el resto del hocico con trazos fluidos. Dé forma a las orejas con trazos cortos y rápidos, y añada algunos en su interior para crear textura.

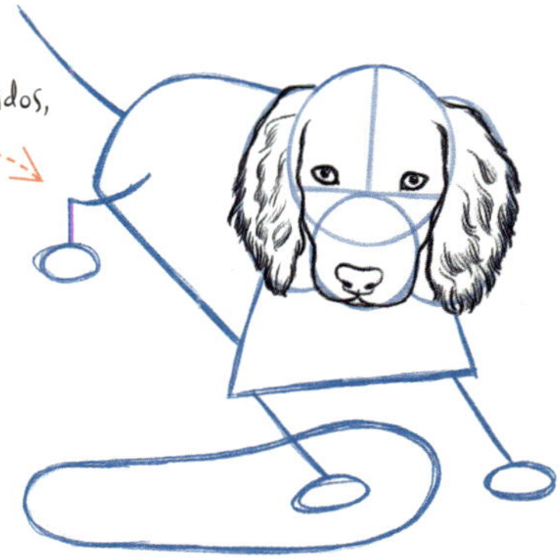

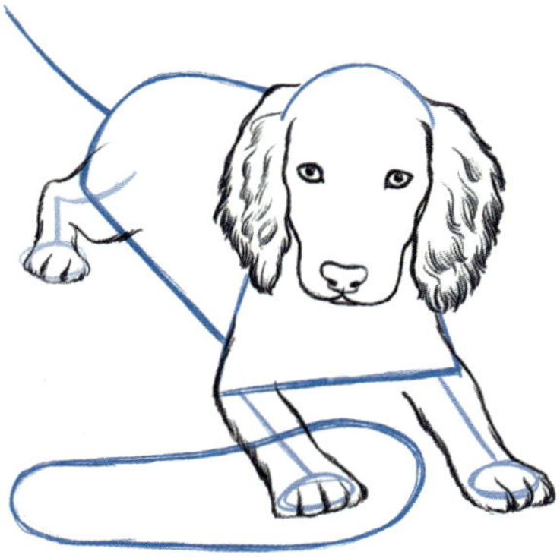

7 A partir de las guías, dibuje las patas delanteras y la trasera con trazos cortos y rápidos.

8 Dibuje el cuerpo con trazos más fluidos. Dibuje la zapatilla.

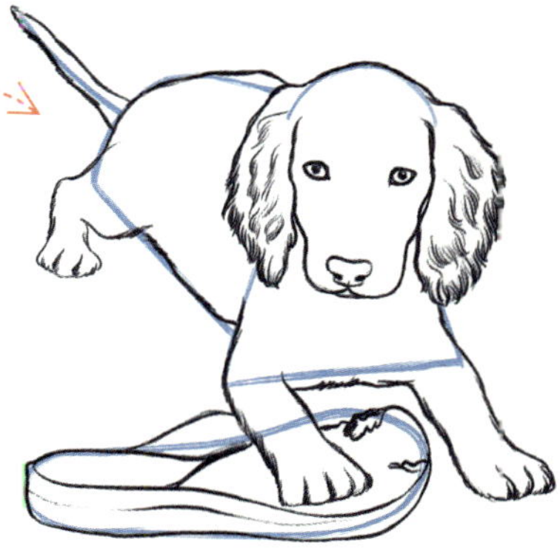

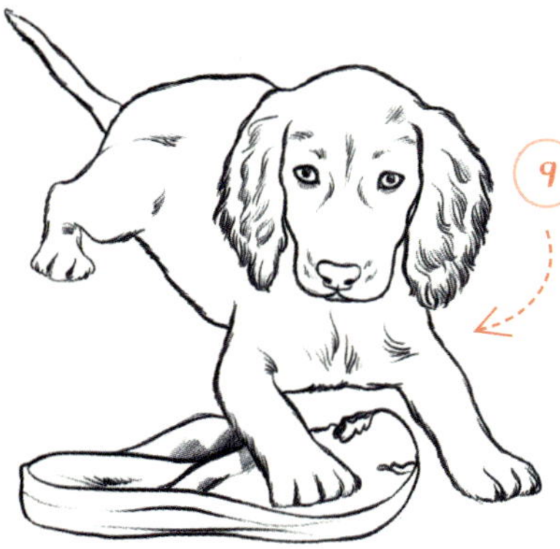

9 Borre las guías. Aplique pequeños trazos para representar la suavidad del pelaje.

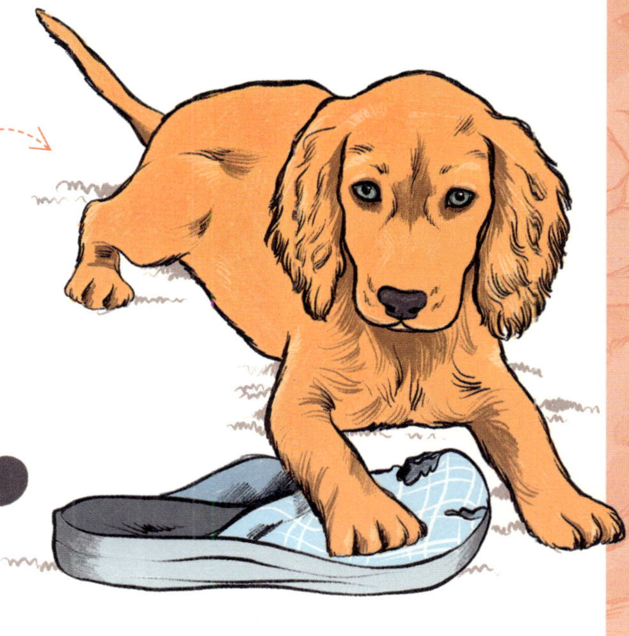

10 Coloree el cuerpo de marrón claro. Añada matices naranja claro en las cejas, las orejas y los lados de las patas. Sombree de marrón más oscuro el contorno del cuello, la separación de los ojos y el interior de las patas. Pinte los ojos de verde claro.

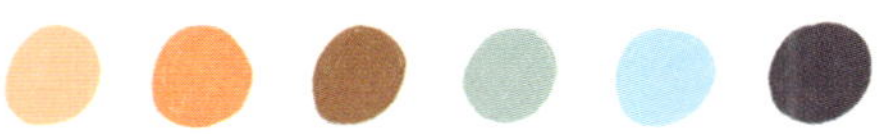

# Acerca de la artista

La ilustradora, diseñadora y guionista gráfica Justine Lecouffe vive en Londres, Reino Unido. Trabaja principalmente en los ámbitos de la ilustración digital y el diseño gráfico, aunque ha hecho alguna incursión en el mundo de la animación. Su obra trata a menudo de la feminidad, la belleza y la naturaleza, lo que la convierte en una opción ideal para clientes del mundo de la moda, la joyería y la cosmética. Aunque está especializada en ilustración y diseño, tiene una larga y ambiciosa lista de estilos y géneros que le gustaría dominar. Cuando no dibuja, le gusta cocinar, pasear en bici por Londres, tomar fotos analógicas o sencillamente ver memes de perros y gatos.

Si le apetece saber más cosas de Justine o ver otras obras suyas, visite la cuenta de Instagram @justine_lcf.




# Agradecimientos

Muchas gracias a los lectores de *Dibujar en 10 pasos: Personas*, *Dibujar en 10 pasos: Objetos cotidianos* y *Dibujar en 10 pasos: Gatos* por sus comentarios tan positivos. Han sido un estímulo maravilloso que me ha animado a dibujar para este cuarto título.

También quisiera reiterar mi inmenso agradecimiento al equipo de The Bright Press por ofrecerme otra fantástica oportunidad y por su extraordinario apoyo a lo largo de todo el proyecto.